"Si usted desea aprender cómo despertar la pasión por su trabajo y por su profesión, lea *Atrévete a ser quien quieres ser*". Este libro no solo es un manual para alcanzar éxito en el ámbito profesional sino también es un manual para lograr el éxito en la vida".

—Dr. Stephen R. Covey, autor de los libros: "LOS SIETE HÁBITOS DE LAS PERSONAS ALTAMENTE EFECTIVA" y "EL OCTAVO HÁBITO"

"Este es un libro maravilloso. Es una mezcla de sabiduría, compasión y experiencia práctica contada en un estilo inspirador. ¡No se lo pierda!"

—Dr. Ken Blanchard, coautor de los libros "EL GERENTE EN UN MINUTO" y "EL SECRETO"

"¡Sobresaliente! Si hay un libro que todo hombre, mujer y niño deben leer, *"Atrévete a ser quien quieres ser"*, es ése libro."

—Jackie Joyner-Kersee, Medallista de oro olímpica, conocida como "La mujer atleta más grande del mundo."

"Algunos libros son interesantes, otros son entretenidos y otros inspiradores, pero muy pocos libros logran las tres cosas en uno. Brian Souza ha superado al código."

—Reverendo Theodore M. Hesburg, presidente emérito Universidad de Notre Dame

"Sea que usted desee avanzar en la escalera corporativa o emprender algo totalmente diferente, el libro de Brian Souza tiene justo lo que usted necesita".

—Brian Tracy, autor del libro "SEA RICO A SU MANERA"

"Este es un libro que le retará y le motivará a alcanzar sus metas personales. Se convertirá en su guía segura para tomar decisiones profesionales".
—Alex G. Espanos, dueño de San Diego Charges

"Este libro demuestra una vez más que los dones pueden y deben desarrollarse, a la vez que deben compartirse. Y la mejor manera de hacer esto es aprender de quienes le han sacado el máximo provecho a sus dones, y que, durante el proceso, han enriquecido la vida de otros".
—Ted Leonsis, Vicepresidente de América Online

"En este libro usted encontrará excelente consejo y apoyo motivacional. No puedo imaginarme a una sola persona que no pueda beneficiarse de él; no solo por el hecho de leerlo, sino también por aplicar su sabiduría a la vida personal o a los negocios".
—Dr. Robert H. Schuller, Pastor fundador de CRYSTAL CATHEDRAL MINISTRIES

"¡Cautivante! ¡No lo pude soltar! Este libro es absolutamente maravilloso. La sabiduría y el consejo práctico contenidos en él, valen todo el oro del mundo".
—Jack Cooper, anterior presidente de Bristol-Myers Squibb

BRIAN SOUZA

Atrévete
a ser quien
quieres
ser

Descubre
y utiliza tus
dones para
alcanzar
el éxito

TALLER DEL ÉXITO

Atrévete a ser quien quieres ser

Publicado por:

Taller del Exito, Inc
1669 N.W. 144 Terrace, Suite 210
Sunrise, Florida 33323
Estados Unidos

Editorial dedicada a la difusión de libros y audiolibros de desarrollo personal, crecimiento personal, liderazgo y motivación.

ISBN 10: 1-607380-08-0
ISBN 13: 978-1-60738-008-5

Printed in the United States of America
Impreso en Estados Unidos

Primera edición

10   11   12   13   14   R|UH   06   05   04   03   02

RECONOCIMIENTOS

Cuando pienso en la complejidad de este proyecto me doy cuenta de lo inútiles que hubieran sido mis esfuerzos si no hubiera contado con la ayuda, la guía, el amor y el apoyo de tantas personas maravillosas.

A mi esposa y a nuestras dos hijas. A ellas estoy inmensamente agradecido por todo el amor, el apoyo y la paciencia al permitirme el tiempo y el espacio para descubrir y atreverme a ser quien quería ser.

Quiero agradecer a mis padres, Larry y Sandy por su amor y por todo su apoyo incondicional a través de los años. Ustedes me han dado las semillas y las raíces para vivir una vida increíble.

También quiero agradecer al Monseñor Dennis R. Clark por compartir su sabiduría y generosidad al permitirme hacer uso de parte del material utilizado en sus homilías dominicales.

A mi editor Shaye Areheart y a todo su equipo en Harmony. Les agradezco por todo su apoyo y por creer en mí y en este libro. A mi editora Julia Pastore, a quien le agradezco toda su experiencia y paciencia.

A mi agente, Margret McBride y a todo su equipo, quiero agradecerles por imprimir su pasión en este proyecto. No lo hubiera logrado sin ustedes.

A todos mis colaboradores y colaboradoras de las Fuerzas Armadas de los Estados Unidos, del pasado y del presente, que han dedicado su vida a preservar la libertad, para que personas del común, como yo, tengan la oportunidad de vivir una vida extraordinaria. Los saludo.

A todos mis nuevos amigos y amigas, a quienes llegaré a conocer como resultado de este libro. Les agradezco su confianza y fe al permitirme ser su guía en este asombroso viaje para descubrir su don y compartirlo con el mundo.

CONTENIDO

PARTE I – DESCÚBRALO

PARTE II – DESARRÓLLELO

PARTE III – APRÉCIELO

PARTE IV – UTILÍCELO

PARTE V - COMPÁRTALO

Encuentre la manera de combinar
sus dones, sus pasiones y las necesidades
de otros.

1

"El mayor bien que usted puede hacer por otra persona no solo es por medio de compartir sus riquezas, sino también revelándole las suyas propias".

—*Benjamín Disraeli*

CÓMO PUEDE CAMBIAR SU VIDA ESTE LIBRO

Como ciudadanos norteamericanos, vivimos en la sociedad más acaudalada del mundo en la Historia. Sin embargo, los índices de depresión clínica son diez veces mayores a los que se registraron en 1945, durante la segunda guerra mundial. El nivel de vida en los Estados Unidos se ha sextuplicado en este último siglo. No obstante, un porcentaje considerable de americanos comete suicidio en comparación con las cifras que se tenían en 1900. Trabajamos 24 horas menos a la semana de lo que trabajaban nuestros bisabuelos y disfrutamos tres veces más del tiempo libre; pero aún así, se informa que más del ochenta por ciento de los trabajadores en Norte América consideran que el estrés laboral constituye un problema mayor.

En contraste con esto, siete de cada diez nigerianos viven con menos de un dólar al día y la persona promedio no alcanza a vivir lo suficiente como para celebrar su cumpleaños número cincuenta y dos. No obstante, un porcentaje mucho mayor de nigerianos, a diferencia de quienes viven en Norte América, se considera "muy feliz." ¿No resultan estas estadísticas paradójicas? Sí, tal vez, ¿alarmantes? ¡De seguro! Pero, ¿le sorprenden? Tal vez no. No cuando se miran de cerca las estadísticas y analizamos cuán lejos y cuán rápido hemos evolucionado como sociedad.

El problema económico

Desde la edad de piedra, hace unos cien mil años, hasta la revolución industrial del siglo XIX, el asunto de resolver "el problema económico" suministró tanto significado como propósito a la vida del hombre. En la edad de piedra, la lucha constante por obtener suficiente alimento, ropa y abrigo, dio a la humanidad una razón para levantarse cada mañana a enfrentar otro día difícil. En aquella época, la función básica de la existencia humana se limitaba a superar las dificultades y a sobrevivir. Afortunadamente, para la mayoría de los norteamericanos de la actualidad, este ya no es el caso.

Por primera vez en la Historia, las grandes amenazas que enfrenta el mundo occidental, no son las dificultades del hambre, o el brote de una enfermedad terrible, tampoco la posibilidad de morir en una guerra. Más bien, las grandes amenazas que enfrenta esta generación son los valores creados por el mundo comercial como son la gratificación inmediata, la auto introspección maniática y el descontento perpetuo. Queremos obtener lo que deseamos únicamente en el momento en que lo deseamos y aún cuando llegamos a obtenerlo, todavía no somos felices, y posiblemente deseemos obtener más. Los pesimistas piensan que los mejores días de nuestro país están en el pasado. Especulan que la gran riqueza que existe en este país, así como la codicia insaciable, conducirán inevitablemente a su propia decadencia, así como también sucedió con los griegos, los egipcios, los romanos y los españoles.

Sin embargo, yo tengo confianza absoluta en el carácter del pueblo americano y también sé que nuestros mejores días están delante de nosotros. Estoy convencido que *el máximo nivel de vida puede ser alcanzado a través del dar*, y creo que, colectivamente, como sociedad, utilizaremos nuestra enorme riqueza e influencia para traer paz y prosperidad, no solo para nosotros, sino también para aquellos que la necesiten en el mundo. El bien reconocido economista John Maynard Keynes nos dejó algo en qué pensar cuando predijo que una vez que "el problema económico sea resuelto, la humanidad se verá privada de su propósito tradicional." No obstante, él pudo equivocarse y quizás dejó de lado que puede haber otro gran propósito para justificar la existencia humana. *Quizás nuestra mayor necesidad como seres humanos no sea la de sobrevivir sino la de lograr utilizar nuestros dones dados por Dios en la búsqueda del propósito de nuestras vidas.*

Este proceso comienza mediante descubrir nuestros dones específicos, talentos y habilidades, como también mediante aplicar otros principios explicados en este libro. *Cuando descubrimos nuestros dones, liberamos nuestra pasión. Cuando liberamos nuestra pasión, hayamos nuestro propósito. Cuando hayamos nuestro propósito, cumplimos nuestro destino.*

Mi historia

"Finalmente llegué a descubrir que tener significado en la vida es muchísimo más importante que el dinero; que tener propósito en la vida es mucho más importante que el poder, y que dar es mucho más importante que recibir."

¿Se ha sentido usted desgastado, abatido o simplemente aburrido con la monotonía, preguntándose: "¿Es esto todo cuanto hay en la vida?" ¿Se siente usted atrapado en un trabajo estresante que lo deja insatisfecho e inconforme? ¿Alguna vez se ha preguntado si realmente está haciendo lo que debería estar haciendo, es decir, si está cumpliendo con el propósito de su vida? Si así es, no está solo. De hecho, estas preguntas asaltaban mi mente hace algunos años.

Así me encontraba. Me hallaba en la cima de la proverbial escalera del éxito aún antes de celebrar mi cumpleaños número veintisiete. En tan solo cuatro años me había transformado de ser un ansioso estudiante universitario que se ganaba diecinueve mil dólares al año, a ser un ejecutivo que trabajaba en una corporación con un salario de más de seis dígitos como subgerente de un negocio publicitario de más de sesenta millones de dólares.

En lo externo, tenía todo lo que siempre había deseado: una casa grande y hermosa, automóviles costosos, vacaciones de lujo, y todos los juguetes que alguien pudiera desear. Sin embargo, en el plano interno, se estaba desarrollando una historia diferente. Poco lo entendía en aquel momento, pero algunos días después de recibir el asenso, por el cual había trabajado tanto, mi mundo cambiaría radicalmente. No obstante, aunque me había convertido en un *yuppie* de veintitantos años, mis inicios no habían sido tan gloriosos. De hecho, crecí en el seno de una familia trabajadora, en una ciudad agrícola pequeña de California, en la región panera.

Yo vengo de una familia maravillosa con raíces muy humildes. Soy el segundo de cuatro hijos. Cuando tenía unos diez años, mis padres iniciaron una agencia de corretaje para equipos agrícolas y ese negocio presentaba una perspectiva visionaria muy adelantada para su tiempo; entonces, cuando el sector agrícola tuvo su mal momento en la década de los ochenta, mi familia tuvo la fortuna de tener en reserva provisiones para el temporal. Y aunque el dinero escaseaba, tuve la niñez más afortunada que alguien pudiera tener. Respecto a las cosas de más valor en la vida, mis padres eran, y todavía lo son, las personas más exitosas que he conocido. A la edad de once años, empecé a hacer trabajos varios; fui mesero, podé jardines y repartí periódicos. Y todo esto lo hacía para tener algún dinero extra, para gastar por ahí. Después de graduarme de la secundaria, me mudé a Bay Area con el propósito de asistir a Foothill Community College y empecé a sostenerme haciendo servicios a domicilio en un supermercado local y también trabajando como portero en Olive Garden. Dos años después, había ahorrado suficiente dinero para cambiarme a San Diego State University. En ese tiempo trabajé como mesero en un restaurante italiano hasta cuando recibí mi título en Negocios Internacionales. Durante esa etapa de mi vida, el éxito para mí era sinónimo de una sola cosa: dinero, y bastante.

Después de graduarme, conseguí trabajo como representante de ventas en una empresa de Tecnología. A la edad de 25 años había trabajado en varias compañías y había sido promovido cuatro veces en un período de dos años siendo el responsable de los negocios para toda el área de Latinoamérica. A la edad de 26 años, tuve la responsabilidad de construir y administrar una unidad del negocio de sesenta millones de dólares, lo que representaba un tercio de los ingresos de la compañía. Trabajaba setenta horas a la semana y difícilmente tenía tiempo para compartir con mi familia y amigos, sin decir que tampoco tenía tiempo para mí. Pero eso no me importaba porque estaba avanzando en la escalera corporativa, y entre más dinero ganaba, más responsabilidad tenía, y así, me sentía más exitoso. A la edad de 27 años, fui promovido a una posición como ejecutivo en la gerencia de ventas y se me asignó la responsabilidad de crear una nueva unidad de negocios estratégicos dentro de la compañía.

Así pues, tenía el título, la responsabilidad, un trabajo excelentemente remunerado, y el prestigio que siempre había soñado. Respecto a la mayoría de los estándares, lo había logrado casi todo. Me encontraba definitivamente en el carril de más velocidad, pero, ¿estaba yo en el carril *correcto*?

Dadas las circunstancias, uno pudiera decir que tenía lo más parecido al éxito. Sin embargo, con el pasar de los días, la verdad empezó a ser muy evidente. Poco después de haber sido promovido a la posición que siempre había querido, mi alegría se convirtió en desespero cuando seis miembros de mi familia murieron inesperadamente en cuestión de unos pocos meses. Perder a los seres queridos no es nada fácil, aunque eso puede ser quizás más tolerable cuando las personas están avanzadas en edad. Pero cuando supe de la muerte de mi primo de treinta y seis años, luego de una batalla de toda la vida contra la diabetes, me sentí hecho pedazos. Finalmente me di cuenta que la vida es frágil, que la vida es un don, que nuestras vidas son un préstamo, y que vivimos cada nuevo día con tiempo prestado. También me di cuenta que en cualquier momento *mi* tiempo se podría acabar, y dicho y hecho todo, ¿cómo quería ser recordado? ¿Qué diría mi epitafio? En esos momentos de meditación sobre mi propia mortalidad me preguntaba por qué había sido esclavo quince horas al día de un trabajo que había llegado a odiar, trabajando para una compañía que no me apreciaba y en una industria que no me apasionaba. Entre más pensaba en ello, más me enfurecía. Desafortunadamente, mi familia, mis amigos y mis compañeros de trabajo tuvieron que soportar el impacto de mis frustraciones. Contaba con todos los símbolos externos y superficiales del éxito. Pero en mi interior, me sentía culpable, como si me estuviera traicionando a mí mismo. Cuando me miraba en el espejo, no me reconocía a mí mismo, o no me gustaba la persona que veía reflejada. No era feliz. No me sentía satisfecho e iba rápidamente cuesta abajo. *Al final, llegué a la conclusión que tener significado en la vida es mucho más importante que el dinero, que tener propósito en la vida es mucho más importante que el poder, y que dar es más importante que recibir.* Me di cuenta que la persona que estaba llegando a ser no era la persona que quería ser.

Había llegado a un punto de viraje. Aunque no sabía exactamente qué era lo que se suponía que debería estar haciendo, sí estaba completamente seguro que el trabajo que tenía en ese momento no lo era. Poco después de haber recibido la promoción, renuncié de forma abrupta. De forma caprichosa, mi esposa y yo alistamos nuestras maletas y nos fuimos en una gira sabática mundial, con la intención de contar con suficiente tiempo para replantear mis prioridades y definir lo que quería hacer con mi vida. Los únicos elementos que hacían parte de nuestro itinerario eran un vuelo a Lisboa en Portugal y un vuelo de regreso a casa desde Estambul, Turquía, tres meses después.

Por primera vez en muchos años me sentí *vivo*. No hace falta decir que todo el mundo a nuestro alrededor pensaba que habíamos perdido la razón. La gente no podía entender por qué estaba abandonando mi carrera, ¿para qué lo hacía? ¡No tenía ni la más mínima idea!

Pero de una cosa sí estaba seguro: si deseaba tener el tiempo para rejuvenecer mis sueños y hacer que mi vida recuperara su rumbo, tendría que simplificar mi estilo de vida esclavizado. Pasamos de quedarnos en resorts cinco estrellas a acampar en tiendas de cincuenta dólares. Vendimos nuestra espaciosa casa de dos plantas y nos mudamos a un aparta estudio donde no había suficiente espacio para poner nuestro sofá.

Anhelaba tener consejo y dirección en mi vida. Y lo que se menguaba con mayor rapidez, más que la cuenta bancaria, era la paciencia de mi esposa. Necesitaba ayuda, y ¡urgente! Leí casi todos los libros de autoayuda que encontré y asistí a todos los seminarios sobre motivación que pude, y en ese proceso invertí miles de dólares. Sin embargo, por alguna razón, se empezó a desarrollar en mí una extraña sensación: al principio, cada vez que asistía a un seminario, me sentía de maravilla, pero después, esa sensación se disipaba cuando enfrentaba mi realidad cotidiana. Me sentía como si cada vez regresara al lugar de donde había partido; claro, tenía que restarle a eso los cinco mil dólares que había invertido en el seminario.

No obstante, no fue sino hasta cierto momento en el que, en un vuelo de regreso a casa, tras uno de esos seminarios de motivación, empecé a preguntarme: ¿Estoy buscando motivación, o estoy en realidad buscando una razón legítima para estar motivado?

Desde su introducción a mediados del siglo XX, la industria de la autoayuda ha proclamado que la motivación es la clave definitiva para el éxito. Sin embargo, mi propia experiencia personal me estaba indicando que ese no era mi caso. Después de digerir todo lo mejor que la industria tenía para ofrecer, todavía sentía que necesitaba algo más. Todavía había muchas preguntas por resolver y muchos problemas por solucionar. Esto me dejó con una sola salida posible: intentar resolver el asunto por mí mismo. Después de miles de horas de investigación e incontables entrevistas, descubrí el secreto que tanto buscaba:

Tal como un músico debe escribir música, y tal como un poeta debe escribir, y así como un artista debe pintar, todos tenemos un don único que se nos ha otorgado y que ha sido diseñado para una vocación específica. El desarrollo de ese don puede traernos tanto significado como propósito a nuestra vida. El verdadero gozo y la verdadera felicidad continuarán evadiéndonos hasta que encontremos ese don y nos atrevamos a ser quien queremos ser.

Pero, ¿adónde me condujo mi descubrimiento? Sin contar con un mentor o sistema que me guiara, me sentía perdido como en un campo minado, o en una jungla con rutas interminables y posibilidades ilimitadas. Luego de superar esas ideas de crear negocios innovadores como importar esponjas vegetales de Turquía, fundar una crepería, convertirme en un inversionista de finca raíz, y de lanzar una empresa recicladora de desperdicios, me hice una pregunta que cambiaría por completo el curso de mi vida: ¿Qué hay si uso mi don, el de influir en las personas, para ayudarles a lograr una diferencia positiva en su vida? Utilizando un sistema que yo mismo desarrollé, descubrí que el propósito de mi vida era ayudar a otras personas a descubrir su propósito en su vida. Así fue como nació el concepto que dio origen a este libro.

El desarrollo del proyecto

La crisis de identidad que experimenté a la edad de veintisiete años fue el primer paso en un largo viaje que eventualmente me llevó a escribir este libro. Pero este no es un libro acerca de mi vida, tampoco es un libro monótono de autoayuda. De hecho, usted va a descubrir que este es un libro muy diferente a los demás que haya leído.

La cantidad de investigación y de pruebas tipo ensayo-error que se invirtieron para crear este programa es de por sí, asombrosa. Este libro es el resultado de más de diez mil horas de un estudio exhaustivo y una inversión de un cuarto de millón de dólares. Toda esta investigación y desarrollo se hicieron con el fin de asegurar que usted obtenga la información más completa y actualizada hasta la fecha. Lo que comenzó como un pasatiempo, hace unos quince años, se ha convertido en una pasión de tiempo completo. Durante ese tiempo, he tenido la oportunidad de estudiar, analizar y procesar las biografías de las personas más exitosas de la historia. Desde Gandhi y la

Madre Teresa hasta Kid Rock y P. Diddy. Desde Lincoln y Franklin hasta Emeril y Oprah. He entrevistado astronautas, diplomáticos, atletas profesionales, ejecutivos de la revista Fortune 500, ex prisioneros de guerra y empresarios exitosos. ¿Mi misión? Descubrir los secretos universales del éxito y revelar cómo alcanzaron el éxito estas personas exitosas a través del desarrollo de sus dones, su pasión y su propósito, para entonces, compartir todo este conocimiento con usted.

Usted notará que este libro es apenas el inicio del viaje. Aquí aprenderá los conceptos y estrategias que constituyen el fundamento del sistema que he desarrollado. Este material está diseñado para aumentar la sensibilidad e inspirar el pensamiento, aunque en sí mismo no va a cambiar su vida. No obstante, las ideas y la información expresadas aquí sí lo harán, en la medida en que usted esté dispuesto a tener una mente abierta, esté dispuesto a hacerse preguntas trascendentales, y lo más importante de todo, si está dispuesto a emprender la acción.

Este será un viaje que no podrá recorrer solo. Por lo consiguiente, le recomiendo con especial énfasis, que invite a algunos amigos a leer este libro al mismo tiempo que usted lo hace. El tener a un grupo de amigos que contribuyan con sus ideas hará que este viaje sea mucho más fácil y divertido. Aquí encontrará una gran cantidad de relatos de personas del común que se convirtieron en héroes mediante superar la adversidad y mediante sacarle provecho a cada gota de oportunidad a través de su don. Espero que esos relatos le aporten mucho más que simple entretención. Mi deseo es que logre conectarse con las experiencias de estas personas y que llegue a darse cuenta que si ellos lograron tener una vida exitosa a pesar de sus principios modestos, lo más probable es que, sus circunstancias no sean tan malas después de todo. Espero que estas historias le hagan comprender que usted también es una persona muy especial y que tiene un don único.

No tenemos excusas

Como miembros de la nación americana, somos beneficiarios de una cascada de oportunidades que pocas generaciones han conocido. Dados los enormes sacrificios que han hecho nuestros antepasados, muchos de nosotros podemos darnos el lujo de no tener que preocuparnos por llevar el pan a la mesa, o de tener que preocuparnos por la ropa o un techo bajo el cual dormir.

Por lo tanto, no tenemos excusas. Nos debemos a nosotros mismos y a quienes prepararon el camino para nosotros, el hacer nuestra mejor parte y el construir una vida que valga la pena vivir. Y para mí es tanto un honor como un privilegio, actuar en el papel de guía en este viaje maravilloso. Le garantizo que si usted demuestra el compromiso y la pasión suficientes para descubrir su don y propósito en la vida, no hay nada en el mundo que pueda detenerle. De modo que, ¡hagamos que eso ocurra!

....

PALABRAS DE SABIDURÍA
"Un hombre puede resistir casi todo,
menos una sucesión de días comunes y corrientes".
JOHANN VON GOETHE

PREGUNTA PARA CONSIDERAR
¿Está usted en realidad *viviendo* la vida?

....

2

"Lo que se halle delante nuestro o detrás nuestro, es pequeño comparado con lo que habita dentro de nosotros".

—*Ralph Waldo Emerson*

ENCUENTRE EL FUEGO EN SU INTERIOR

¿Qué le entusiasma a usted? ¿Qué hace que su corazón lata con más fuerza? ¿Es el éxito? ¿El dinero? ¿Los elogios? ¿Ganar? ¿La felicidad? ¿Las actividades recreativas? ¿El poder? ¿El prestigio? Las casas hermosas, los automóviles de lujo, los títulos académicos y hasta un poco de "reverencia" son cosas que resultan agradables. Pero ninguna de ellas produce el combustible de alto octanaje que nos impulse como a un cohete hacia la felicidad y el éxito duraderos en la vida.

¿Por qué continúan levantándose temprano todas las mañanas para ir al trabajo tanto Bill Gates como Warren Buffet? ¿Por qué volvió de nuevo a trabajar Michael Jordan no solo una vez sino dos veces después de su retiro y aún habiendo batidos los libros de los récords? ¿Por qué continúa Jane Goodall viviendo parte de su vida en las selvas de África cuando, de hecho, ya ha hecho una gran contribución a la ciencia?

La razón es sorprendentemente simple: la felicidad en la vida no es un asunto de dinero, fama, reconocimiento y ni siquiera competencia. *La gente exitosa ama lo que hace y se siente impulsada a expresar lo mejor que se halla en su interior. No les interesa ser mejores que su vecino o sus contemporáneos. Se esfuerzan por ser mejores para sí mismos.* Para ellos, la recompensa constituye sobrepasar el umbral del "potencial de sus dones."

Si usted verdaderamente desea llegar a desarrollar su pleno potencial, deberá descubrir qué es eso que enciende su llama. Con ello nos referimos a ese algo intrínseco que proviene de su *interior*. Aquello es algo completamente superior y sobrepasa a cualquier meta o sueño. Consiste en expresar quién verdaderamente es usted y en demostrarse a sí mismo, y al mundo, que usted está en perfectas condiciones de alcanzarlo. Honestamente pienso que no existe en el mundo siquiera una sola persona a la que le falte la motivación. Lo que la mayoría de personas llama falta de motivación yo lo llamo *falta de inspiración*. Lo que la mayoría de personas llama pereza yo lo llamo aburrimiento. Y existe una esperanza para esas personas sin inspiración y llenas de aburrimiento. Pero solo existe una forma en la que ellas pueden encontrar la salida a su situación. Y ello consiste en: descubrir su don, perseguir su pasión, y entender un vislumbre de su verdadero potencial.

Entre los muchos dones con las cuales hemos sido bendecidos, está el don de la vocación, es decir, nuestra vida laboral. El verdadero genio emerge cuando descubrimos nuestro don y entonces expresamos toda nuestra pasión en el ejercicio de nuestra profesión. No se me ocurre otro mejor ejemplo para ilustrar este punto que el del hombre de la historia a continuación.

HOWARD SCHULTZ

"Si usted pone su corazón en su trabajo o en cualquier otra empresa, podrá alcanzar sueños que otros consideren imposibles".

El estilo y la sofisticación, ahora marcas registradas de Howard Shultz, eran muy escasos en el lugar donde creció. Él y su familia de cinco miembros vivían en un apartamento estrecho de dos habitaciones en los proyectos Bayview de Brooklyn. Estos eran unos apartamentos en un racimo de edificios habitados por los pobres de la clase obrera, quienes eran mirados con desprecio por otros residentes de la avenida Flatbush.

El joven Howard participaba en los deportes, admiraba a Mickey Mantle y empezó a ganar dinero a la edad de doce años con el fin de contribuir al estrecho presupuesto de la familia. Su padre, un veterano de la segunda guerra mundial había desempeñado oficios varios, pero "nunca se estabilizó ni estableció un plan de vida." Por lo tanto, Howard tampoco tenía un proyecto de vida, a excepción de evitar tener que pasar por las mismas circunstancias que sus padres experimentaban para enfrentar el día a día. Él sentía que *debía* vivir otra vida diferente. Afortunadamente, su participación en el equipo de fútbol de la secundaria le permitió obtener una beca para ingresar a Northern Michigan University, a cientos de millas y años luz de distancia.

Su beca deportiva no le cubría lo suficiente; sin embargo, gracias a algunos préstamos y trabajos de medio tiempo, Howard llegó a ser el primer graduado universitario de la familia. Aunque para el momento de su graduación todavía no había fijado el rumbo de su vida, el hecho de haber salido de Brooklyn, le dio el valor para seguir soñando. Tras su graduación, permaneció en Michigan y trabajó en un resort de ski. Durante ese tiempo pensaba en su futuro pero no le llegaba ninguna inspiración. Un año después regresó a Nueva York y encontró trabajo como agente de ventas para Xerox. Howard recuerda: "Vendí muchas máquinas y sobrepasé los logros de muchos de mis compañeros, pero puedo decir que nunca desarrollé pasión por el asunto de los procesadores de palabras."

Después, Howard se mudó a Hammarplast, una firma suiza que producía artículos para el hogar. Estando allí, se convirtió en el vicepresidente de la compañía y estuvo a cargo de sus operaciones en los Estados Unidos. Ahora, a tan solo seis años de haberse graduado de la universidad, disfrutaba de un salario jugoso y poseía un apartamento en Upper East Side en Manhattan. También tenía rentada una casa de verano en los Hamptons. No obstante, Howard señala: "Con esas circunstancias nadie, especialmente mis padres, podían entender por qué tenía tanta ansiedad. Con todo, sentía que algo hacía falta. Yo quería sentir que estaba al frente de mi propio destino".

Entonces en el año 1981, mientras todavía trabajaba para la firma Suiza, Howard observó que uno de sus clientes, un minorista de Seattle, estaba haciendo algunos negocios con una línea particular de cafeteras. Hizo un viaje en avión para investigar un poco más, e inmediatamente se enamoró de lo que vio: una tienda con un violinista en la entrada tocando a Mozart. "En el minuto en que la puerta se abrió, un delicioso aroma a café invadió el espacio y me condujo hasta adentro. Al entrar vi lo que se asemejaba a un templo para adorar al café." Detrás de un mostrador desgastado había granos de café provenientes de Sumatra, Kenya, Costa Rica y de otras partes del mundo. Esto ocurrió "en un tiempo en que la mayoría de la gente pensaba que el café venía enlatado y que no imaginaba que era un grano." En ese mismo instante Schultz supo que esa tienda y esa ciudad eran su meca. Allí era donde él quería estar y aquello era lo que quería hacer el resto de su vida.

Lo demás, como dicen, es historia. Aunque eso no significó que todo hubiese ido viento en popa al principio.

Pese al entusiasmo de Schultz, la firma no lo quiso contratar. Los dueños del negocio pensaron que este estilo neoyorquino con sus grandes planes daría al traste con la hermosa cultura en miniatura que habían luchado por mantener. No obstante, en lo que resultaría ser el mayor giro en la vida de Schultz, se resolvió a no aceptar un no como respuesta.

A pesar de haber sido rechazado, regresó de nuevo y persuadió a los dueños para que cambiaran de parecer y le contrataran como director de mercadeo. "La vida es una serie de casi fracasos," reflexiona en su libro *"Pon tu corazón en ello"*, "pero mucho de lo que le atribuimos a la suerte no lo es. Implica emprender el día y aceptar la responsabilidad de nuestro futuro. Representa ver lo que los demás no ven y perseguir ese sueño, sin importar quién te diga no."

De modo que fue así como Howard dejó su estilo de vida de lujo en Nueva York, su salario elevado, su prestigio, el auto de la compañía, el apartamento lujoso, y emprendió su viaje para trabajar en una pequeña empresa de Seattle que administraba cuatro tiendas de café. Poco después de asumir su nuevo puesto, y mientras asistía a una ronda de negocios en Milán, Italia, se tropezó con un barra de café expreso y de nuevo quedó deslumbrado, solo que esta vez no fue por el café o por la tienda, sino por el ambiente familiar y de cordialidad que encontró allí y que auspiciaba una atmósfera energizante, llena de música y amistad. De inmediato pensó en llevar ése concepto de cordialidad a los Estados Unidos. Más tarde, él relató: "Aquello fue una experiencia emocional. De forma intuitiva supe que podía hacerlo. Lo sentía en mi médula."

Al principio, los dueños de la firma se opusieron a la idea, pero con el tiempo, la persistencia de Schultz dio resultados. Ellos le vendieron la compañía, y ello se convirtió en... ¿ya lo imaginó? ¡Starbucks!, marca que en la actualidad cuenta con más de diez mil tiendas de café en el mundo, con ventas anuales de más de seis billones de dólares. Bajo el liderazgo de Schultz, Starbucks se ha convertido en mucho más que un negocio exitoso. Se ha convertido en un ícono que representa todo lo bueno de la América corporativa: honestidad, integridad, y profundo interés por sus clientes y "socios" (sus empleados). Howard, argumenta: "El éxito, no debe medirse en dólares. Más bien, está relacionado con la forma como usted conduce el camino y en lo grande de su corazón al final de este".

Por ejemplo, hace unos años, cuando tres de los empleados de Starbucks fueron asesinados durante un asalto en Washington, D.C., Schultz contrató un vuelo privado y se presentó en el lugar para trabajar con la policía, consolar a los familiares de las víctimas y asistir a los funerales. También decretó que todas las ganancias futuras de la tienda serían dedicadas a organizaciones que trabajan por la protección contra la violencia y los derechos de las víctimas.

Ahora que Schultz, reconocido billonario y dueño del equipo de baloncesto Los Supersónicos de Seattle, ha dejado de gerenciar una de las compañías más respetadas del mundo, él mismo desea "inspirar a otros para que sigan tras sus sueños. Yo provengo de raíces comunes, no nací con una cuchara de plata en la boca, no pertenecía a ninguna familia de apellido influyente, tampoco conté con la fortuna de tener mentores al inicio de mi vida. Me atreví a soñar grandes sueños, y entonces me propuse alcanzarlos. Estoy plenamente convencido que la mayoría de la gente puede ver realizados sus sueños y que aún puede lograr mucho más, si manifiestan suficiente determinación y si continúan intentándolo".

Si tan solo lo deseas, no llegarás muy lejos

Schultz conocía la diferencia entre una esperanza o una ilusión y un deseo intenso de hacer que los sueños se conviertan en realidad. Sin embargo, cuando se le pregunta a la mayoría de las personas acerca de su futuro, ofrecen respuestas como: "Espero poder pensionarme antes de tiempo", "Me gustaría encontrar un trabajo más satisfactorio donde el salario fuera mejor". Esas personas no se dan cuenta que "esperar" o "desear" son tan inútiles como soñar sin actuar. Ese mismo tipo de personas son las que probablemente invierten un dólar y *esperan* ganar un millón en la lotería, o les *gustaría* que su matrimonio mejorara, o desearían perder peso, pero no emprenden ninguna acción para que eso se convierta en realidad. *Esperar o desear es an-*

helar que suceda algo sin hacer nada para que eso ocurra. Así no es como funcionan las cosas.

El truco para que un sueño se convierta en realidad consiste en ir más allá de simplemente desear o esperar y encender ese deseo ardiente. Para empezar, examine sus pensamientos: ¿Es usted una persona orientada hacia el éxito? Los psicólogos cognitivos dicen que la "perspectiva" de uno determina el "resultado" y aquello en lo cual nos concentramos es lo que al final obtenemos. Cuando nos concentramos en las cosas negativas, estas tienden a ocurrir. Lo contrario también es cierto, cuando nos concentramos en las cosas positivas, estas también tienden a suceder.

Por ejemplo, cuando Franklin D. Roosevelt adquirió polio a la edad de 39 años, todo el mundo, incluyendo su familia y sus amigos más cercanos, le instaron a retirarse. Le dijeron: "Nadie va a votar por un político con discapacidad". Afortunadamente, para bien nuestro y del resto del mundo él rehusó hacer caso de dicha recomendación. Roosevelt se concentró en lo positivo, y observen cuánto bien hizo él no solo para sí, sino también para su país.

Piense en Albert Einstein. Sus profesores de grado séptimo predijeron que el joven Albert "nunca llegaría a ningún sitio en su vida", lo que produjo tal descontento en él que se convirtió en el motor de su existencia. A pesar de experimentar algunos malos momentos en su vida escolar, perseveró y, como todos sabemos, sus ideas con el tiempo llegaron a cambiar al mundo.

El deseo intenso (de lograr algo) o el descontento intenso (de alejarse de algo) nacen de la fricción o de la tensión. Dicha tensión puede nacer de la insatisfacción respecto a la situación que uno tenga en la vida o del anhelo de cosas mejores.

Por ejemplo, un muchacho llamado Joyce C. Hall fue abandonado por su padre cuando tenía siete años. A la edad de ocho años se vio forzado a trabajar como cocinero de una asistente de enfermería para ayudar con los gastos de su familia. A la edad de nueve años ya vendía perfumes baratos puerta a puerta. Su descontento ardiente le hacía odiar su vida de pobreza. No obstante, en sus intentos por superarse descubrió su don, el cual consistía en saber persuadir a la gente para que comprara sus productos. Ahora solo necesitaba un producto con el que él se sintiera completamente comprometido. A la edad de 18 años lo encontró y hoy en día, las tarjetas Hallmark circulan por el mundo entero y producen ganancias por encima de los cuatro billones de dólares al año.

¿Siente *usted* un deseo ardiente o un descontento ardiente? Si así es, es probable que sepa que ello puede impulsar su determinación, fe y convicción en sus habilidades. Así mismo puede ayudarle a actuar correctamente frente al temor.

Por lo tanto, lleve su deseo ardiente o su descontento ardiente al siguiente nivel. Aquí hay unas sugerencias:

• Sea específico. Identifique completamente qué es eso de lo cual desea escapar o hacia lo cual desea avanzar.

• Visualice el logro. Haga que esa visión que ha identificado tenga vida en su imaginación. Imagínese alcanzando el resultado deseado.

• Hágalo intensamente. Entre más vívida sea la imagen, más fuerte se hará su deseo. Y entre más fuerte sea su deseo o su descontento, más determinación demostrará.

• Hágalo ineludible. No se permita dejar ninguna posibilidad para retractarse. No deje abierto un plan B. No acepte el fracaso como una opción.

• Hágalo realidad. Ahora que sabe exactamente qué es lo que desea y que lo puede visualizar vívidamente, hágalo realidad.

Dé vida a sus sueños

He descubierto que muchas personas sienten temor de dar vida a sus sueños. ¿Por qué? Tal vez sienten temor de que lo que cobra vida puede en algún momento morir. Y si sus sueños mueren, también muere la esperanza. No siendo capaces de soportar la idea que la esperanza muera, se abstienen de expresar sus sueños más preciados, no comparten sus sueños con sus amigos y mucho menos con sus familiares porque tienen temor que se mofen de ellos.

Los sueños que no se declaran o hacen manifiestos difícilmente son sueños. Declare sus sueños a otros, indíqueles qué es lo que le entusiasma y trace una ruta para conseguirlos; sea valiente y decidido, sea persistente, pero también paciente. Como lo dijo Howard Schultz: "Me tomó años descubrir cuál era mi verdadera pasión en la vida. Cada paso que di luego de haber logrado ese descubrimiento fue un paso agigantado, y cada movimiento era más arriesgado que el anterior."

PALABRAS DE SABIDURÍA

"La gran tragedia de la vida no es la muerte, es lo que muere dentro de nosotros mientras aún estamos vivos".
NORMAN COUSINS

INSPIRACIÓN PARA RECORDAR

Howard Schultz

PREGUNTA PARA CONSIDERAR

Si a usted le pagaran por hacer algo que le gusta, ¿qué actividad sería esa?

3

"Somos lo que hacemos habitualmente.
La excelencia, por lo tanto, no es un acto,
sino un hábito".

—*Aristóteles*

¿LO TIENEN COMO REHÉN SUS HÁBITOS DIARIOS?

"Compatriotas, ¿quién debe ser su presidente?" Esto es lo que le pregunta el dictador suramericano a la muchedumbre frente a su balcón presidencial.

"¡Te queremos a ti! ¡Te queremos a ti!", gritan al unísono.

"¿Y por cuánto tiempo quieren que yo sea su presidente?"

La muchedumbre exclama: "¡Toda la vida!"

"¿Y, cuál debe ser mi retribución?" Pregunta el presidente sonriendo.

La muchedumbre de nuevo contesta con un rugido: "¡Todo lo que tenemos! ¡Todo lo que tenemos!"

El dictador ahora contesta: "Pueblo mío, estoy profundamente conmovido por su confianza en mi liderazgo. Yo por mi parte, acepto su designación para ser el presidente de esta gran nación. Ahora, todos ustedes, que han votado por mí, pueden bajar sus manos y retirarse de la pared".

¿Pudiera decirse que eso es democracia? Sin embargo, muchos de nosotros caemos en la trampa de vivir la vida como si tuviéramos un arma en la cabeza. Y lo más contradictorio es que *somos nosotros* quienes sostenemos esa arma. Sin siquiera reconocerlo, ponemos nuestro gozo y paz mental en riesgo cuando escogemos patrones de vida que nos hacen daño.

En algún momento de la vida, quizás ahora mismo, nos convertimos en rehenes de las ambiciones de nuestra carrera, en rehenes de la necesidad de ser felices a expensas de otros, de la necesidad de vernos bien, del deseo de tener lo último y lo mejor, simplemente porque es lo último y lo mejor; nos convertimos a nosotros mismos en rehenes de la necesidad de ganar, sea en los negocios, en un juego o simplemente en una conversación. A veces también nos convertimos en rehenes de la necesidad de ser populares y de ser bien recibidos.

De acuerdo a la definición, los rehenes son personas que no tienen libertad, y que por ende, no son felices. ¿Por qué hacemos esto? ¿Por qué escogemos patrones que nos quitan la libertad y en últimas nos hacen infelices? Lo hacemos principalmente porque no hemos establecido firmemente en nuestro interior qué es lo que realmente es de valor y qué no. De modo que recogemos al azar nuestros valores del entorno, de las personas que se asocian con nosotros, de nuestra cultura, y con mucha frecuencia estos son los mismísimos valores que indirectamente nos causan mucho dolor y descontento en la vida.

Escriba su propia historia

Todos nosotros nos hallamos en el proceso de escribir nuestra propia historia. Ésta se compone de cientos de elementos, importantes y triviales. Nuestra historia es increíblemente compleja, entrelazada con argumentos principales y secundarios. Todos los días escribimos una página adicional. A veces hasta poco nos percatamos que hemos escrito algo adicional. Vez tras vez continuamos escribiendo sin siquiera imaginar cómo nos gustaría que la historia terminara. ¿Cómo terminará su historia? ¿En triunfo o en desdicha? ¿Tomará giros inesperados en el último capítulo o en la última página? El asunto es que, sin saberlo, ya hemos estado escribiendo mucho del final de la historia y cada página da pistas al respecto. Si usted lee cuidadosamente entre líneas, el desarrollo de la historia puede indicarle la forma en que esta terminará. Por ejemplo, ¿cuál es su reacción habitual a los momentos de angustia? O, ¿cómo responde a los momentos de felicidad? ¿Es una persona dada a la cólera? ¿Tiende a resentirse con facilidad y a no perdonar? ¿Está siempre a la defensiva? ¿Cuánto demuestra ante otros lo que hay en su interior y cuánto oculta? ¿Cómo y con quién elige pasar su tiempo libre? ¿Cuál es el centro de atención de sus pensamientos? Las pistas están ahí, y estas no mienten. Los problemas maritales, los niños que se convierten en adolescentes, la bancarrota, la obesidad y otros problemas, no son cosas que un día vienen a tocar a la puerta. Más bien se van desarrollando poco a poco en nuestro libreto una página a la vez. ¡Y somos nosotros quienes lo escribimos! Pero, con bastante frecuencia, no percibimos hacia dónde nos lleva el desarrollo de la historia.

El tener la oportunidad y la libertad de esculpir nuestra vida es una bendición que pocas personas antes de nuestra generación han comprendido. El tener la facultad puede ser tanto aterrador como abrumador. No obstante, puede ser también una fuente de inmensa esperanza, ya que nosotros *podemos* cambiar el desenlace mediante lo que escribamos hoy, palabra a palabra.

FRANKLIN CHANG-DIAZ

"Muchas personas me dijeron que este era un sueño imposible".

Como cualquier niño de siete años, el joven Franklin Chang-Días se atrevió a soñar el gran sueño.

Él y sus compañeros de juego construyeron una nave espacial hecha de papel cartón y piezas electrónicas obsoletas tomadas de un panel de mando y unas sillas viejas de piloto. Iniciaron el conteo regresivo, hicieron el despegue y aterrizaron en un planeta lejano. Para quienes conocían a estos muchachos aquello era simplemente un juego. Pero para Chang-Díaz, este juego representaba un sueño que algún día se atrevería a intentar llevarlo a la realidad.

Franklin perteneció a una familia de clase media en Costa Rica y sus posibilidades de realizar su sueño parecían tan remotas como el espacio sideral. Después que los soviéticos lanzaron el *Sputnik* en 1957, su sueño cobró nueva vida.

Durante mi entrevista con él, Chang-Díaz dijo: "Muchísimas personas me dijeronme que este era un sueño imposible y que alguien de Costa Rica nunca llegaría a ser astronauta, que esto era para los americanos o para los soviéticos." La gente le instó a conseguir un trabajo de verdad y a que hiciera algo más productivo con su vida. Pero él dijo: "Supongo que simplemente no me interesaba escuchar eso."

Cuando Chang-Díaz se hizo adolescente las cosas empezaron a cambiar. Su tripulación desapareció. Muchos de ellos se dieron cuenta que no era muy realista mantener vivo el sueño de ir al espacio. Pero para esa época, Chang-Díaz estaba convencido que eso no era solo un juego de infancia, sino su camino a seguir. Se mantuvo leyendo todo lo que llegaba a sus manos relacionado con la exploración espacial. Llenó las paredes de su habitación con fotos de exploradores espaciales, y soñaba en su imaginación con una nave espacial. A la edad de 15 años, sus ojos se iluminaron cuando encontró un folleto de la NASA titulado, "*¿Así que quieres convertirte en un científico espacial?*" Allí vio su oportunidad y reconoció que necesitaba actuar de inmediato. Escribió una carta al encargado de la agencia espacial informando su entusiasmo, solo para recibir una respuesta desconcertante: las carreras en la NASA solo están disponibles a los ciudadanos de los Estados Unidos.

No obstante, lejos de dejarse disuadir por ello, Chang-Díaz cambió de estrategia, pero no de objetivo. No estaba dispuesto a aceptar el patrón de vida limitante que tenía ante sí en Costa Rica. Si las carreras en la NASA estaban disponibles únicamente a los ciudadanos de los Estados Unidos, entonces solo había una alternativa: llegar a ser ciudadano de ese país.

Después de graduarse de la secundaria en Costa Rica, trabajó por nueve meses como cajero en un banco y ahorró cincuenta dólares. A continuación le dijo a su padre que le ayudara a comprar un tiquete de avión (de solo ida) hacia los Estados Unidos. Su padre le dijo: "Si tienes problemas, déjamelo saber, e intentaré conseguirte un tiquete de regreso".

El joven de 18 años contestó: "No te preocupes por eso porque no va a ocurrir." Su primera experiencia de viaje comenzó cuando llegó a Connecticut con tan solo cincuenta dólares en su bolsillo y una vieja maleta con unas cuantas mudas de ropa. Se fue a vivir con unos parientes lejanos mientras se adaptó a la tierra extranjera. "Hubo momentos de tremenda incertidumbre," recuerda. "Durante los primeros meses uno se siente fuerte, como si lo pudiera conquistar todo. Pero después de un tiempo, uno se da cuenta que está lejos de casa, que no habla el idioma y que no tiene dinero. Las cosas fueron bastante difíciles, especialmente durante los primeros inviernos. Durante la época de la navidad, la duda me invadió de repente. Hubo momentos en los que casi dije: "No lo lograré. Debo regresar a casa.""

Pero no lo hizo. Se resistió a regresar. Estaba comprometido con su causa y era demasiado tarde para regresar. Aunque en ocasiones parecía como si su sueño fuese solo una ilusión para vivir, se las arregló para no dejarlo morir. Cuando le pregunté cómo hizo para atravesar los tiempos difíciles, contestó: "Sentía demasiado orgullo como para decirle a mi padre que había fracasado."

Habiendo llegado al territorio de los Estados Unidos sin saber siquiera una palabra en inglés, sabía que contaba con una tremenda desventaja. De modo que se sumergió en el aprendizaje del idioma mientras asistía a la preparatoria. Durante el periodo de un año, pasó de ser el más rezagado de su clase a graduarse con honores, lo cual le hizo merecedor de una beca para estudiar en la universidad de Connecticut.

Hasta ese momento, todo parecía ir sobre ruedas, pero entonces se le presentó otro obstáculo en el camino. Se le informó que había ocurrido un error. En la universidad habían pensado que él era un ciudadano de los Estados Unidos y que provenía de Puerto Rico y no de Costa Rica. Bajo esas condiciones, no era elegible para la beca.

Pero la determinación de Chang-Díaz de ir a la universidad inspiró a los representantes de la universidad para apelar contra la legislación del estado, ante lo cual, se acordó hacer una excepción para él. La única diferencia era que en vez de contar con cuatro años de beca, recibiría solo una beca de un año. Él la aceptó gustosamente, consiguió trabajo en el laboratorio de Física y así se las arregló para continuar hasta poderse graduar.

En el año 1969, Neil Armstrong alunizó y pronunció sus memorables palabras: "Un gran salto para la humanidad." Y tan solo tres años después Chang-Díaz dio su "gran salto" hacia su sueño de toda la vida cuando obtuvo su título como ingeniero mecánico. Este de por sí, era un gran logro para un inmigrante pobre de Latinoamérica quien tan solo unos pocos años atrás había llegado a los Estados Unidos con las manos vacías.

Pero Chang-Díaz no había terminado.

Se inscribió en el MIT para estudiar sobre fuentes de energía alternativas, entre estas la investigación sobre energía de fusión, la física del plasma y la energía atómica. Para el mismo tiempo en que terminó su doctorado, fue reconsiderado el programa americano para el trasbordador espacial y él se convirtió en un físico de fusión en el laboratorio Draper de Cambridge, Massachusetts, el mismo lugar donde el sistema de guía y navegación para las misiones del Apolo fue construido. En ocasiones veía astronautas en el sitio de desarrollo y pensaba: "¡Me estoy acercando!"

En el año 1977, Chang-Díaz logró uno de sus sueños de toda la vida: llegó a ser ciudadano de los Estados Unidos, y ¡allí fue donde las cosas empezaron a salir a pedir de boca! La NASA anunció que estaba buscando conformar otro equipo de astronautas, para una misión de trasbordador, de modo que él aplicó. Entonces, cierto día de 1980, mientras realizaba su trabajo Chang-Días recibió un mensaje en su buscapersonas que decía: "Doctor Chang-Díaz, usted ha sido seleccionado para convertirse en astronauta del trasbordador espacial. ¿Acepta la misión?"

Con este mensaje, la odisea que había comenzado 29 años atrás había completado su ronda. Chang-Díaz se convirtió en el primer astronauta latinoamericano de la historia. Para el momento en que se ha realizado este escrito, Chang-Díaz ha participado en siete misiones espaciales y ha realizado tres caminatas espaciales, también dirige el Advanced Space Propulsion Lab, en el Centro espacial Johnson en Houston. Aparte de ser un héroe para los americanos, Chang-Díaz es toda una leyenda en su natal Costa Rica. Su coraje y determinación, así como su resolución para desafiar la vida convencional, para ir tras el sueño de su vida, ha inspirado a millones de personas para que también puedan creer en sí mismas.

Examine sus patrones de vida

Como lo comprobó Chang-Díaz, las circunstancias y el destino no escriben las páginas del libro de nuestra vida sin nuestra ayuda. No importa quién seamos, a todos nosotros se nos ha dado un libro con páginas en blanco. De hecho, hasta podemos caer en el hábito de intentar corregir algunos capítulos que ya hayan sido escritos, en vez de prestar atención a lo que estamos escribiendo en el presente. No obstante, si aprendemos de los errores del pasado, cambiamos los hábitos perjudiciales y modificamos los patrones de vida que nos hacen daño, podremos cambiar el capítulo final de nuestra historia y podremos hacer que esta tenga un final mucho más feliz. Entendamos que no basta con simplemente apuntar hacia una nueva dirección y entonces ajustar los controles en pos de esta. Si no sabemos exactamente a dónde queremos ir, va a ser muy difícil, si no imposible, llegar a nuestro destino. Una de las mejores maneras de saber a dónde nos dirigimos es evaluando el lugar donde hemos estado y lo que eso representa. La mayoría de nosotros no hacemos muy bien esto último.

A veces, cuando contamos nuestra historia, la parte externa se encuentra bien. Por ejemplo: "Fui a la universidad, me casé, trabajé para la compañía X por 25 años en cierta ciudad, eduqué a tres hijos, y luego me jubilé". Pero, ¿qué hay del interior? ¿En qué nos convertimos en nuestro *interior* durante el transcurso de esos años? ¿Siquiera lo sabemos? Es probable que no, aunque apostaría que su familia y amigos nos lo pudieran informar con total exactitud.

Y, ¿por qué no lo sabemos? Supongo que no es porque queramos ocultarlo. Tal vez el asunto subyace en que no hemos aprendido a mirarnos en nuestro interior profundo. No percibimos lo que la gente alrededor ve, los patrones que revelan lo que somos verdaderamente y así es como nunca llegamos a reparar lo que se haya desecho en nuestro interior. Tampoco llegamos a celebrar lo que es grandioso en nuestra vida; y nunca alimentamos ni nutrimos siquiera la mitad de los dones que tenemos en la vida. Y todo esto ocurre porque no logramos percibir cuál es nuestra esencia. Los patrones de nuestra vida no representan quién somos, pero sí nos indican hacia dónde vamos.

Enfrente los ritmos de su vida

¿Ha notado usted que la mayoría de los días de la vida no nos ponen frente a situaciones donde podríamos tomar grandes decisiones que afectaran significativamente el curso de nuestra vida? De hecho, los hábitos *inconscientes* y las rutinas diarias probablemente ocupan el 90% de nuestro tiempo. Por simple repetición tales cosas nos desgastan, nos agotan y nos hacen vulnerables a toda clase de decisiones estúpidas. Todos los días, tomamos cientos de pequeñas decisiones que, una a una, parecen insignificantes e inofensivas. Pero cuando las ponemos todas juntas, y cuando damos un paso atrás y vemos todo el cuadro a través de un ojo imparcial, la verdadera imagen de nuestra vida empieza a emerger.

Por ejemplo, digamos que usted está un poco de afán esta mañana. No hay tiempo de sentarse a desayunar, así que se lleva una dona a cambio. Esta es una decisión pequeña y no es el gran asunto; está haciendo frío afuera, de modo que usted decide no salir a hacer ejercicio; de nuevo, no es un asunto de gran trascendencia. Usted llega a la oficina donde el trabajo se acumula y decide no salir a almorzar y quedarse en su escritorio; recoge un pasabocas de la máquina vendedora y lo come junto a una bebida cola de gran tamaño. Todavía hay mucho trabajo, de modo que usted toma algunos descansos y se fuma un cigarrillo en cada uno. Estas son decisiones pequeñas. ¿Cómo podrían estas hacer la gran diferencia? En la noche está tan cansado que ni piensa en cocinar, de modo que va a un restaurante de comidas rápidas y lleva comida rica en calorías y preservativos. Una pequeña comida, no es el gran asunto; luego usted se toma un trago después de ingerir un postre. Todo ello ayuda a superar un día de estrés; al final toma una pastilla para dormir antes de terminar el día.

Este pudiera ser un día promedio, tal vez hasta un día normal, para una persona responsable. No hubo ni una sola decisión que fuera trascendental respecto a la salud o al futuro, solo pequeñas decisiones en las cuales no había que pensar demasiado. Pero día tras día, decisiones como estas pueden crear un patrón: usted está desperdiciando tiempo valioso y anticipándose para llegar a la tumba.

Al considerar este asunto de cerca, se pueden ver paralelos en otras áreas de la vida. ¿Escogen los matrimonios de forma consciente distanciarse de su pareja?, ¿tener niños ingobernables?, o ¿hallarse hasta el cuello acosados por las deudas? Por supuesto que no. Pero allá es donde nos pueden conducir los cientos de decisiones pequeñas que tomamos a diario si no ejercemos precaución. No es que la obesidad nos escoja a nosotros, sino que nosotros estamos eligiendo ser obesos cuando todos los días decidimos lo que vamos a comer. La bancarrota no nos escoge. Somos nosotros quienes nos metemos en esa situación cuando no vigilamos con cuidado la forma en la que invertimos nuestro dinero.

Inmersos en las ocupaciones de la vida, cualquiera de nosotros pudiera terminar caminando dormidos en medio de las rutinas diarias. A muchas personas les sucede eso. Y no es porque necesariamente sean malas personas. Solamente se han quedado dormidos en el transcurrir de la vida, y cuando finalmente se despiertan, se sorprenden por el cuadro que ven ante sus ojos. Preguntan: "¿Cómo terminé en esta situación?". O tal vez digan: "Esa es mi suerte", refiriéndose a la sorprendente frecuencia con la que eventos negativos les acontecen en sus vidas.

De forma consciente o inconsciente, todos nosotros estamos en el proceso de moldear nuestra vida y eso ha ocurrido aún desde el momento de nuestro nacimiento. Hora tras hora, día tras día. Sea que hayamos sido conscientes de ello o no, hemos estado definiendo lo que queremos ser y el destino a donde queremos llegar. Y con cada pequeña decisión hemos estado labrando una parte más de la persona que seremos por la eternidad.

Para ser quien queremos ser, utilizando nuestros dones, debemos desechar formas de pensar y maneras de ver la vida que resulten perjudiciales. Debemos romper las viejas rutinas diarias e incorporar nuevas rutinas que resulten constructivas y duraderas. Nunca olvidemos lo criticas e importantes que son las decisiones pequeñas en la gran rueda de la vida. Recuerde, los buenos hábitos son tan fuertes de romper como los malos hábitos. Solo que los buenos hábitos a veces son un poco más difíciles de implantar.

....

PALABRAS DE SABIDURÍA

"Sembramos en nuestros pensamientos y cosechamos en nuestras acciones; sembramos en nuestras acciones y cosechamos en nuestros hábitos; sembramos en nuestros hábitos y cosechamos en nuestro carácter; sembramos en nuestro carácter y cosechamos en nuestro destino".
CHARLES A. HALL

INSPIRACIÓN PARA RECORDAR
Franklin Chang-Díaz

PREGUNTAS PARA CONSIDERAR
¿Qué indican sobre usted sus patrones de vida?
¿Le están ayudando a progresar o le están haciendo daño?

....

4

"Las mentes grandes tienen propósitos, las otras mentes solo tienen deseos".

—*Washington Irving*

CÓMO DAR SENTIDO Y PROPÓSITO A SU VIDA

Recientemente, mientras estuve de vacaciones por las majestuosas costas de Italia, supe de una historia muy interesante que me gustaría compartir con ustedes.

Se trata de Ernest William Beckett, el lord inglés del siglo XVIII, cuya falta de propósito en la vida le provocó una depresión severa, lo cual lo indujo a viajar tres veces alrededor del mundo para intentar superarla. Casó tigres en Borneo, visitó a los nativos en el oeste americano, hasta visitó a varias geishas en Japón. Sin embargo, *nada* curó su aflicción, excepto Ravello una hermosa aldea medieval a unos once mil pies sobre el nivel del mar.

Beckett se enamoró de inmediato de las montañas bañadas por el sol, el cual se desliza hacia el más azul de los mares. Pero no fue solo la belleza exterior lo que él encontró allí. En este mismo lugar también halló la belleza dentro de su propio *interior*. Irónicamente, sucedió que encontró lo que había estado buscando todo el tiempo a través de sus viajes, y lo encontró dentro de sí mismo. Había estado allí todo el tiempo. Se dice que en una ocasión dijo a los moradores del lugar: "Nunca me iré de aquí." Compró y restauró a Villa Cimbrone, una propiedad cuya vista, jardines exuberantes, fuentes y cavernas, hacían ese sitio uno de los mejores en toda la región.

Muchos de nosotros, como el señor Beckett, desperdiciamos años preciosos buscando la felicidad en todas partes, menos en nuestro interior. *Podemos intentar averiguar el propósito de nuestra vida yendo alrededor del mundo. No obstante, es únicamente cuando decidimos mirar dentro de nosotros mismos que en realidad lo descubrimos.* El ir en pos de descubrir y luego de satisfacer el propósito de la vida, suministra una de las formas más completas de felicidad que una persona pueda experimentar.

Cuando uno se halla motivado por la búsqueda de ese propósito descubre que muchas fuerzas que se hallaban escondidas en su interior le impulsan a alcanzar alturas nunca jamás imaginadas.

¿Cómo lo recordarán a usted?

¿Será usted recordado como un dador o como un receptor? ¿Como alguien que jugó completamente el juego de la vida o como alguien que se sentó en las graderías como espectador? ¿Será recordado usted como alguien que nunca se arriesgó a vivir o como alguien que se atrevió a soñar en grande y se esforzó por alcanzar su sueño?

Muchas veces, solo hasta cuando nos detenemos a meditar en la fugacidad de la vida, es que empezamos a experimentar un sentido de urgencia respecto al tiempo precioso que disfrutamos. El reloj continúa avanzando, el tiempo se está desperdiciando y después de todo, este es el recurso más valioso que tenemos. Ni siquiera los científicos más aventajados pueden producir un poquito más de tiempo, como tampoco han encontrado la manera de "ahórralo." Lo único que podemos hacer con respecto al tiempo es invertirlo y utilizarlo sabiamente.

Sea que estemos conscientes de ello o no, a todos nosotros se nos ha dado un propósito específico en la vida. Cuando usted cave en lo profundo para descubrir su don, entonces podrá encontrar su propósito. Porque tal como un atleta nace con habilidad para el atletismo y con una inclinación hacia la competencia, y tal como un artista nace con una mente creativa y con disposición hacia la paciencia, usted también ha nacido con un don que representa la llave que abre el tesoro que contiene su destino.

Encontrando el camino

¿Alguna vez se ha preguntado: "De qué sirve esforzarse tanto y luchar tanto? ¿Valen la pena todas esas cosas que me acongojan?" Esté seguro que usted no es el único si de cuando en cuando ha atravesado momentos de confusión y ha experimentado falsas expectativas y temores. Ganarse el sustento, ser padres ejemplares, esposos dedicados y vecinos respetables, todo al mismo tiempo, puede en momentos llevarnos a la desesperación.

Es muy fácil quedarse atrapado en las ocupaciones triviales y de poca importancia del día a día. A veces tenemos tantas cosas que atender que difícilmente hallamos tiempo para atenderlo todo, y mucho menos, tenemos tiempo para hacernos preguntas significativas. No obstante, si no somos cuidadosos, podemos caer fácilmente en la trampa de concentrar toda nuestra energía en la lista de cosas por hacer durante el día y nos olvidamos de los deseos más profundos de nuestro corazón.

ALEX SPANOS

> "Lo único que me diferenciaba de los
> otros pasteleros medio quebrados era el deseo."

Alex Spanos tuvo un encuentro cercano con el fracaso y se rehusó a darse por vencido. Su momento crucial tuvo lugar en 1951. Necesitaba $210 dólares para los gastos de nacimiento de su segundo hijo. Para ese momento trabajaba 15 horas al día para su padre en la pastelería por un reducido salario de cuarenta dólares a la semana. Luego de varios meses de ensayar, se armó de valor para pedir un aumento. Su padre, un inmigrante griego con temperamento volcánico se rehusó a siquiera considerarlo. Así que Alex hizo lo inimaginable: renunció a continuar trabajando en el negocio de la familia.

En el libro que Spanos escribió más tarde, *"Sharing the Wealth : My Story"*, declaró sobre aquel incidente: "Hice una apuesta con lo único que tenía. Le aposté a la vida que iba a lograr el éxito." Spanos no sabía qué iba a hacer pues tenía 27 años, estaba desempleado y pronto llegaría a ser el padre de dos hijos. No tenía dinero, contactos ni prospectos.

Pero él sabía en su corazón que tenía un propósito importante en su vida. Dijo: "Estaba allí en el borde entre la mediocridad y el éxito con tan solo una puerta de madera delgada que separaba las dos opciones. La mediocridad estaba adueñada del lado de la puerta donde yo estaba parado: el sótano de mi padre, quien era un inmigrante griego y su pequeña pastelería. Allí era donde me había desvelado al lado de los hornos por cuarenta dólares a la semana, quince horas al día, siete días a la semana. Era un mundo donde me sentía a salvo, seguro, pero donde estaba muriendo lentamente. Por otra parte, estaba el otro lado de la puerta, donde eventualmente hallaría el éxito, pero que no ofrecía ninguna alfombra de bienvenida. Este era un lugar oscuro, incierto, prohibitivo, el cual, para un pastelero en bancarrota, de 27 años con esposa e hijo y otro niño viniendo en camino, parecía más aterrador que quedarse encadenado al sótano donde permanecía. No tenía garantía alguna que al salir de la pastelería encontrara el camino que me llevara a alguna parte. Pero pronto descubrí que ese paso trascendental me pondría al menos con la posibilidad de entrar en contacto con un mundo de éxito, el cual conseguiría a través del trabajo arduo. Una cosa si era segura: si hubiera permanecido en el sótano, me habría sentenciado a mí mismo y a mi familia a una vida absolutamente conformista. Trabajar, luchar, jubilarme y morir. Una persona más, sepultada bajo el epitafio de las excusas."

Lo primero que hizo Spanos fue pedirle a un amigo que le consignara en el banco un préstamo de 200 dólares. Entonces hizo una lista de cosas que podría realizar para sostener a su familia creciente. Empezó a ofrecer un servicio de comidas en el que llevaba emparedados a los trabajadores mexicanos que trabajaban en los campos cerca de su pueblo en Stockton, California. Esto le condujo a suministrar albergue a los trabajadores inmigrantes y en cuestión de unos pocos meses, suministraba alimentación a más de mil quinientos *braceros* (así es como se les conoce a los trabajadores del campo mexicanos). De esa forma, obtuvo dinero que superaba lo que hubiera hecho en la pastelería durante 20 años. De hecho, le fue tan bien, que su consejero financiero le recomendó que invirtiera en finca raíz para proteger parte de sus ingresos. Así lo hizo, y en poco tiempo, empezó a construir apartamentos dúplex.

Spanos explica: "No sabía nada sobre el negocio de la construcción pero no sentía temor de darme la oportunidad de aprender." Él mismo se propuso aprender lo máximo posible sobre la construcción de apartamentos, desde el paso más simple hasta el más complicado. Declaró: "Este era un negocio que yo estaba determinado a dominar tan rápido como humanamente fuera posible."

Spanos comenta: "Todo tiene que ver con creer en uno mismo. Esta es la fuerza que le da a uno la facultad de perseverar e intentar cosas nuevas. Si yo no hubiese creído en mí mismo, nunca hubiese dejado la pastelería de mi padre ni hubiese empezado el servicio de comidas. Si no hubiese creído en mí mismo, nunca hubiera tenido la confianza para aventurarme en el negocio de la construcción, donde terminé haciendo mi fortuna. En cualquier historia donde se haya alcanzado el éxito ha resultado esencial la creencia en sí mismo. La capacidad de poder decir: "¡Lo intentaré!" "¡Yo puedo aprender!", en vez de decir "No puedo."

En la actualidad, este hombre que en algún momento no tenía un centavo, este panadero que no contaba con educación académica, se convirtió en uno de los hombres más ricos de los Estados Unidos. Es el dueño de numerosos negocios multimillonarios, entre ellos es dueño del equipo The San Diego Charges y es el dueño de la compañía de construcción de apartamentos más grande de la nación. Sin embargo, sus asombrosas hazañas financieras palidecen frente a su mayor logro de todos: se convirtió en un hombre de familia, un amigo incondicional y en uno de los más grandes filántropos de nuestro tiempo.

Entendiendo el poder de propósito

Si usted es como yo, probablemente se ha preguntado si es "normal" cuestionarse por el propósito de la vida. Y si ello es normal, ¿por qué sucede que algunos tropiezan con su don y hallan su propósito temprano en su existencia? He descubierto que existen tres grupos de personas distintos:

Los pocos afortunados. En este grupo se encuentra una fracción muy pequeña de la población que no necesita atravesar muchos obstáculos en el camino y que haya pronto su ruta en la vida. Son personas lo suficientemente afortunadas como para descubrir su don en una etapa temprana, lo que les permite desarrollar toda su pasión y propósito.

Los rezagados sin esperanza. Las personas en este grupo están tan fuera de lugar que toman el camino más fácil. Se sumen en la tristeza antes de intentar hacer que su vida vaya en la dirección correcta. Se dan por vencidos al intentar descubrir su don, su pasión y su propósito. Virtualmente se rinden ante las circunstancias.

Los exploradores con esperanza. Somos (y hablo de "nosotros" porque creo que es donde probablemente nos encontramos usted y yo) quienes reconocemos que nuestra vida se hallan fuera de curso, pero que creemos que tenemos un propósito, un destino. Nos damos cuenta que hay algo que se "supone" que deberíamos estar haciendo, pero que simplemente, no sabemos cuál es ése propósito.

¿Está usted prosperando, o simplemente sobreviviendo?

Sin importar la edad que tengamos siempre hay trabajo valioso para realizar. Nada es más perturbador que hablar con personas en sus cincuenta, sesenta o setenta que se hayan dado por vencidos en la vida. De hecho, un estudio que se condujo en 1996 titulado *"En busca de la felicidad y la satisfacción en la vida adulta"*, se descubrió que uno de los mejores indicadores de felicidad para los americanos mayores consiste en si ellos consideran que la vida tiene un propósito. Se descubrió que siete de cada diez americanos se sienten insatisfechos y esto se debe a que no tienen un propósito definido en la vida. Nuestra edad *cronológica* no significa nada, es nuestra edad *biológica* la que realmente importa. Si usted duda de esta declaración, considere la historia de Cliff Young, un granjero australiano, quien a la edad de sesenta y un años participó en la maratón de 875 kilómetros (525 millas) desde Westfield Sydney a Melbourne, considerada uno de los eventos deportivos más exigentes del planeta.

Temprano en la carrera, uno de los miembros del equipo de Young se despertó por error a la una de la madrugada, en vez de la hora habitual que era a las cinco a.m. Young dijo que a él eso no le había importado. De hecho, se fue corriendo dichoso en la oscuridad cuando todo estaba en silencio y tranquilo. Esto ocurrió mientras sus competidores dormían. Young los fue superando uno a uno. Llevando sus pantalones deportivos y sus botas de goma, asombró al mundo deportivo cuando cruzó la línea de meta ¡sin siquiera tener a un rival a la vista!

Y como si eso no fuera suficiente. Young decidió darse una oportunidad con su sueño de toda la vida de establecer el récord de recorrer toda Australia a la edad de setenta y siete años. Y logró recorrer 3,912 millas antes de caer enfermo por lo que más tarde se le diagnosticó como cáncer de próstata. Infortunadamente, no pudo lograr esa meta en particular. Pero logró el éxito en un esfuerzo aún mayor. No permitió que su edad le impidiera soñar el gran sueño y subsiguientemente alcanzarlo.

PALABRAS DE SABIDURÍA

"Prefiero ser un fracaso haciendo algo que me gusta hacer,
que ser exitoso pero haciendo algo que odio".
GEORGE BURNS

INSPIRACIÓN PARA RECORDAR

Alex Spanos

PREGUNTA PARA CONSIDERAR

¿Cuál es el propósito de su vida?

5

"Si usted escucha una voz en su interior que diga: "Usted no puede pintar", pinte, y esa voz será silenciada".
—*Vincent Van Gogh*

¿ESTÁ ESCUCHANDO LA VOZ?

Un hombre perdidamente enamorado llevó a su novia de paseo cierto día de primavera. Se detuvieron para tener un delicioso picnic y luego de algunos preliminares el hombre hizo la pregunta: "Mary, te amo más que a la vida misma. Yo sé que puedo hacerte feliz y quiero que te cases conmigo. Sé que no soy rico. No tengo un Rolls-Royce o una mansión o un gran yate como Johnny Green, pero te amo con todo mi corazón. Por favor, ¡cásate conmigo!"

Mary lo pensó por un momento y entonces contestó, "Bill, yo también te amo... pero, ¿podrías contarme un poco más sobre este Johnny Green?" El mensaje de Bill fue enviado, pero no fue recibido. A veces, dejamos de escuchar lo que la vida nos quiere decir. Aprender a escuchar y a "leer" el presente es una habilidad importante que muchos de nosotros nunca desarrollamos porque o estamos demasiado adelante en el futuro o demasiado atrás en el pasado. John Lennon observó oportunamente: "La vida es lo que nos ocurre cuando estamos intensamente ocupados haciendo otros planes". Charlie Brown dijo lamentándose: "Todavía estoy esperando que el ayer mejore". En cualquiera de los dos casos, al no dar completa atención al presente, perdemos muchas de nuestras mejores oportunidades.

¿Ha estado escuchando?

Con demasiada frecuencia sucede que no escuchamos las invitaciones que la vida nos hace. Nos vamos por el carril de velocidad y pocas veces nos detenemos lo suficiente para disfrutar de la vista o del paisaje. No percibimos cuando se nos indica dónde es que nuestros dones son más útiles. De modo que desperdiciamos nuestras horas en actividades que en últimas no benefician a nadie. Estamos matando el tiempo antes que el tiempo nos mate a nosotros. Sea que lo llame *intuición, intestinos, subconsciente o Dios*, usted ha sido bendecido con un sistema integrado de navegación cuya voz es como la de un maestro paciente o un padre amoroso que nos habla todos los días, indicándonos dónde se necesitan nuestros dones y alumbrando la luz en el camino.

SLAVOMIR RAWICZ

"Me encontré animando a otros para hacer que se levantaran y continuaran intentándolo. Solía decirles: "No hay nada aquí. Más adelante debe haber algo. Debe haber algo más.""

Slavomir Rawicz, un teniente polaco de veinticinco años, fue arrestado por los rusos en 1939. Fue enviado a prisión, se le torturó y se le suministró muy poca comida. Pese a ello, rehusó firmar una confesión arreglada donde aceptaba cargos de "espionaje." Pero su pesadilla apenas comenzaba. Llevado a prisión por "actividades antisoviéticas" él y otros fueron conducidos en vagones para ganado en un viaje de tres mil millas hacia Siberia y luego obligados a marchar por un mes y medio al Campo 303, justo al sur del círculo polar. Los ancianos, los enfermos y los débiles, pronto sucumbieron ante las condiciones difíciles. Al principio, la única meta de Rawicz fue la de sobrevivir. Pero cuando pensaba en su sentencia a trabajos forzados por 25 años en el aislamiento del campo y a su entorno inhóspito, empezó a considerar la idea de escapar. Pero, ¿a dónde? La única opción posible, la India, estaba a unas cuatro mil millas de distancia a través de uno de los terrenos más escabrosos del mundo.

Rawicz y seis de sus compañeros planearon la fuga. Después de construir un túnel a través de la nieve, simplemente con sus manos, y en medio del alambrado de púas, escalaron barreras de casi cuatro metros, eludieron a los guardias y a los perros, y saltaron al otro lado. Tenían todas las circunstancias en su contra: no tenían mapas, no tenían comida, sus zapatos estaban desgastados y no tenían recipientes para el agua.

Guiados por la débil luz del sol siberiano, continuaron marchando, estaban exhaustos y hambrientos y con frecuencia pasaban una semana o más sin agua ni alimento. Sin embargo, continuaban moviéndose con constancia y avanzaban entre 20 y 30 millas al día, diez horas al día. Caminaban, se tropezaban y hasta gateaban por un territorio escabroso aún más ancho que el territorio continental de los Estados Unidos. Al cruzar el desierto de Gobi, llegaron a estar tan sedientos que tuvieron que lamer la humedad del barro para permanecer con vida. Dos de los siete hombres sucumbieron allí y murieron. Después del desierto encontraron el Himalaya, la cadena montañosa más alta del mundo. Allí perdieron a otro compañero en la grieta de un glaciar. Rawicz escribió más tarde en su libro *"The Long Walk"*: "Si uno se hubiese encontrado allí solo, pudiera haberse dado por vencido, se hubiera tendido sobre el hielo, hubiera cerrado los ojos y hubiera esperado la muerte. Pero siempre hubo alguien que estaba alentando a los demás, de modo que continuábamos avanzando." Todos continuaron avanzando hacia su meta. la cual era la libertad. Con el tiempo, un año después de iniciar su travesía, los cuatro hombres hambrientos y delirantes salieron de las montañas y llegaron a India. Habían llegado a su destino. "Nos alegra tanto verlos", dijeron al final a los miembros de una patrulla británica que se encontró con ellos.

Es evidente que Rawicz escuchó su voz interior. Pero la pregunta es: ¿escuchamos nosotros a esa voz interior? ¿O nos mantenemos tan ocupados que no tenemos tiempo para escucharla? Pero, ¿qué *es* esa voz?

Posiblemente es la misma voz que animó a Galileo, en un momento en que se le pagaba un salario limitado como profesor de Matemáticas. Este hombre publicó un estudio que desafió al Papa Urbano VIII y que validó la teoría de Copérnico de que la tierra era solo uno de los planetas que giran alrededor del sol. Esa es probablemente la misma voz que le habló a Amelia Earhart cuando a la edad de 23 años contrató por diez dólares una vuelta de avión en una exhibición local. Aquella decisión cambió su destino y alteró para siempre la historia de la aviación. Probablemente sea la misma voz que estimuló a Elizabeth Cady Stanton para dedicar su vida al movimiento de las mujeres por el voto. Esa es la misma voz que habla en nuestro interior e intenta guiarnos en la senda correcta en el cumplimiento de nuestro propósito en la vida.

Escuche atentamente las pistas

Nuestras emociones, especialmente las negativas, suministran excelentes pistas que necesitamos escuchar. Siempre debemos preguntarnos a nosotros mismos, ¿cuál es el mensaje aquí? ¿Qué están intentando decirme mis emociones?

Un ejemplo para ilustrarlo: Después de obtener su MBA, John Pepper tenía muy poca idea de lo que quería hacer con su vida. Optó irse por la ruta tradicional y consiguió un trabajo con una compañía de inversiones en la banca. "Me gustaba el salario pero definitivamente odiaba el trabajo." Continuaba diciéndose: "Acumula dinero y luego puedes dedicarte a lo que quieras."

Pero seis meses después de "levantarse y temer ir al trabajo," no lo pudo soportar más y renunció. Una voz continuaba diciéndole que renunciara y empezara un negocio de restaurante. A pesar del "consejo amigable" que le decía que estaba "desperdiciando su educación y su oportunidad de ganar mucho dinero," Pepper escuchó el consejo de la voz. En el presente, Pepper es el presidente de The Wrap, una cadena de restaurantes muy exitosa en el área de Boston.

Existe una gran cantidad de bondad y belleza a nuestro alrededor. Esa voz nos susurra todos los días. A veces hasta nos grita, y nos dice que la vida es buena, que no estamos solos, que se nos ama y que estamos destinados a lograr algo increíble en este mundo. Si hemos estado prestando atención, probablemente hayamos escuchado esa voz muchas veces. Pero también existe otra voz que nos susurra a través de las dificultades, las cuales también hacen parte de la vida. Esa voz nos dice: "Tal vez la vida no sea tan buena; tal vez no exista nadie allá afuera y estés solo, y tal vez todo este luchar y esforzarse termine en la tumba. Tal vez tus mejores días ya han pasado". Escuchamos un mensaje como este y nos conmovemos. ¿A cuál de estas voces vamos a escuchar? ¿La voz de la vida o la voz de la muerte?

¿Está usted recibiendo solo la mitad del mensaje?

¿Por qué recibimos solo un poco de la sabiduría y de la guía disponible para nosotros? Es probable que esto ocurra porque dedicamos demasiado tiempo a pensar con la cabeza en vez de a escuchar con el corazón. La cabeza nos dirigen en la ruta convencional donde la sociedad dice que tenemos que ir. El corazón, en cambio, intentan llevarnos a través de la senda por donde debemos ir.

¿Recuerda el personaje que representó Kevin Costner en la película *"Campo de Sueños"* Resultaba irracional pensar que un granjero de Iowa soñara con crear un estadio de béisbol en su terreno donde habitualmente había sembrado maíz, pero una voz en su interior continuaba repitiéndole: "Si lo construyes, la gente vendrá." El hombre lo construyó y la gente acudió al lugar. De modo que cuando sienta que se está conectando con el "verdadero yo", no cuestione o desafíe el mensaje que le envíe. Más bien, sea paciente y escuche. El mensaje no le va a llegar a través de un altoparlante o mediante un correo electrónico marcado con la etiqueta de urgente. Vendrá como resultado de un pensamiento aleatorio, una idea, un presentimiento, o simplemente una sensación de que debe intentar algo diferente, probablemente algo que sea completamente nuevo para usted, quizás algo que parezca descabellado.

Bill Gates y Paul Allen escucharon esa voz cuando todavía asistían a la universidad y caminaban por las aceras de Harvard Square. Ellos vieron el titular en la revista *Popular Electronics* que decía: "El primer mini kit para computador en el mundo – Altair 8800." Charles Darwin lo descubrió a bordo de su HMS Beagle, en su viaje de cinco años como naturalista. Muhammad Ali, lo hizo cuando, a la edad de doce años se sintió tan furioso porque le habían hurtado su bicicleta, que le dijo a un policía que si encontraba al culpable lo iba a hacer papilla. El oficial le dijo: "Si vas a golpear a alguien, mejor aprende primero a dar buenos puños". No importa quiénes seamos, no importa qué sea lo que estemos haciendo, esa voz interior siempre nos está intentando decir algo.

Cuando no estamos escuchando, a veces intentamos convencernos que el verdadero cambio está ocurriendo. De eso nos intentan convencer nuestras compras, los nuevos estilos de cabello, las cirugías plásticas, los viajes y hasta las aventuras románticas. Por un tiempo, pareciera como si estas cosas están logrando una transformación, como si estuviéramos rompiendo el molde en el que hemos estado. Pero con frecuencia, estas cosas resultan ser cortinas de humo por las cuales nos conducen los viejos patrones de conducta. Con el tiempo reaccionamos y decimos: "Estoy paralizado aquí, no puedo salir" y la tristeza vuelve a invadirnos.

¿Nos sentimos paralizados? Así estaremos si continuamos intentando hacer nuestro trabajo solos. Pero si comprendemos que no estamos solos y que nuestro don está esperando por nosotros, entonces habrá esperanza. Si estamos intranquilos, descontentos y nos invade la amargura, es porque nuestro corazón nos está diciendo que hemos dado nuestra vida a cambio de algo muy pequeño. Pero si escuchamos a nuestra voz interior, esta se convertirá en la guía de nuestro destino.

PALABRAS DE SABIDURÍA
"Quienes entienden el porqué de su existencia,
con frecuencia encuentran el cómo para lograrlo"
NIETZCHE

INSPIRACIÓN PARA RECORDAR
Slavomir Rawicz

PREGUNTA PARA CONSIDERAR
¿Qué está intentando decirle su voz interior?

6

"Muchos hombres se van a pescar durante toda su vida sin darse cuenta que no es tras los peces tras lo cual ellos van".
—*Henry David Thoreau*

DESCUBRA AL VERDADERO SER INTERIOR QUE NUNCA HA CONOCIDO

Imagine por un momento que se ha asignado a un grupo de agentes de la CIA a vigilarlo día y noche. Sin que usted lo sepa, ellos instalan cámaras y dispositivos de rastreo en los lugares que usted frecuenta. Estos agentes se dedican a examinar su basura, rastrean sus movimientos financieros, escuchan sus conversaciones y hasta siguen los programas de televisión que usted ve. En poco tiempo, lo saben todo, hasta la indigestión que usted experimentó la noche anterior y hasta si utilizó el mismo par de medias esta mañana. Finalmente, están listos para escribir su informe y para contestar las preguntas clave de la CIA: ¿Quién es usted? ¿Cómo es usted? El informe comienza de la siguiente manera: "El sujeto es agradable y amigable, parece normal en la mayoría de los aspectos, tiene seguridad financiera, es un buen golfista, buen jugador de cartas, experimenta un poco de sobrepeso, es alérgico al brócoli. Pero después de seis semanas de tenerlo bajo vigilancia, no hemos podido establecer qué lo hace vibrar, qué le interesa verdaderamente. Dice que sus prioridades más importantes son su familia, su país, los vecinos y Dios. Pero dedica la mayor parte de su tiempo a otras cosas: se dedica a comprar, a tener cosas y a preocuparse por sí mismo. Conclusión: El sujeto es inestable y no tiene buenas raíces sobre suelo fértil. Es un candidato para tener muchos problemas en el futuro. Deberá ser vigilado de cerca."

De cierta manera, pudiera escribirse un informe como ese acerca de nosotros, dado que muchos tenemos un corazón dividido pero no en partes iguales. Es decir, entre lo que realmente importa y lo que no. Entre lo que *decimos* y lo que *hacemos*. Y dado que nuestros corazones se encuentran divididos, raras veces llevamos a nuestro entero ser (o a nuestro mejor ser) a la sección de la vida de más importancia.

Si queremos ser felices, debemos escoger las opciones que nos provean felicidad *duradera*: el amor, el desarrollo de nuestros dones y el poderlos compartir con los demás. Debemos siempre optar por estas opciones e ir tras ellas con todo el vigor, la intensidad, la ingenuidad y propósito de mente que esté a nuestro alcance.

Prepárese para un camino largo y difícil

¿Se ha sentido alguna vez como si estuviera esforzándose contra el viento? Muchos de nosotros, nos encontramos en un largo viaje donde estamos fuera del camino o donde vamos directo al abismo. Tanto jóvenes como mayores, todos tomamos a veces giros equivocados, nos perdemos, o nos atascamos en el fango. A veces se nos acaba el combustible y nos sentimos desalentados por las dificultades del largo viaje, el cual continúa año tras año. Algunos días son animados y fascinantes, otros días ocurren cosas aceptables, pero otros más resultan espantosos. Sin embargo siempre se presenta otra vuelta en el camino y ocurre algo nuevo que no habíamos experimentado antes. Si prestamos buena atención, siempre hay algo que puede resultar atrayente. Cuando experimentamos confusión o giros inesperados en la vida, siempre tenemos dos opciones: podemos retirarnos, es decir, darnos por vencidos y regresar a la comodidad que brinda un estilo de vida conformista, o podemos avivar nuestro entusiasmo y explorar las ricas e interminables oportunidades que pueden estar aguardando por nosotros justo a la vuelta de la esquina. Todo lo que deseemos está dentro de nuestras posibilidades. Pero siempre tenga presente que tenemos que estirar el brazo para poder alcanzarlo.

Por ejemplo, Nancy y Dennis Freeze crecían sin parar en sus trabajos en Tecnología. Sin embargo, llegó un punto en el que decidieron que era el momento de aprender un poco más acerca de quiénes eran ellos realmente y lo que querían de la vida. Pensaron seriamente sobre sus prioridades y concordaron en que habían unos cuantos elementos que eran cruciales: querían tener la posibilidad de trabajar con personas, deseaban vivir en un entorno agradable y ganarse la vida de forma entretenida.

Por un lado, parte de sus sueños ya estaban dentro de su alcance. Ambos eran ingenieros y tenían alguna experiencia, aunque limitada con respecto al asunto de interactuar con las personas. Por otra parte, vivían en el corazón de una gran ciudad, no en un jardín rodeados de naturaleza. De otro lado, habían estado trabajando tan duro que no habían tenido mucho tiempo para disfrutar del entretenimiento. Así que si el sueño habría de funcionar, tendrían que hacer algunos cambios *significativos* para alcanzarlo.

Luego de aplicar algunas de las estrategias que se explican en este libro y de hacer una lluvia de ideas, Nancy y Dennis decidieron abrir un establecimiento con el concepto Cama y desayuno (B&B) en la costa californiana. Se reunieron con un asesor financiero y diseñaron un plan de acción para cinco años, el cual, les ayudaría a hacer su sueño una realidad. Luego de varios preparativos, abandonaron la seguridad de sus trabajos corporativos, así como su vida citadina y emprendieron su travesía. En la actualidad son dueños de Agate Cove, un encantador hotel B&B situado en la hermosa costa de Mendocino en el norte de California.

Pero, ¿cuál es el punto focal con respecto a la historia de los Freeze? Es este: *No podemos llegar a ser lo mejor de nosotros mismos sino hasta cuando descubrimos lo que realmente somos y queremos, y esto solamente subyace en nuestro interior.* Si usted desea vivir una vida que valga la pena, tendrá que invertir en esa vida que desea. Y ninguna inversión produce mejores resultados que cuando invertimos en nosotros mismos.

LA SEÑORA C. J. WALKER

"No logré el éxito transitando por un camino lleno de pétalos de rosa. Hice grandes sacrificios, experimenté rechazo tras rechazo, y tuve que luchar duro para que mis ideas lograran resultados".

La vida no fue color de rosa para la señora C. J. Walker. Nació de una familia de esclavos liberados que recolectaban cosechas en Luisiana en 1876. A la edad de siete años quedó huérfana. Sin siquiera saber leer y escribir se vio forzada a trabajar seis días a la semana recogiendo algodón, cocinando y limpiando la casa de sus amos blancos. Se casó a los catorce años, fue madre a los dieciséis y quedó viuda a la edad de veinte. De modo que la vida para la señora C. J. Walker no empezó muy prometedora que digamos.

Pero pese a la adversidad, una que probablemente la mayoría de nosotros nunca experimentemos, ella llegó a convertirse en la primera mujer millonaria que llegó a tal condición por sus propios méritos en los Estados Unidos. ¿Cómo lo hizo? Lo hizo mediante mirar en su interior y descubrir quién realmente era, y mediante decidirse a trascender a través de sus raíces para alcanzar sus sueños. En pocas palabras, mediante conectarse a las mismas capacidades que permanecen dormidas en usted en este mismo momento.

Luego que ella enviudó, se llevó a su hija a St. Louis, Missouri, para procurarle una mejor educación y estilo de vida a su hija. Al principio fue muy difícil, pues se desempeñó lavando ropa para otras personas. Pero, luego, la señora Walker tuvo un momento de inspiración. Más tarde ella informó lo siguiente en el periódico *New York Times*, en aquel momento ella era una madre viuda de treinta y cinco años: "Estaba en mis labores cierta mañana con montones de ropa para lavar frente a mí. Cuando me incliné sobre la tabla de lavado y vi mis brazos sumergidos en la espuma del jabón, me pregunté: "¿Qué vas a hacer cuando envejezcas y tu espalda se ponga rígida? ¿Quién va a cuidad de tu pequeña hija?" Esto me llevó a pensar seriamente, pero aún dedicando toda mi capacidad mental no podía encontrar una respuesta respecto a cómo podría, una mujer que lavaba ropa, mejorar su condición en la vida".

Pero ella demostró determinación. No había punto de retorno. Como toda persona exitosa, ella tomó la decisión e hizo una resolución. En 1905, con tan solo un dólar con cincuenta centavos en sus ahorros, se trasladó a Denver, donde comenzó un negocio en el que producía y vendía un producto para embellecer y alisar el cabello de mujeres afro descendientes. Con el tiempo había reclutado una fuerza de ventas que sumaba miles de personas por todo el país. El éxito no vino sino hasta cuando ella se dio la oportunidad de descubrir que su don no era el de lavar ropas, sino el de inspirar a otras mujeres, de sentirse orgullosas de sí mismas y de rehusar vivir dentro de los confines estereotipados de su tiempo.

Hace un siglo, pocas mujeres, y mucho menos mujeres afro descendientes, se daban el lujo de viajar por su propia cuenta. Pero la señora C. J. viajó a lo largo y ancho del país para hacerle publicidad a sus productos. Al principio los vendió de puerta en puerta, luego lo hizo a través del correo y con el tiempo llegó a distribuirlo en las farmacias. Ella siempre demostró perseverancia incansable para hacer que sus esfuerzos dieran fruto.

Logró alcanzar su meta, y nunca se dio por vencida respecto a buscar nuevas formas de mejorar su negocio. Ella comprendió que habría de lograr su cometido, tendría que desarrollar su don y transformarlo en algo de valor. En sus inicios no tuvo la oportunidad de recibir educación formal, pero eso no le impidió que más tarde contratara tutores que le ayudaran a mejorar su vocabulario, le enseñaran gramática y le ayudaran a ampliar sus horizontes.

De igual modo, ella estuvo en condiciones de generar empleo para miles de mujeres afro descendientes. Y no solo les asignaba salarios justos, sino que más tarde creó fundaciones de forma filantrópica para suministrarles educación. En poco tiempo, construyó y erigió un imperio nacional en el campo de la industria cosmética, basándose en sus propios principios. Una proeza que parecía imposible cuando era una huérfana que caminaba con los pies descalzos recogiendo algodón en Luisiana. Su viaje de la pobreza a la riqueza, de la oscuridad a la fama, y de tener uno de los trabajos de más menospreciados hasta llegar a convertirse en una líder en defensa de los derechos de las mujeres y de su libertad económica, es tremendamente sobresaliente por decir lo menos. En una ocasión, la señora C. J. le dijo a un hombre que la entrevistó: "La perseverancia es mi lema. La perseverancia fue la que permitió que se concibiera el sistema de cable del Atlántico, y fue lo que le dio al mundo, y a Abraham Lincoln y a la raza humana, la libertad."

En su determinación por alcanzar su sueño, ella desafió los viejos esquemas. Para el tiempo de su muerte en 1919, ella se había convertido, como lo señaló su biógrafo Beverly Lowry, "en un ícono, en una leyenda y en un ejemplo."

Busque la verdad que se halla en su interior.

A veces la verdad que se halla en nuestro interior es difícil de ver y de reconocer. Con demasiada frecuencia cerramos nuestros ojos y no vemos todas las bendiciones que hemos recibido en la vida. Por ejemplo, ¿Reconocemos al esposo que es fiel a su compañera y que le dispensa cuidados durante las décadas que dura su enfermedad? ¿Reconocemos al padre que se afana para brindar a sus hijos cosas mejores a las que él mismo tuvo? ¿Reconocemos al adolescente que trata de fortalecerse frente a la tentación de la debilidad? Tales actos tan heroicos ocurren en la cotidianidad que parecen invisibles. Mary Anne R. Hershey escribió: "El valor no siempre hace ruido. A veces el valor se manifiesta en esa voz que al final del día dice: "Lo intentaré de nuevo mañana.""

A veces tenemos infinidad de cosas desatendidas, temores irracionales, conflictos no resueltos, heridas no sanadas. Y debido a todo ello, enfrentamos una tarea gigantesca, aunque no imposible: encontrar qué es lo que desalienta lo mejor de nosotros, lo que nos impide darle un nombre, lo que nos retiene de llamarlo a gritos, de reclamarlo como nuestro; qué es lo que nos impide escoger una forma de vivir, de pensar y de actuar, que nos permita atrevernos a ser quienes queremos ser.

El sabor oculto

Solamente la verdad completa nos puede hacer libres. ¿Cómo podemos descubrir esa verdad completa? ¿Cómo descubrir la clase de persona que nos hemos estado formando al interior de nuestra mente y corazón?

La mayoría de nosotros no puede reconocer la diferencia entre los árboles cítricos. Para reconocer tal diferencia, tendríamos que identificar la fruta. Lo mismo es cierto de las personas. ¿Qué apariencia tiene *nuestro* fruto? ¿Cuál es el patrón de las palabras y de las acciones que provienen de nuestro ser interior, es decir, de ese ser interno que hemos estado construyendo por años?

La respuesta solo puede provenir de examinar y escuchar cuidadosamente nuestras palabras y nuestras acciones de forma que podamos descubrir quiénes somos y qué es lo que realmente nos interesa. Tal como un árbol de limón no puede intentar ser un árbol de naranja, no podemos disfrazar lo que realmente somos.

Una de mis grandes pasiones consiste en disfrutar del buen vino. De vez en cuando, mi esposa y yo hacemos fiestas para degustar vino a ciegas. Cubrimos las etiquetas, servimos el vino en copas sin marcar y hacemos que los asistentes prueben de las copas y que intenten decir cuál es la variedad de uva, así como la región, el año y otras características. Con frecuencia me pregunto cuántos de nosotros nos reconoceríamos a nosotros mismos en una "degustación a ciegas."

Pocos de nosotros somos conscientes de por qué hacemos lo que hacemos. Es como si estuviéramos transitando por la autopista de la vida a ochenta millas por hora sin tener frenos. Los letreros y las señales zumban cuando pasamos, pero poco nos damos cuenta del hermoso paisaje a nuestro alrededor. Y hasta cuando podemos salir de la autopista, pocos de nosotros reconocemos que en lo que estábamos transitando eran en realidad caminos sin salida.

A veces nos quedamos atrapados en las rutinas diarias, de tal manera que no logramos percibir las cosas de mayor peso. A veces ni siquiera nos damos cuenta que hemos tomado el camino incorrecto y que hasta estamos avanzando en la dirección contraria.

Tómese el tiempo para escuchar

Entonces, ¿qué vamos a hacer? Si somos principiantes podemos apagar la televisión, el equipo de estéreo, el computador, y podemos dejar por un rato inactivo el teléfono celular. A continuación, podemos buscar un lugar tranquilo, relajarnos y escuchar.

- Escuche lo que su patrón de vida le está diciendo.
- Escuche lo que sus temores le están intentando decir.
- Escuche lo que sus deseos le están diciendo.
- Escuche lo que esa voz dentro de su corazón está diciendo.

Si escuchamos atentamente y con serenidad, cada momento será de valor, porque le estaremos dando a ese instante nuestra atención completa. Hacer esto nos puede liberar de nuestros temores y de nuestra soledad. Nos puede liberar de ir a la deriva, de marchitarnos en nuestro interior, y de sufrir desilusiones.

Revelaciones por etapas

Prescindiendo de lo que algunos expertos en motivación digan, encontrar el "verdadero ser interior" no es algo que pueda hacerse en tan solo unos minutos o en una tarde, por ejemplo. El tener un cuadro completo de nosotros mismos implica tiempo, compromiso de nuestra parte, concentración y mucha paciencia. Como si se tratase de una historia de suspenso, la verdad se manifiesta poco a poco en diferentes etapas. Para algunas personas ese proceso puede tomar unas cuantas semanas, para otras, unos cuantos meses y en otros casos, algunos años.

Si deseamos alcanzar el éxito debemos preguntarnos, ¿a dónde está intentando guiarme mi corazón, no mi cabeza? Esta no es una pregunta fácil de responder debido a que nuestro corazón figurativo no es algo visible. No obstante, este deja una huella por donde transita y dicha huella se manifiesta en forma de patrones, que son los patrones de nuestras decisiones: ¿cómo reaccionamos ante los riesgos, ante los desafíos, ante el conflicto? ¿Cómo interactuamos con las demás personas? ¿Somos de los que damos, de los que tomamos, o una mezcla equilibrada de los dos? ¿Nos apegamos a nuestro curso o vagamos de un lado para otro? ¿Insistimos en caminar a solas o invitamos a otros a caminar a nuestro lado?

Como lo consideramos anteriormente, examinar esos patrones exige tiempo y valor, y esto último es porque algunos patrones indican la necesidad de hacer mejoras. En el caso de algunos es como si dijeran: "¡Peligro! ¡Es mejor cambiar!" También podemos encontrarnos con buenas noticias y esto pudiera deberse a que a veces dejamos de percibir las buenas cosas que nos acompañan porque nos concentramos en mirar solo lo negativo.

A medida que los años van pasando, nuestro cometido o nuestra misión, va a cambiar y esto ocurrirá de forma inevitable. En algunos casos el cambio va a ser radical. Los nuevos graduados universitarios conocen muy bien esa sensación, lo mismo que sus padres. Pero aún cuando los cambios vengan una y otra vez, estos siempre nos presentarán dos facetas, la interior y la exterior, es decir, nosotros mismos y el mundo a nuestro alrededor.

En esos momentos de la vida, ¿ha podido usted identificar cuál es su misión? ¿La está llevando a cabo? ¿Se está preparando para las oportunidades que va a encontrar en su camino? ¿Ya ha identificado su don? ¿Lo está utilizando para seguir tras su pasión y misión en la vida? Por supuesto, estas son preguntas difíciles de responder. Sin embargo, la importancia de tomarse el tiempo para considerarlas no puede minimizarse.

La cosecha que Dios nos promete a cada uno de nosotros es rica y abundante. El propósito es que vivamos una vida feliz ahora, no más adelante. Y si eso ha de suceder, todos tendremos que hacer algunos ajustes en nuestra vida, pero nunca sabremos cuáles son esos cambios si no sabemos quiénes somos nosotros en realidad y la única manera de descubrirlo, es mediante detenernos, observar y escuchar con atención.

PALABRAS DE SABIDURÍA
"El camino hacia el corazón se encuentra en el oído".
VOLTAIRE

INSPIRACIÓN PARA RECORDAR
Madame C. J. Walker

PREGUNTA PARA CONSIDERAR
¿En qué dirección le está indicando su corazón,
no su cabeza, que debe ir?

"No vale la pena vivir una vida que no se examina"
—*Platón*

LO QUE UNA CIRUGÍA PLÁSTICA NO PUEDE OCULTAR

Un hombre dijo lo siguiente mientras caminaba y hablaba a través de su teléfono celular en medio de la multitud: "Yo sé que eso es lo que tú quieres, pero no creo que los tatuajes sean una buena idea. Y lo mismo opino de hacerte realizar varias perforaciones. Por tanto, mientras vivas en *mi* casa, creo que debes respetar *mis* deseos."

Los observadores alrededor se sonrieron e hicieron un gesto de aprobación con la cabeza, aplaudieron en silencio la firmeza del hombre. Pero entonces se sorprendieron con su comentario de conclusión: "No necesitas tatuajes mamá. Y aparte de todo, ¡ya tienes 57 años!"

Ciertamente, ¡esa es tener una crisis de identidad!

¿Hemos experimentado alguna vez algo así? ¿Alguna vez hemos sentido esa sensación de confusión respecto a quiénes somos y hacia dónde vamos? De hecho, todos los seres humanos atravesamos crisis de identidad. Y esto ocurre cuando nuestra situación cambia, pero nuestra percepción se rezaga, sin que nos demos cuenta de ello.

En el caso de los niños, a esto se le conoce como etapas, o fases naturales de crecimiento, no obstante, éstas en realidad son crisis de identidad. La primera crisis de identidad ocurre cuando el bebé empieza a dar sus primeros pasos. Algunas cosas con las cuales el bebé se salía con las suyas, ya no le funcionan y su mundo continúa evolucionando con cada mes que transcurre. Esta no es una transición fácil, pero todos los bebés se sobreponen a ella.

La segunda crisis de identidad ocurre cuando el bebé es separado de sus padres por algún lapso de tiempo. Es posible que más adelante vengan más crisis de identidad cuando el niño cambia de colegio y se ve forzado a hacer nuevos amigos. El entorno social que le daba un toque de identidad desaparece. ¿Quién era esa persona?

Posteriormente este individuo se gradúa e ingresa al "mundo real." Viene el matrimonio, la crianza de los hijos, la pérdida de un ser querido, llega a cumplir cuarenta años, edad en que algunos se separan de su pareja...., y la lista continúa.

De alguna manera la sociedad ha llegado a creer que una vez nos convertimos en adultos ya no hay nada más, que todo está terminado, que ya dejamos de crecer, que nuestra evolución ya está completa, que ya no importa tratar de cambiar, que ya no podemos dejar una carrera que no nos guste, que no podemos hacer nuevos amigos y que no podemos vivir nuevas experiencias.

¡No crea que eso es cierto! La vida es para continuar creciendo, cambiando, teniendo nuevas experiencias, evolucionando como personas. Todo ello es lo que enriquece la vida y la llena de sentido.

Las crisis de identidad deben celebrarse

Los momentos de crisis de identidad deben ser motivo de celebración, no de desesperación. Cuando atravesamos por una crisis de identidad eso significa que nosotros, el verdadero ser que llevamos en nuestro interior, está cansado de vivir una mentira y que desea que la vida vuelva a ir en el rumbo en que debería ir. El enfrentar una crisis de identidad significa que estamos dejando de prepararnos para la muerte y que estamos comenzando a vivir de nuevo; significa que un capítulo de la vida se está cerrando y que está a punto de comenzar uno nuevo, y que ahora las cosas son mucho más grandes, mucho mejores y eso, solo es el principio.

Uno no es la misma persona cuando tiene 20 años que cuando tiene 10. Tampoco es la misma persona cuando se tiene 30 que cuando se tiene 20. Así que, ¿por qué debería ser uno la misma persona cuando tiene cuarenta o cincuenta o sesenta? En todos los seres vivos existen solo dos estados naturales: crecer o morir. Esta ley de la naturaleza tan cierta para los animales y las plantas, también lo es para los seres humanos.

Una de las razones por las cuales muchos de nosotros parecemos permanecer en un estado de crisis de identidad perpetua es porque no nos hemos tomado el tiempo para descubrir lo que *realmente* somos en nuestro interior. Nunca nos detenemos para pensar lo suficiente acerca de lo que queremos lograr en la vida. Nunca definimos lo que la expresión "una vida exitosa" significa para nosotros.

La mayoría de las personas no correrían en una carrera donde no supieran cuál es la línea de meta. No obstante, muchos van por la vida rodeados de una neblina sin tener siquiera una sola pista acerca del lugar al cual se dirigen.

AMY TAN

"El escribir es un enorme privilegio, pero también es una gran dádiva. Es una dádiva para uno mismo, pero también lo es para quienes tienen la oportunidad de leer una nueva historia".

Para la novelista Amy Tan (autora del libro *"El club de la buena estrella"*), las expectativas altas nunca han estado en escasez. En algunas ocasiones hizo caso a sus críticos, en otros, los desafió. Pero no fue sino hasta cuando ella descubrió quién era realmente, cuando empezaron a sucederle cosas grandiosas.

Los padres de Tan, quienes habían inmigrado desde la China, eran muy estrictos en su crianza. Siempre esperaron las mejores calificaciones de ella desde que estaba en su jardín infantil y la presión para obedecer y lograr la excelencia era rigurosa. Sus padres solían decirle que cuando creciera, debía estudiar Medicina y en su tiempo libre convertirse en una concertista de piano. Sin embargo, muy en su interior, ella siempre quiso ser artista. Desafortunadamente, se le enseñó a concebir al arte como un juego, y el juego era algo que sus padres no aceptaban. Además, ella se preguntaba si una artista podía ganar suficiente dinero como para ser considerada "exitosa" según los estándares fijados por sus padres.

Una vez en la universidad, a Tan se le permitió tener un año libre debido a que había estudiado las asignaturas mucho más rápido que sus compañeros. Durante ese año, su maestra le permitió pintar cuadros durante incontables horas. "Ese fue un periodo maravilloso en mi vida. No me convertí en artista pero se me permitió hacer algo que a mí me fascinaba. ¡Qué sensación hacer algo que a uno le gusta!"

A la edad de dieciséis años, su padre y su hermano murieron repentinamente. Desde allí en adelante, Tan se rebeló contra su madre controladora. En una entrevista que se le hizo para la televisión, ella más tarde recordó: "Cambié de forma drástica. Vestía faldas más cortas, utilizaba maquillaje y me empecé a asociar con hippies."

Pasó de ser la joven que iba a la iglesia todos los días a una que fumaba, ingería licor y se asociaba con muchachos que consumían droga. En una ocasión fue arrestada y para decepción de su madre, se involucró con un hombre mayor que tenía muy mala reputación. En aquel momento de su vida, se sentía avergonzada de sus orígenes chinos. Más tarde, mirando en retrospectiva, dijo: "Ése fue un momento en el que pensé que mi vida había terminado. Creo que ahora puedo comprender a los chicos que han cometido errores. Ellos se apoyan en la opinión de los demás respecto a su identidad y su valía".

Los conflictos con su madre aumentaron a tal punto que Tan literalmente enfermó de su estomago. Experimentaba retorcijones secos y el dolor era tan intenso que pensó que ello la llevaría a la muerte. Aquel fue un periodo muy tumultuoso para Tan. Estaba experimentando una seria crisis de identidad.

De forma abrupta, abandonó la universidad bautista a la que asistía y abandonó los cursos que su madre había prescrito para ella. A continuación se inscribió en San José State University, donde obtuvo una licenciatura en inglés y Lingüística. También estudió un doctorado. Llegó a ser la cofundadora de un negocio de redacción, donde se producían materiales de mercadeo para varias compañías. Trabajó en algunas obras como *"Las telecomunicaciones y usted"*, donde escribió bajo un pseudónimo que ocultaba sus orígenes chinos.

Luego, debido a un desacuerdo con su socio de negocios, se aventuró a trabajar por su cuenta. Así empezó otra fase de su evolución y llegó a convertirse en escritora independiente. Trabajaba alrededor de noventa horas a la semana, lo cual, terminó por agotarla. "No tenía tiempo para dormir. No tenía vida... Me preguntaba cómo era que tenía a estos clientes maravillosos y cómo era posible que estuviera ganando todo ese dinero. Pero al mismo tiempo, no era feliz y no tenía sentido de logro".

Entonces, a la edad de 33 años empezó a escribir historias de ficción y lo hizo enteramente como un pasatiempo. Ello resultó ser otro giro en su vida en cuanto a descubrir lo que ella realmente era en su interior. Más adelante, junto a su madre hizo un viaje a China, y eso hizo que experimentara su legado chino por primera vez. Ella relata: "El viaje resultó ser de incalculable valor. De repente, el paisaje, la Geografía y la Historia cobraron valor ante mí." También aprendió a perdonarse a sí misma y a su madre.

Ahora que todo fue mejor después del viaje, empezó a escribir una segunda novela, luego de haber escrito la primera (*"El club de la buena estrella"*). Esta segunda novela fue iniciada siete veces y cada vez resultaba descartando la historia. Empezó a examinar muy profundamente algunas preguntas que asaltaban su mente, ¿Qué es lo que es importante en la vida? ¿Por qué escribo novelas? ¿Qué he aprendido? Empezó a pensar qué era lo que más le interesaba. "Empecé por mi familia, por conocerme a mí misma y a descubrir las cosas que realmente quería y que habían sido una constante en mi vida: la confianza, el amor, la bondad, un sentido de aprecio y de gratitud".

En la actualidad Tan ha escrito varias novelas de ficción que han resultado ser todo un éxito, así como otras novelas e historias para niños. Y como si eso no fuese suficiente para mantenerse ocupada, firmó un contrato como la cantante principal de una banda de rock conocida como The Rock Bottom Remainders.

Cuando en la actualidad Tan mira en retrospectiva, considera lo importante que fue desarrollar su propia filosofía. "Nadie puede decirte lo que debes hacer. Eso te corresponde a ti. Tú colocas en la canasta las cosas que quieres llevar: las preguntas que te quieres hacer, las cosas que son importantes, los valores, las ideas, las emociones. Y de cuando en cuando debes mirar si todo permanece igual o si algo ha cambiado. Esta es una forma maravillosa de abordar la vida, porque muchas de las cosas de la existencia implican no solamente ir paso a paso, sino que también implican lo que tu descubres sobre ti mismo y sobre quienes se encuentran a tu alrededor y sobre la forma como se deben conducir las relaciones con los demás."

Cómo hacer frente a nuestra ceguera

Como lo descubrió Amy Tan, con frecuencia descubrimos que estamos ciegos ante verdades evidentes y negamos que algo en nuestro interior se halla desecho o fuera de lugar. Dicha imposibilidad hace que a menudo nos metamos en dificultades, sepulta nuestra verdadera identidad y nuestros dones bajo una inmensa pila de escombros, nos aleja del camino en el que debemos andar y nos impide experimentar y disfrutar de lo que la vida tiene para ofrecernos.

¿Por qué estamos ciegos? En parte, eso se debe al temor. No existe vicio, pecado o falla cuya fuente subyacente no sea el temor, el cual nos engaña y nos daña haciéndonos creer que nos está protegiendo o salvaguardando. El temor nos ciega a la verdad.

Sin embargo, parte del problema también tiene que ver con la sociedad de nuestro tiempo. La cultura nos dice que no tiene sentido tomarse un tiempo cada día para pensar en lo que somos en nuestro interior y para evaluar la vida que hemos construido, tanto en las cosas positivas como en los desaciertos que hayamos tenido. Pareciera como si la cultura dijera: "No desperdicie su tiempo." De modo que permanecemos ocupados y ciegos, y al mismo tiempo nos preguntamos si la vida tiene algo mejor para ofrecernos.

Y como resultado de esa imposibilidad de ver...

- Dejamos de escuchar esa voz interna y rehusamos reconocer que nuestra vida se halla fuera del camino en que debería ir.
- Sufrimos por heridas no sanadas que hemos dejado de cuidar.
- Nos sentimos vacíos en nuestro interior y cansados con la vida porque hemos dejado de soñar, de asumir desafíos y de crecer.

De modo que es muy importante que escuchemos lo que nuestros problemas intentan decirnos. Necesitamos tomarnos el tiempo para mirar dentro de nosotros mismos, evaluar cuáles heridas han quedado allí en el interior, quizás desde la niñez, identificarlas, reconocerlas como propias, para luego encontrar el valor para enfrentarlas y superarlas.

Conozca su verdadero ser interior

Muchos de nosotros sufrimos debido a que hemos aprendido a buscar las cosas que no tenemos en vez de explorar los dones maravillosos que sí tenemos. Cuando nos hacemos la pregunta: "¿Qué he de comprar para sentirme completamente satisfecho?", nos estamos haciendo la pregunta incorrecta porque nos concentramos en las cosas que no tenemos y ello nos pone en una interminable sensación de insuficiencia.

Infortunadamente, no existe ningún atajo hacia la plenitud. No existe una fórmula mágica para construir una vida de satisfacción. No obstante, cuando empezamos a ver y a reconocer las cosas con claridad, tanto con la mente como con el corazón, el verdadero ser interior empieza a ser manifestado y comenzamos a encontrar esas piezas que no sabíamos que existían, hallamos nuevas pasiones, nuevos intereses, nuevas emociones y sentimos que nuestra energía se renueva.

....

PALABRAS DE SABIDURÍA
"Solo hasta cuando aprendemos a conocernos a nosotros mismos es cuando nuestra situación empieza a mejorar".
ANÓNIMO

INSPIRACIÓN PARA RECORDAR
AMY TAN

PREGUNTA PARA CONSIDERAR
Si a uno no le interesara la opinión de los demás, ¿qué clase de persona sería? ¿Qué tipo de cosas haría? ¿Dónde trabajaría? ¿Dónde viviría? ¿A quién amaría?

....

8

"El ayer es historia; el mañana, un misterio; el presente, un regalo; por ello es que se le llama "presente."
—*Anónimo*

DESCUBRA SU DON

Cierta mujer tuvo un sueño en el que para su sorpresa encontró a Dios trabajando en una tienda detrás del mostrador, de modo que ella le preguntó, "¿Qué vendes aquí?" Dios contestó:

"Todo lo que tu corazón desee".

"¡Qué maravilla!" pensó la mujer. "Esto es increíble: Dios me está diciendo que puedo tener lo que yo quiera". Sin demora la mujer contestó, "Quiero tener paz mental, amor y felicidad. Quiero tener una figura agradable. ¡Quiero ser rica!" Luego, para no parecer egoísta, agregó, "Y todo lo anterior, no solo para mí, sino para *todo el mundo*".

Dios sonrió y dijo: "Creo que no me hice entender muy bien, querida. Aquí no vendemos los *frutos*. Aquí solo vendemos las *semillas*".

¡Aja! Allí está el truco, ¿no es verdad?

Todos nosotros hemos sido bendecidos de por vida con en excelente suministro de semillas que tienen el potencial de hacer que nuestra vida se convierta en una vida extraordinaria. El problema es que muchos de nosotros no queremos las *semillas*. Queremos tener el fruto maduro. Y no deseamos esperar hasta la época de la cosecha, lo queremos *ahora*. Algunos de nosotros vamos y compramos un árbol ya crecido, lo plantamos en suelo infértil y lo regamos muy poco, a la vez que le damos poca iluminación, después, nos preguntamos por qué no recibimos frutos de este árbol para poderlos disfrutar junto con otras personas.

Otros plantan solo unas cuantas semillas y conservan las demás bien envueltas en su empaque original. Y luego, cuando la vida toma un giro inesperado, como con frecuencia ocurre, se hallan perdidos debido a que solo han desarrollado una parte de su persona, porque solo sembraron una pequeña porción de sus semillas.

Si en algún momento duda de lo anterior, pregúntele a una persona que recién se haya jubilado, a alguien que haya enviudado o a una madre cuyo hijo menor se marchó de casa. Averígüelo con alguien que sea nuevo en la universidad o con un recién graduado. Pregúnteselo a un abogado brillante cuyo matrimonio haya fracasado o al genio en la música cuyos hijos adolescentes son un desastre. El patrón siempre es el mismo: ellos desarrollaron bastante bien algunos de sus dones, pero los demás permanecieron "en la envoltura," sin ser vistos, ni desarrollados. El resultado es tristeza, dolor y una vida de frustración llena de remordimientos.

Es posible que muchos de nosotros seamos como el águila polluelo que se cayó de su nido y que fue criado por una familia de gallinas. A ese polluelo nunca se le dijo quién era y lo que era capaz de lograr. Así, él nunca supo cuáles eran sus dones y se pasó el resto de su vida caminando en una bandada de pollos. Nunca supo que podía surcar los cielos con su vuelo, y que podía contemplar desde lo alto la inmensidad del cielo azul.

Así como ese polluelo, tal vez no utilicemos o no nos demos cuenta del potencial que tenemos a disposición. En vez de dedicar tiempo a descubrir nuestros dones, cedemos a las presiones externas para "hacer algo," es decir, escoger un oficio, una carrera o una profesión. Cerramos los ojos, emprendemos la aventura y dejamos nuestros mejores dones abandonados en la envoltura.

A todos nosotros se nos ha dado un amplio suministro de dones para cada etapa de la vida y nuestra tarea es descubrirlos, ayudar a otros también a reconocerlos, desarrollarlos y llevarlos a la acción.

Algunas personas descubren sus dones a temprana edad, otras más tarde, y aún otras, nunca los descubren. Sin embargo, todas las personas nacen con *al menos* un don. Para muchos afortunados, ese don es tan evidente como una moneda de oro tirada en el piso que solo hay que inclinarse y recogerla. Pero para la mayoría de nosotros, descubrir ese don puede ser un proceso un poco más complicado. Tenemos que investigar, profundizar y luchar para descubrirlo.

El reloj continúa avanzando

Cierta ranita se sentía deprimida, de modo que decidió ir a visitar a una rana adivina con la esperanza de escuchar buenas noticias sobre su futuro.

"Amigo," dijo la adivina: "vas a conocer una hermosa joven que querrá saber todo de ti."

"Eso es maravilloso," exclamó la rana. "¿Dónde voy a conocerla? ¿En una fiesta, en un bar, en el estanque?"

La adivina le contestó: "En un laboratorio, en una clase de Biología."

¡Caracoles! El reloj está avanzando apresuradamente pare esa ranita. Pero, el asunto es, el reloj está avanzando para todos nosotros. Dado que nuestros dones siempre han estado ahí, con frecuencia los damos por sentado y pensamos que nos pertenecen. No los consideramos un préstamo. Lo anterior conduce a un problema: pensamos que tenemos todo el tiempo del mundo y que nos podemos dar el lujo de posponerlos o malgastarlos.

Pero el tiempo para descubrirlos es ahora. Lo que somos en realidad y lo que estamos en capacidad de alcanzar con frecuencia se escapa de nuestra vista. Nuestros dones languidecen, y nosotros también. Y sin descubrirlos, nos será imposible alcanzar nuestro máximo nivel de vida.

LANCE ARMSTRONG

"Me determiné a descubrir para qué era bueno".

¿Quién es Lance Armstrong? Muchos podrán decir que es un ciclista de Texas que luchó y ganó una batalla contra el cáncer y que ganó el Tour de Francia en siete oportunidades, el evento deportivo mundial de mayor exigencia física. Armstrong es uno de los deportistas más carismáticos, célebres y admirados en los Estados Unidos. Ha sido campeón mundial en ciclismo, campeón olímpico en dos oportunidades, ha participado en actividades filantrópicas y se ha convertido en un modelo para generaciones.

No obstante, pocas personas saben lo difícil que fue para él encontrar su nicho. En su adolescencia temprana intentó jugar fútbol en Plano, Texas, pero pronto descubrió que era *terrible* para este juego. En su libro *"Mi vuelta a la vida"* escribió, "Cuando se trataba de cosas que tuvieran que ver con correr de un lado a otro, o coordinación de manos y ojos, o cosas relacionadas con una pelota, descubrí que definitivamente no era bueno para ello."

Pero este joven de doce años se determinó a encontrar *algo* en lo cual pudiera triunfar. Intentó nadar, pero su entrenador lo vio en varias ocasiones irse hacia el fondo de la piscina y estar a punto de ahogarse, por ello no tuvo más remedio que asignarlo a las clases de natación con niños de siete años. Pero a pesar de sentirse un poco abochornado por esto, no se dio por vencido. Seguía saltando con entusiasmo a la piscina y seguía intentándolo. Al final de su primer año, obtuvo la cuarta posición en las competencias estatales de los 1,500 metros libres.

Dado su alto sentido de competitividad, viajaba 10 millas todos los días en su bicicleta para poder hacer su práctica de natación temprano en el día. Después de clases, se quedaba más tiempo para continuar practicando. Todo eso sumaba unas seis millas al día en el agua y 20 en su bicicleta. A la edad de trece años, Armstrong vio un afiche que anunciaba una triatlón en la categoría junior (nadar, montar en bicicleta y correr). En su momento aquello no llamó su atención. Poco se imaginaba que ese afiche se convertiría en una pista importante para definir su futuro y que lo llevaría a descubrir su pasión y su don. Él nunca había escuchado de un triatlón, pero sabía que era bueno para nadar y montar en bicicleta, de modo que se inscribió, y para sorpresa de todo el mundo, ¡ganó la competencia!

Armstrong recuerda: "Aunque era uno de los mejores en nado en la categoría junior, nunca había sido el mejor. No obstante, era mejor en las competencias triatlón en todo Plano y en todo el estado de Texas. Saber eso me producía una sensación muy agradable." Aunque todavía no había descubierto su misión estaba muy próximo a lograrlo.

A la edad de 16 años, Armstrong se convirtió en triatleta profesional. Para el tiempo de su graduación en la secundaria ya tenía una baraja de varios patrocinadores en potencia y una creciente carrera que estaba ocupando el centro de atención en su vida.

Armstrong sostiene que el "nació para montar bicicleta." Eso ciertamente es muy evidente. Pero piense en esto: si él se hubiese desanimado por sus fracasos en el fútbol, si hubiera cedido ante la vergüenza en la natación cuando fue devuelto a entrenar con los niños de siete años, y si no hubiera insistido con el tema de la natación, probablemente no hubiera descubierto las competencias triatlón. Y si eso no hubiera sucedido, él no hubiera descubierto su don y no se hubiera convertido en el mejor ciclista en la historia hasta la fecha.

El permanecer vinculado al deporte, a pesar de sus tropiezos, lo llevó a descubrir su pasión y su excelencia atlética. Y desde allí, con mucho esfuerzo y sacrificio, empezó a escalar un triunfo tras otro lo que finalmente lo llevó a la cima.

Esta sección suministra varias estrategias que le ayudarán a descubrir su don. Usted podrá observar que mi intención no es que las personas hagan un cambio radical en su vida para descubrirlo. Usted no necesitará irse a hacer montañismo, ni divorciarse, ni vender todas sus posesiones, ni tampoco rasurar su cabeza y unirse a un culto. Mi intención es animarle a que examine sus patrones de vida, que escuche su voz interior y que realice algunos ajustes durante el viaje.

Lo que viene a continuación es la introducción a un sistema exhaustivo que he desarrollado con el propósito de ayudarle a descubrir su don, esa pasión, ese propósito en la vida. Si sigue este sistema a cabalidad, le garantizo que obtendrá los resultados que desea.

Cómo descubrir su don

- **Obtenga la motivación.** Desarrolle un deseo ardiente o un descontento intenso.
- **Despierte la curiosidad.** Utilice su imaginación para generar nuevas e ideas.
- **Explore su entorno.** Explore nuevas experiencias e intereses.
- **Siga adelante.** Continúe practicando, persistiendo y ejerza paciencia.

1. Obtenga la motivación

Cierto monje budista entró en una pizzería y dijo: "Denme una con todo".

El hombre del negocio se puso a la tarea. Cuando al final le alcanzó la pizza con todos los ingredientes, el monje le pagó con un billete de 20 dólares, el cual, el dependiente lo guardó en su máquina registradora.

Entonces el monje preguntó: "¿Dónde está mi cambio?"

El dependiente respondió: "El cambio debe ocurrir desde el interior".

¡Cuán cierto! Solo que el saber *cómo* es que se debe dar dicho cambio, es lo que resulta verdaderamente difícil.

Para cambiar nuestros patrones de vida limitantes y descubrir nuestros dones debemos tener, en primer lugar, una motivación vibrante. Obtenemos esa motivación cuando desarrollamos un deseo intenso de lograr algo grandioso, o cuando desarrollamos un descontento intenso que nos permita evitar algo que nos afecte. Es como lo dijo Thomas Edison: "La conmoción es descontento. Y el descontento es la primera necesidad de progreso".

Cuando vamos transitando por la vida, intentando obtener el control, y las cosas no van muy bien, pero tampoco tan mal, solemos empezar a quedarnos estancados y dejamos de avanzar. Cuando nos hallamos en una zona "cómoda", solemos resignarnos a esa zona, y eso conduce a que con el tiempo no exista un verdadero cambio. Bajo esas circunstancias las cosas nunca van a cambiar, sin importar cuánto deseemos lo contrario. Cuando participo en seminarios de entrenamiento para agentes de venta profesionales, uno de los principios que enseño es que a menos que el cliente en perspectiva esté en "modo de dolor" (descontento) o en "modo de ganancia" (deseo), simplemente no va a comprar el producto o servicio sin importar lo atractiva que pueda ser la propuesta. Lo mismo es cierto en cuanto a nuestra vida y las metas que fijamos en ella. Existen dos aspectos, o *avanzamos* hacia algo con energía, entusiasmo y emoción o nos *alejamos* de ello con la misma intensidad.

Para obtener la motivación usted deberá soñar con lo que desea 24 horas al día, siete días a la semana, hasta el momento en que su visión empiece a tomar forma. Una vez que usted descubra que el lugar donde está no es el lugar donde desea estar, el cambio será la única opción.

2. Despierte la curiosidad

¿Qué desea alcanzar en la vida? Con esta pregunta no estoy hablando de lo que le gustaría tener. Más bien, estoy hablando de ese deseo interno que subyace en su corazón. Es imprescindible que para lograr alcanzar en la vida lo que deseamos primero tenemos que saber con exactitud qué es eso que deseamos. Sin embargo, nueve de cada diez personas no tienen ni la menor idea de qué es lo que les gustaría alcanzar. Algunos pueden describirlo someramente, en términos vagos, pero eso es todo. Y dado que muchos no saben lo que realmente desean, nunca lo logran alcanzar. Sí... así es como son las cosas... ¿qué le parece?

Cuando se les pregunta a muchas personas por qué no saben lo que desean, la mayoría responde: "Estoy demasiado ocupado". ¿Demasiado ocupado? Recuerde que de lo que estamos hablando aquí no es un asunto trivial. ¡Estamos hablando de su propia vida! Pero la verdad es que sin importar cuán ocupados estemos, siempre tenemos disponible algo de tiempo libre. Se dice que el americano promedio cuenta con unas 300 horas discrecionales al año. ¿Por qué no dedicar treinta minutos al día a ejercitar la mente y hacer una lista de cosas interesantes para realizar? Si uno está en condiciones de concretar una idea al día, eso significa 30 ideas en el mes. Organícelas en orden de atracción y ¡emprenda la acción! ¿Cuáles son sus sueños? ¿Vivir en otro país? ¿Tener su propio negocio? ¿Escribir un libro? ¿Viajar por el mundo? ¿Tener una familia? Las oportunidades *están en todas partes*. Una vez inicie, empezará a descubrir esos grandes sueños que quiere alcanzar.

Hay varias cosas que podemos aprender del gran Leonardo Da Vinci. Él nació con una mente curiosa, y tal como usted y yo tenemos que hacerlo, él cultivó su imaginación. ¡Y ni qué decir de sus pasatiempos! Da Vinci fue pintor, escultor, ingeniero, músico, arquitecto, inventor, botánico, escritor y científico. Desplegó tanta curiosidad que no solo se limitó a una sola disciplina.

Todos los éxitos que a la postre obtuvo Da Vinci comenzaron al principio con solo una idea. El desafío que todos nosotros tenemos es utilizar nuestras facultades creativas para dar vida a nuestras propias ideas.

3. Explore su entorno

Estoy seguro que alguna vez ha conocido personas que cuentan con un talento increíble pero que por falta de dirección parecen ir sin rumbo en la vida, mientras que otras, con menos talento y habilidad logran llegar más lejos. Eso se debe a que los menos talentosos por lo menos se enfocan en una dirección y hacen algo al respecto.

Usted tiene un don único el cual puede definir su vocación, su obra de vida. Todo lo que tiene que hacer es descubrirlo y utilizarlo con pasión.

Aquí está el secreto: *no tiene que encontrarlo lejos en el infinito, lo puede descubrir en su propio entorno, alrededor suyo.* Esta estrategia puede parecer poco revolucionaria, pero me costó muchos ires y venires, años de frustración y mucho dinero descubrirla.

Oprah Winfrey no inició como una gran personalidad de los medios, sus inicios fueron a los diecisiete años como periodista en la radio WVOL de Nashville, Tennessee. Neil Armstrong no inició simplemente enviando su hoja de vida para ser el primer hombre en la luna. Sus inicios se remontan a cuando comenzó su servicio como piloto en la armada de los Estados Unidos. Arnold Schwarzenegger no nació en un gimnasio, descubrió su talento cuando, a la edad de quince años su entrenador de futbol decidió que era el momento en que el equipo que dirigía fortaleciera los músculos de sus piernas. Y como él mismo lo dijo más adelante, "Allí estaba frente a mis ojos, la repuesta que siempre había estado buscando".

El común denominador de las personas increíblemente exitosas es que descubrieron su pasión y empezaron a dirigir su vida en esa dirección.

Una de las mejores maneras de lograr progreso a medida que avanzamos en el camino es mediante desarrollar hobbies e intereses. Por ejemplo, John Grisham, el famoso autor de historias de suspenso, nunca soñó con ser escritor. De hecho, ejerció la profesión de abogado durante casi cuatro años al principio de la década de los ochenta, cuando decidió darse la oportunidad de escribir una historia que llegó a conocerse más tarde como "A Time to Kill" ("*Tiempo de matar*"). "Me llevó tres años escribir la historia. Tuve que ser bastante disciplinado. Al principio era más un hobbie, pero para el tiempo que terminé de escribir el libro, había desarrollado la rutina de escribir todos los días". Grisham descubrió su don, a través de desarrollar un hobbie.

Sheryl Leach, era una ama de casa que vivía en Plano, Texas. Cierto día de 1987, mientras estaba atrapada en el tráfico, empezó a pensar en maneras de mantener entretenido a su inquieto hijo de año y medio de edad. Entonces pensó: "¡Lo tengo! ¡Voy a hacer un video!" Su pequeño hobby se convirtió en un dinosaurio púrpura de 1,80 m., llamado Barney.

Cuando uno explora el entorno de sus pasiones e intereses, con la simple expectativa de pasar ratos agradables, se pueden producir descubrimientos y cambios increíbles.

4. Siga adelante

Einstein dijo: "Nada ocurre si nada se mueve". De modo que, ¡manténgase en movimiento! Tal como Lance Armstrong tuvo que exponerse ante algo totalmente nuevo cuando empezó a practicar natación, usted deberá romper los viejos esquemas, obtener nuevas experiencia y adquirir una perspectiva fresca de la vida.

¡Esa es la parte divertida! Allí es donde volvemos a ser niños. Inscríbase en un curso nuevo, aprenda un deporte nuevo, únase a un club, inscríbase en un curso de Gastronomía, tómese las vacaciones que siempre ha soñado, mezcle las actividades, rompa los esquemas, intente cosas nuevas, aunque a otros les parezcan descabelladas.

Tome su lista de ideas estrambóticas y analícelas una a una. Pronto usted empezará a estrechar la lista y empezará a eliminar algunas que parecían interesantes pero que del todo no eran tan buenas. En mi caso ello implicó leer cientos de libros sobre negocios y emprendimiento empresarial, con un amplio repertorio, lo que incluía estrategias de ventas profesionales, mercados de divisas, inversiones en finca raíz, iniciar un restaurante, hacer publicaciones, administrar licencias, importar y exportar artículos. Pasé meses hablando con muchas personas diferentes en diferentes tipos de actividad profesional. Hasta desarrollé planes de negocios para tres negocios completamente distintos, ninguno de los cuales inicié (bueno, al menos no hasta el presente). El punto es que a través de un proceso de eliminación, me fui acercando poco a poco, hasta que pude descubrir mi don y mi misión en la vida. Y... al final... ¡lo logré!

Nuestros dones son como los diamantes en bruto. En su estado natural los diamantes no se ven tan atractivos, pero con esfuerzo y persistencia podemos pulirlos para que lleguen a convertirse en preciosas y fulgurantes gemas.

Sir Winston Churchill ha sido uno de los oradores más elocuentes de la historia moderna. Lejos de haber nacido con una lengua de plata, tuvo que enfrentar un impedimento en su habla durante sus primeras etapas de vida. Tenía problemas para pronunciar letras como la *s* y la *w*. Cierto día, durante un discurso que tenía que pronunciar ante miles de personas en África del Sur, se paralizó y olvidó lo que iba a decir. Desde allí en adelante, aprendió la lección y empezó a prepararse meticulosamente antes de hacer alguna presentación en público. De hecho, aún cuando peleaba contra los nazis durante la segunda guerra mundial, practicaba durante una hora, cada minuto que planeaba discursar, y sus discursos duraban a veces más de una hora.

Las personas exitosas que cuentan con un don, fueron gente a quienes su don no les fue entregado en una bandeja de plata. Día tras día ellas lo fueron trabajando y puliendo, hasta que lo transformaron en algo de mucho valor. Desarrollaron sus habilidades hasta que las pudieron utilizar en un propósito digno. De modo que si dejamos de contentarnos con simplemente soñar con el éxito y nos concentramos más en desarrollar nuestras habilidades, se nos abrirá un mundo de posibilidades reales y así, podremos alcanzar nuestros sueños. ¡Las oportunidades están a la espera de nosotros!

Cuando uno siente pasión por lo que hace, lo hace a menudo. Y entre más a menudo lo haga, mejor lo hará, y entre mejor lo haga, más lo disfrutará.

Cuando uno se encuentra con las personas que están en la cima de su potencial, uno puede ver esa chispa de felicidad en sus ojos. Piense en la felicidad que irradia Carlos Santana cuando toca la guitarra frente a miles de sus admiradores. O piense en esa misma felicidad que transmitía Susan Butcher cuando conducía su jauría a través del espacio abierto del invierno de Alaska, en las competencias de perros de trineo. Esto mismo también es cierto de Tiger Woods cuando logra hacer un golpe magistral a 110 yardas, lo mismo podemos decir de Oprah cuando se conecta con su audiencia y de Emeril cuando cocina una receta de polenta con queso mascarpone. Esa es la misma pasión que sus ojos van a irradiar cuando usted se atreva a ser quien quiere ser.

PALABRAS DE SABIDURÍA

"Yo escucho y lo olvido. Yo lo veo y lo recuerdo. Yo lo hago y lo entiendo".
CONFUCIO

INSPIRACIÓN PARA RECORDAR

LANCE ARMSTRONG

PREGUNTA PARA CONSIDERAR

¿Ha tenido ideas, hobbies o intereses que alguna vez le gustaría explorar?

9

"¿Circunstancias? ¿Qué son las circunstancias? Yo creo las circunstancias".
—Napoleón Bonaparte

LA VERDADERA DIFERENCIA ENTRE LOS GANADORES Y LOS PERDEDORES

Una mujer mayor, de unos 92 años, perfectamente arreglada se bajó de un taxi y utilizando un caminador ingresó en un asilo para ancianos. Ella vino al establecimiento porque ya no podía vivir sola luego de la muerte de su esposo después de setenta años de matrimonio.

A pesar que tuvo que esperar durante dos horas, todavía permanecía sonriente cuando una enfermera vino a atenderla. Mientras caminaba por el corredor y se le informaba del pequeño cuarto que iba a tener, exclamó con el entusiasmo de una quinceañera: "¡Me encanta!"

La enfermera le dijo: "Pero, señora Jones, usted no ha visto el cuarto todavía".

"Ese no es el punto. La felicidad es algo que yo decido por adelantado. Si a mí me gusta el cuarto o no, no depende de cómo sea o del mobiliario que tenga. Más bien, tiene que ver con lo que yo decido en mi mente".

De hecho, de la disposición mental que nosotros decidamos tener depende la felicidad y él éxito que lleguemos a obtener. Una actitud mental positiva se asemeja al oxígeno esencial para la vida. Sin embargo, resulta sorprendente que muchas personas no logran percibir que son ellas, y nadie más, no el destino o la suerte, ni siquiera los sucesos difíciles de la vida, quienes determinan su actitud.

Eleonor Roosevelt dijo: "Nadie puede hacerle sentir inferior a usted, sin que usted dé su consentimiento para ello". También pudiera decirse que nadie puede hacernos infelices o infructuosos sin que nosotros demos nuestra aprobación tácita. Cuando uno permite que los eventos externos lo moldeen, empieza a perder el control de su vida.

Escoja el enfoque

¿Con qué disposición se despierta usted cada día? Todos de vez en cuando nos levantamos del lado equivocado de la cama, pero por lo general, todo el mundo comienza su día en un estado neutral. Cuando no comenzamos el día programando conscientemente la mente con pensamientos positivos es muy fácil que los pensamientos o experiencias negativas se lleven nuestra mejor parte.

¿Ha observado que muchas personas van tambaleando a través de sus rutinas diarias *reaccionando* frente a las situaciones en vez de ir *actuando* frente a ellas? Si alguien les habla de forma áspera, contraatacan con una respuesta áspera. Si alguien les cierra el paso en el tráfico, ellos bloquean al próximo conductor que intenta cambiar de carril. Si su jefe les grita, ellos terminan gritando a su esposa. Y aún, si al final del día, alguien los trata con bondad, ellos tienden a responder de forma tosca, porque han permitido que sus corazones se llenen de sentimientos negativos.

Hora a hora, día a día, esos pequeños eventos y decisiones que tomamos desprevenidamente, hacen que nos enfoquemos en lo bueno o en lo malo, lo cual termina por formar nuestro carácter, afectando nuestro futuro.

Después de enfrentar un día difícil en la oficina, es posible que lleguemos a casa y nos enfoquemos en los niños que gritan, en la esposa cansada, en la tubería atascada y en el montón de facturas pendientes de pago. Pero también podemos concentrarnos en lo bueno que es que nuestros niños saludables puedan gritar, en apreciar el trabajo de nuestra fatigada esposa, y que a pesar que hay una tubería atascada, todavía la casa es un lugar demasiado agradable para vivir, y que esas molestas facturas se pueden pagar gracias a que tenemos un trabajo estable aún cuando muchas personas no cuentan con la bendición de tener uno.

¿No sería mucho más agradable la vida si aprendiéramos a concentrarnos en lo bueno, aún cuando experimentamos cosas negativas? Todos nosotros tenemos la habilidad de controlar la capacidad de pensar, y por ende, la capacidad de controlar nuestros pensamientos. En la medida en la que podamos ejercer esa capacidad podemos determinar el nivel de felicidad y de éxito. Resulta interesante saber que quienes son perdedores en la vida tienden a pensar que la gente que ha logrado el éxito tiene una gran actitud debido a que han alcanzado la cima. No obstante, los ganadores en la vida entienden que son sus actitudes las que los han conducido a alcanzar el éxito.

En esta era actual, especialmente en los países desarrollados, a todos nosotros se nos presentan en un solo día muchas más oportunidades de las que pudiéramos procesar en toda una vida. Cuando no plantamos las semillas de lo bueno, de forma consciente en nuestra mente, las malas semillas se arraigan con facilidad. Las malas semillas generan malas actitudes, las cuales minan el corazón y la mente y nos impiden ver todas las oportunidades, riqueza y abundancia a nuestra disposición. *Cambiemos el enfoque, y nuestra actitud cambiará. Cambiemos la actitud, y nuestros hábitos cambiarán. Cambiemos los hábitos y nuestra vida cambiará.*

Todos caemos en la trampa de bajar la guardia y permitir que los pensamientos negativos entren a nuestra mente. La gente no nace con actitudes positivas, pero tampoco nace con actitudes negativas. Tanto las unas como las otras pueden aprenderse o desaprenderse.

Si usted desea tener la mejor semana de su vida, le tengo una sugerencia: durante siete días pretenda que se halla con un increíble buen estado de ánimo. Enfóquese únicamente en lo positivo: salude tanto a los conocidos como a los extraños de forma calurosa y con un rostro sonriente, sea generoso en dar cumplidos, sea tardo para el enojo y presto para olvidar, cédale el paso al comprador que está intentando meterse en la fila para llegar al mostrador, responda con calidez ante la indiferencia y reaccione con comprensión ante el estrés de los demás. Comience por enseñarse a sí mismo a ver el lado bueno de toda situación negativa. Las oportunidades estarán siempre ahí, y su usted observa con cuidado, las podrá encontrar.

Prediciendo lo positivo

En el año 1186, cierto astrónomo predijo una calamidad que destruiría al mundo. Toda Europa sufrió de terror y en Constantinopla el emperador se mantenía observando desde las ventanas de su palacio. Pero el mundo no se acabó ese año. Luego, en el año 1524, unos astrólogos alemanes predijeron que el mundo se terminaría a través de un diluvio sin precedentes el 20 de febrero de ese año. Como resultado, el conde

Von Iggleheim construyó un arca de tres pisos para él y su familia. Cuando por causalidad empezó a llover en aquella fecha, las muchedumbres terminaron pisoteando al conde intentando entrar al arca. El mundo no se terminó aquella fecha, pero el conde perdió su vida. Y en 1806, Mary Bateman, de Leeds, Inglaterra, proclamó que se acercaba el fin del mundo porque su gallina estaba poniendo huevos con las palabras inscritas: "Jesús viene pronto". Esta mujer vendió tiquetes al cielo por un chelín, hasta que fue arrestada, enjuiciada y colgada en la horca. Mary Bateman murió, pero el mundo no se terminó.

Siempre habrá personas pesimistas que predigan y esperen lo peor. Muchas personas lo hacen en medio de sus faenas diarias. No obstante, aún si tenemos que enfrentar la tragedia, el fracaso, o los reveses, lo mejor de nosotros puede salir a flote, cuando cultivamos una buena actitud sin importar lo que nos suceda.

HARRY BANE

> "No sientas lástima por ti mismo.
> Nada bueno surge de sentir lástima propia".

El joven Harry, a la edad de cuatro años, estaba jugueteando en un campo de recreo cierto día de 1990, cuando de repente, cayó de un carrusel y se golpeó una pierna contra un columpio de vaivén. A continuación, él y su maestra notaron una gran hinchazón en su pierna y de inmediato sus padres lo llevaron a ver al médico de la familia, quien lo remitió a un especialista que a su vez lo remitió a otro especialista y básicamente ambos dijeron lo mismo: "No debe ser nada". Uno de los doctores dijo: "Existe la remota posibilidad de uno en un millón, pero..."

En realidad se refería a la posibilidad de uno en 25 millones, y Harry era ese uno: desarrolló Adamantinoma, un tipo extraño de cáncer que consumía la tibia de su pierna derecha. Para ese momento, solo se habían documentado 250 casos de la enfermedad.

Harry enfrentó múltiples cirugías y muchas cosas más. No obstante, tenía dos grandes ventajas a su favor: una madre increíblemente positiva y un padre cuyo optimismo y determinación no dejaban en su mente ninguna duda de que iba a sobrevivir. Cuando los visité y me senté con ellos en su casa, en las afueras de Boston, el padre de Harry, Rich, recuerda: "Nunca lo pensé, "Oh, por Dios, ¡mi hijo tiene cáncer!"" Al contrario, él y su esposa Tami, resolvieron desde el mismo inicio de la situación que no le revelarían a Harry la ansiedad que sentían aún si él llegaba a perder su pierna, y posiblemente hasta su vida, a causa de la enfermedad.

Mientras se expresaban, la pareja transmitía un pensamiento claro, pragmático y positivo. El mensaje entre líneas era: "Bien, esa es la situación. Ahora, ¿qué opciones tenemos?" Ellos creían en lo más profundo de su corazón que todo iba a salir bien. Y cuando tiempo después el médico les dijo que Harry tendría que dejar a un lado su pasión por los deportes y al contrario intentarlo con el violín o el ajedrez, su padre contestó: "Este muchacho va a participar en los deportes y va a ser un gran niño que va a aparecer en afiches deportivos".

Y, de hecho, así ha sido. A pesar de varios reveses y de varias cirugías, Harry, que en el presente está empezando a asistir a la universidad, participó como miembro de una liga infantil de béisbol, jugó como defensa en un equipo de baloncesto, es golfista de campeonato y participa en actividades de atletismo y natación. Él mismo dijo: "No iba a permitir que mi pierna me impidiera jugar. No iba a permitir que eso ocurriera".

No obstante, la determinación de Harry fue puesta a prueba una y otra vez. Su primera cirugía fue a la edad de siete años. En esta, los cirujanos removieron casi cinco pulgadas de su tibia Harry y la reemplazaron con una platina metálica. Tres años después, reemplazaron su fíbula, el más delgado de los huesos de la pierna, con una parte fabricada en metal. Pulgada a pulgada, pieza a pieza, el pequeño Harry continuaba perdiendo su pierna. A eso le siguieron dos operaciones mayores para tomar parte del tejido óseo de su cadera e insertarlo en su tibia. Y en el año 2000, los cirujanos instalaron un dispositivo para fortalecer la pierna de Harry compuesto de 17 soportes de metal. Cada una de estas operaciones pudieron haber aminorado el ánimo de Harry, pero nada aminoró su resolución.

A la edad de doce años, condujo a su equipo de la liga de menores de Massachusetts a las finales del estado. Él era el fortachón del equipo de baloncesto de la Organización de jóvenes católicos St. John. En golf ganó su primer campeonato junior club en 1998 y retuvo el título hasta el año 2001. Harry siempre estuvo entre los primeros 10 golfistas del New England PGA Junior Tour en el que participó desde los doce años, incluyendo un primer puesto.

No obstante, en el verano de 2000 Harry no se sintió lo suficientemente fuerte como para llevar su equipo de golf. Y cuando empezó a asistir a la escuela preparatoria Pingree, en las afueras de Boston, en el otoño siguiente, tenía lo que parecía una pierna rota, a la vez que llevaba su sujetador puesto. Cuando se presentó ante el equipo de golf, vistió pantalones largos y no le contó nada sobre su pierna a su entrenador, ni tampoco solicitó utilizar un carrito de golf. Se unió al equipo, el cual permaneció invicto ese año. Más tarde refiriéndose a ese evento dijo: "Simplemente no quería ser "el niño lisiado"."

El siguiente año, Harry tuvo una excelente temporada de golf y entonces pensó que ya estaba plenamente recuperado. Pero cierto día, mientras jugaba baloncesto, arrebató una bola e iba corriendo por la cancha e intentaba hacer un tiro a la cesta, cuando de repente... ¡crack! Lo siguiente que él vio fue cuando todo el equipo estaba alrededor suyo mirándolo tendido en el suelo. Cuando miró hacia abajo, vio un pozo de sangre en el piso. Perturbado, le costó algunos minutos asimilar que su tibia se había roto en dos y que una parte colgaba de su espinilla.

Y como si eso no fuese bastante difícil, en pocos días habría de comenzar su participación en la liga de béisbol. Harry era la estrella como bateador, habría de jugar como bateador tercero. Pero en vez de ponerse el traje de béisbol, se tuvo que vestir con la camisa para otra cirugía. Ahora, el béisbol estaba fuera de su alcance y sus esperanzas se desvanecían una vez más.

En este punto crítico Harry sintió que ya había tenido demasiado. Estaba pensando en pedir a los doctores que amputaran su pierna y que le pusieran una prótesis, así al menos podría tener alguna participación menor en los deportes. Sin embargo, sus padres no escucharon ni una sola palabra de ello. La actitud positiva de ellos era contagiosa, y Harry pronto volvió a tener el ánimo y la determinación de siempre.

Su padre dice que Harry permanece el 98% del tiempo muy animado y que solo se le ve desanimado un dos por ciento. Cuando pasa por esos momentos, Rich y Tami le dan cariño y amor, pero nunca se compadecen de él. Con frecuencia le recuerdan que sin importar cuán mal se sienta, existen otras personas que están en condiciones muchísimo más difíciles que las de él.

Después de la cirugía, la pierna de Harry fue envuelta en una escayola gigante. Pero Harry no permaneció desanimado por mucho tiempo. En menos de un mes después que la escayola fue removida, capitaneó a su equipo en la U.S. Junior Ryder Cup, contra un equipo escocés, en el St. Andrews, un recinto de dos plantas. En la mitad del viaje de diez días apareció una extraña hinchazón en su espinilla y se veían fluir desde allí líquidos de varios colores. Las cosas no se veían bien. Pero como dice la gente, "El juego debe continuar." Harry puso una banda en su pierna y se mantuvo jugando y ganó todos los encuentros. Al regresar a casa, Harry supo que su pierna había desarrollado una infección muy fuerte. Afortunadamente, los médicos pudieron tratarla eficazmente sin tener que remover el hueso infectado.

Hoy, luego de doce cirugías en total, los médicos afirman que Harry está "100% saludable". De su experiencia, Harry ha tenido la fortuna de aprender una lección: *Las circunstancias no están sujetas al destino, nosotros creamos las circunstancias, y lo hacemos a través de nuestras acciones y de nuestras actitudes.*

A lo largo del camino, Harry ha permanecido firme y se ha visualizado siempre llevando una vida normal, participando en los deportes y ayudando a otros. Y después varios años de dificultades y luchas, Rich y Tami han aprendido varias lecciones de la experiencia: "Creemos que Harry vino a este mundo a infundir inspiración a otras personas".

Y, ¿saben?, yo creo que eso es totalmente cierto.

Desarrollando la actitud correcta

No todo el mundo tiene una actitud tan positiva como la de Rich, Tami y Harry. ¿Cómo pueden algunas personas cambiar su actitud, quizás, de una actitud negativa a una actitud positiva? El cambio es posible de la misma manera que es posible cambiar otras cosas. El cambio se logra a través de la práctica. Nadie adquiere una actitud negativa en un solo día, y nadie se deshace de una actitud negativa de un día para otro. El estar consciente de ello ya hace que de por sí se gane la mitad de la batalla. Recuerde, las cosas no cambian, pero la gente sí.

Si usted está buscando algo de inspiración, hágase las siguientes preguntas: ¿Desarrolló Nelson Mandela una mala actitud cuando estuvo en prisión durante 27 años en África del Sur? ¿Se deprimió Walt Disney y dejó de soñar cuando se le rechazó para trabajar en el añorado *Kansas City Star*? ¿Se volvió negativa Madame C.J. Walker cuando quedó huérfana a la edad de siete años y se vio forzada a trabajar seis días a la semana recogiendo algodón, a la vez que cocinaba y limpiaba en casas de hombres blancos? No, por supuesto que ninguno de ellos hizo tales cosas. En retrospectiva, pareciera natural que estos líderes hubieran mantenido una actitud positiva, pese a las dificultades que atravesaron. Pero lo que la mayoría de nosotros no percibe es que estos personajes extraordinarios alguna vez fueron personas comunes con una actitud extraordinaria.

La perspectiva controla el resultado

¿Ha notado usted que algunas personas parecen coleccionar todos los malos momentos? Y cuando algo desafortunado les ocurre dicen: "Eso es por mi mala suerte" o "Eso *siempre* me pasa a mí". Murmuran cuando algo negativo les acaece. Es como si creyeran con sinceridad que son portadores de una maldición.

Pero el punto es que los sucesos imprevistos nos acontecen a todos y sí, pareciera como si la mala suerte recayera más en unas personas que en otras. No obstante, el hecho es que el mundo responde ante nosotros de la forma en que nosotros esperamos que éste responda. En efecto, creamos nuestras propias circunstancias porque la "perspectiva" controla el "resultado". Atraemos aquellas cosas en las cuales pensamos y por ello es que, a semejanza de la familia de Harry, debemos evitar caer en la autocompasión. Debemos permitir que la gratitud por lo que *hacemos* alimente nuestra actitud positiva.

El adoptar las actitudes de una persona positiva puede tener su costo. Con frecuencia se manifiesta prejuicio contra quienes manifiestan un punto de vista optimista. A menudo, cuando intentamos ser positivos se nos tilda de soñadores y de "poco realistas" , pero yo tengo una pregunta al respecto: ¿desde cuándo es "realista" ser *negativo* en vez de ser *positivo*?

Lo que yo estoy diciendo aquí no es que debamos pretender que todo es maravilloso todo el tiempo, porque todos sabemos que no es así. No obstante, yo creo que deberíamos desarrollar el hábito de ver lo bueno de cada experiencia, de cada persona, y de todo lo que nos ocurra. Sin importar lo mala que sea la situación al principio; siempre hay *algo* que se puede obtener de una experiencia negativa.

Todos alguna vez tuvimos esa buena actitud en el pasado, cuando éramos niños. Uno no ve a muchos chiquillos respirando pesimismo en un pozo de arena. Los niños se muestran entusiasmados y manifiestan curiosidad porque ellos desean ver y experimentar las nuevas cosas que sucedan. Pero cuando crecemos, con frecuencia nos hacemos indiferentes con relación al mundo que nos rodea y pareciera que estuviéramos gobernados por el refrán: "Lo que sea será." Aceptamos las limitaciones auto impuestas que terminan por robarnos el gozo y la felicidad en la vida.

Todas las cosas hermosas

Muchas vidas están definidas y moldeadas por la tristeza y el temor. Los únicos que experimentan el abandono o la impotencia no son los refugiados o quienes viven en zonas de guerra. Existen personas en nuestro propio vecindario, que experimentan la abundancia y que, sin embargo, están atrapadas entre el dolor y el temor.

Cierto, hay que reconocer que muchos problemas terribles han afectado la historia de la humanidad. Entre estos se cuentan las guerras, las inundaciones, el hambre, los genocidios, las enfermedades, la ignorancia, la crueldad y la codicia. Y todavía quedan muchas de estas cosas por continuar ocurriendo. No obstante, mucho del impacto que tengan estas condiciones sobre nosotros dependerá del grado de importancia que les asignemos.

Podemos permitir que estas cosas consuman nuestra actitud hacia la vida. O también, podemos decidir ser pintores o escultores; no de la clase que simplemente colorea un lienzo o le da forma a una pieza de granito para crear alguna obra de arte, sino más bien, podemos convertirnos en quienes cambian el mismísimo lente a través del cual se ve la realidad, haciendo por ende, que todas las cosas se vean más hermosas.

· ·

PALABRAS DE SABIDURÍA
"Nuestras actitudes son el lente a través del cual miramos al mundo".
BRIAN SOUZA

INSPIRACIÓN PARA RECORDAR
Rich, Tami y Harry Bane

PREGUNTA PARA CONSIDERAR
¿Qué puede hacer usted cada día a fin de asegurarse que está enfocándose de forma consciente en el lado positivo de la vida?

· ·

10

"Es de pésimo gusto estar satisfecho con la
mediocridad cuando lo excelente está a la vista".
—*Isaac D´Israeli*

EL SECRETO DE LOS QUE LOGRAN LO MEJOR

Nada influye mejor en nuestro
grado de éxito que lo que esperamos de nosotros mismos. En otras
palabras, no conseguimos de la vida lo que nosotros deseamos, esperamos o aún merecemos. Más bien, conseguimos de la vida lo que
esperamos de ella.

Hellen Keller no se permitió a sí misma permanecer en la ceguera y la sordera de su invalidez física. Ella esperaba más de sí misma.
Abraham Lincoln no se permitió a si mismo continuar siendo un
granjero iletrado y descalzo en los bosques de Kentucky. Él esperaba
más de sí mismo. El mariscal de campo Kurt Warner, de la National
Football League (NFL), no se permitió a sí mismo continuar ganando solo $5,50 la hora. Él esperaba más de sí mismo.

Por supuesto, no es suficiente con *esperar* más de sí mismo. Tenemos que también agregarle a la receta trabajo, fe, un deseo intenso, persistencia y una actitud positiva, de modo que podamos
alcanzar nuestras aspiraciones. Pero el punto continúa subyaciendo,
no conseguimos lo que *merecemos*, sino más bien lo que *esperamos*.
Por lo tanto, nuestras expectativas nos pueden infundir una aliento
de vida o nos pueden quitar todo nuestro oxígeno. *Nuestras expectativas personales fijan los límites respecto a lo que nos atrevemos a
soñar.* Si esperamos en nuestro destino una vida insignificante, llena
de intentos fallidos y oportunidades perdidas, eso es lo que, por lo
general, encontraremos. Sin embargo, si esperamos una vida llena

de gozo, felicidad, grandeza, eso es lo que también, por lo general, encontraremos.

De modo que espere, o más bien, *exija* más de sí mismo. Usted lo merece.

Una característica común

Analice el caso de quienes han alcanzado el éxito y observará una característica común: todos ellos demuestran compromiso con la excelencia. Cuando Tiger Woods ingresa al campo de golf no lo hace solo con la expectativa de figurar entre los mejores. Su meta es ganar. El se exige la excelencia. Oprah Winfrey no transmite a través de la televisión nacional con la intensión de hacer un programa promedio. Ella espera dar lo mejor. Ella se exige la excelencia. Michael Dell, el pionero de la computación, no solo intenta igualar a sus competidores. Su expectativa es la de superarlos. Él se exige la excelencia. Desde la perspectiva de todos ellos el estatus quo nunca es suficiente. Los que logran alcanzar el éxito no compiten contra sus contemporáneos; compiten contra sí mismos.

La excelencia no es algo que se pueda medir en dólares o en centavos, y mucho menos por los trofeos o por los elogios de los superiores. La excelencia se experimenta cuando sentimos paz mental por haber hecho nuestra mejor parte, por haber dado lo mejor de nosotros.

La ilusión de la perfección

¿Ha observado que quienes se esfuerzan por alcanzar la perfección son los que en realidad manifiestan las debilidades mayores? Resulta demasiado desgastante pretender ser perfecto y completo en todo aspecto. Muchas personas se engañan, dedican demasiada energía a tratar de verse perfectos, a tratar de conseguir la mejor silla, a tratar de desplegar la mejor pose, intentan tener las mejores cosas, intentan ser más inteligentes que los demás.

Los perfeccionistas rara vez experimentan paz, gozo o felicidad, y esto sucede porque siempre están enfocados en lo que está mal y en lo que pudiera ser mejor con respecto a ellos y a todas las demás personas. Mientras se desgastan frenéticamente observando las faltas de los demás, no se permiten tiempo para disfrutar lo hermoso de la vida. Nunca están en la capacidad de observar lo bueno de aquellas imperfecciones que llamamos "errores." Se hallan perdidos comparando sus debilidades con las fortalezas de las otras personas persiguiendo un ideal ficticio que permanece evadiéndolos. La ruta del perfeccionista es larga, oscura, conduce a la soledad, a la sensación de vacío, al aislamiento y al desespero.

Pensemos en todas las cosas que alguna vez consideramos que eran importantes para definir a una persona y sus logros en la vida: los trofeos en los deportes, los informes académicos, las fotos de graduación, los nuevos títulos en un empleo, los informes financieros. Todas esas cosas en sí mismas son buenas, pero vienen y se van. Y ninguna de esas es lo suficientemente buena como para definirnos de forma permanente y decisiva como para indicar que somos personas que hemos logrado algo significativo.

El esforzarnos por progresar y por mejorar nuestra condición en el mundo es algo a lo cual todos debemos aspirar. Con todo, en vez de intentar alcanzar la *perfección*, debemos esforzarnos por alcanzar la excelencia. Es posible que nunca la alcancemos, sin embargo, existen posibilidades de que nos encontremos con oportunidades y que alcancemos el éxito que jamás hayamos imaginado.

¿Cuál es la diferencia?

La excelencia implica esforzarse por ser lo mejor que uno puede ser.
La perfección implica intentar ser mejor que todos los demás.

El legendario entrenador de fútbol Vince Lombardi, a quién con frecuencia se le cita como el apóstol del triunfo, dijo: "No todos pueden ser ganadores todo el tiempo. Pero todos pueden hacer el esfuerzo y hacer un compromiso con la excelencia". Su mariscal de campo estrella dijo: "Lombardi consideraba que cada fibra de nuestro cuerpo debería ser utilizada en el esfuerzo de buscar la excelencia, y él buscaba esa meta todos los días de su vida con total dedicación".

¿Cómo podemos buscar la excelencia? Lo hacemos cuando utilizamos al máximo los dones que nos han sido concedidos por el creador. La excelencia consiste en utilizar toda nuestra energía y capacidades para hacer nuestra mejor parte, para llegar a ser lo mejor que podamos llegar a ser.

La excelencia implica lograr el éxito en todas las áreas de la vida. Es lograr lo mejor en aspectos como la familia, la fe, los amigos, la carrera, la comunidad y el bienestar personal. ¿Es usted el mejor esposo que puede ser? ¿El mejor padre? ¿El mejor amigo? ¿El mejor empleado? ¿El mejor vecino? Si no es así, ¿por qué no?

Al principio de los años cincuenta un joven oficial de la armada naval aplicó para participar en el programa nuclear submarino. Se entrevistó con el formidable Almirante Hyman Rickover. Después de unas dos horas de interrogatorio intenso, en las que se puso al tanto al joven oficial de muchas cosas que ignoraba, el almirante preguntó: "¿En qué posición quedó en su clase en la Academia Naval?"

El joven oficial contestó con orgullo: "Señor, quedé en el puesto 59 en una clase de 820." Luego de contestar, el joven esperaba algunas felicitaciones. Pero en cambio, el almirante Rickover, hizo otra pregunta: "¿Hizo usted su mejor parte allí?"

El oficial empezó a decir: "Sí, señor," pero entonces recordó al menos algunas ocasiones en las que pudo haber hecho un trabajo más arduo. Conociendo la inclinación de Rickover por la precisión en las respuestas, el joven oficial continuó: "No, señor. No *siempre* hice mi mejor parte".

La respuesta que a continuación dio Rickover se describe en el libro "*Why Not the Best?*": "Él me miró por algún tiempo y entonces giró su silla para terminar la entrevista. Pero antes hizo una pregunta final, la cual yo nunca he podido olvidar, ni contestar. Él dijo: "¿Por qué no?" Yo me senté ahí por un momento, perturbado y entonces el almirante salió de la habitación." El joven oficial era Jimmy Carter, quien tripuló el submarino oficial, más tarde se convirtió en el gobernador de Georgia, y fue el presidente número treinta y nueve de los Estados Unidos de América, considerado uno de los más grandes humanistas de nuestro tiempo.

GARTH BROOKS

"Haga la diferencia. Cuando todo termine, usted querrá mirar atrás y pensar que de alguna manera el mundo no gira de la misma forma en que lo hacía antes que usted naciera".

En el verano de 1985, Garth Brooks, un hombre joven de Oklahoma, alistó su Honda Accord y partió al éste hacia la interestatal 40, rumbo a Nashville, donde él "pensaba que las oportunidades colgaban en los árboles y que lo único que tenía que hacer era sacar su guitarra y empezar a cantar".

Poco después de llegar a la ciudad de la música, tuvo la fortuna de hacer sonar su cinta para un representante importante de una reconocida firma musical, pero en vez de reaccionar con entusiasmo, el empresario le dijo: "Tienes estas opciones. Puedes morirte de hambre como compositor, o puedes conseguirte a otros cinco y morir de hambre con ellos como banda".

En tan solo veintitrés horas, Brooks iba de regreso a su ciudad de origen Stillwater, con sus ánimos aplastados. Volvió a trabajar en la misma tienda de accesorios deportivos donde había trabajado antes y continuó tocando los sábados en la noche en Willie´s Saloon.

La madre de Brooks había sido cantante de música country en la década de los 50, pero tanto en su colegio como en la universidad Brooks era más un atleta que un músico. De hecho, fue al Estado de Oklahoma en busca de una beca deportiva. No obstante, aunque Brooks incursionó algo tarde en el mundo de la música, lo hizo con un entusiasmo que difícilmente se apagaría.

Dos años después de su visita inicial a Nashville, regresó. Pero esta vez acompañado de Santa Fe, su nueva banda conformada por cinco músicos. Mientras lograba incursionar en el mundo de la música y para lograr sostenerse económicamente, Brooks consiguió trabajo en una tienda de botas y limpiaba una iglesia local una vez a la semana.

El éxito lo evadía, y como resultado muchos de los miembros de la banda regresaron a casa, pero Brooks perseveró. Desde el mismo principio deseaba que sus canciones lograran algo más que simplemente entretener. Su deseo era que estas animaran corazones y conmovieran el alma. La emoción que siempre manifestaba fue lo que lo llevó a continuar.

No obstante, compañía musical tras compañía musical escuchaban su cinta o lo citaban para una audición y al final decían: "No." Aquellas luchas y dificultades lo llevaron al límite. "Llegué a pensar que no lo íbamos a lograr. Llegué a pensar que íbamos rumbo al fracaso, que íbamos a sumirnos en las deudas y en la pobreza y que nos veríamos obligados a renunciar."

Pero, la que entonces era su esposa, le dijo: "Yo estaba aquí cuando regresaste la primera vez y no voy a pasar por lo mismo. Yo creo que tú eres muy bueno, y tú sabes que lo eres. De modo que vamos a permanecer aquí. Yo no voy a hacer este viaje cada año. O sencillamente nos quedamos o nos vamos a casa para nunca regresar".

Ellos decidieron permanecer. Al poco tiempo, Brooks consiguió un trabajo de 300 dólares al mes como escritor de canciones, después consiguió un agente que logró agendarle siete audiciones privadas con las compañías disqueras más grandes de la industria. ¿El resultado? Siete grandes rechazos. Brooks se sentía devastado. De nuevo pensó en la idea de recoger sus maletas y regresar a casa. Pero una voz en su interior le decía: "Toca una vez más en el Bluebird Café y da lo mejor que tienes".

Y, ¡qué bueno que escuchó esa voz!, porque por casualidad y sin él saberlo Lynn Schultz de Capitol Records se encontraba entre la audiencia. Cuando él escuchó a Brooks cantar "If Tomorrow Never Comes," dijo: "¡Garth simplemente me impresionó!"

En el año 1989 Brooks lanzó su primer álbum, y desde entonces no ha vuelto a mirar atrás. En tan solo una década vendió su álbum con más de cien millones de copias (solo Los Beatles, con muchos más años en el mercado han vendido más álbumes). Hoy en día, Brooks es considerado el músico más exitoso de todos los tiempos y es muy apreciado por las multitudes no solo por su música, sino por su energía y entusiasmo extraordinarios en escena. Después de muchos años de búsqueda, Brooks descubrió que su don no era su voz o su música en sí, sino más bien su habilidad de conectarse con su audiencia.

Como resultado, Brooks ha ganado casi cincuenta reconocimientos importantes en la música y se le considera como quien lleva la delantera en producir música country fresca.

Adicionalmente, Brooks es conocido como uno de los anfitriones del entretenimiento más generosos. Empezando con su primer negocio discográfico, contribuyó mil de sus primeros diez mil dólares para ayudar a un ministro religioso en Tennessee y así evitar que él y su familia fueran desalojados durante una navidad. Brooks ha intentado hacer la diferencia en la vida de la gente, especialmente en la vida de los niños en necesidad.

En una era en la que la única cosa más grande que las imágenes de las estrellas de la música popular es su ego, Garth Brooks sobresale como un modelo de excelencia del cual todos podemos aprender más de una sola cosa.

Estímulos pequeños

Como lo aprendió Brooks, los pequeños actos de estímulo pueden constituirse en grandes actos. Recuerdo que cuando era un niño pequeño mi madre me habló de una visita que había tenido con una adivina. No recuerdo todo lo que la mujer predijo, pero siempre recuerdo particularmente una: ella le dijo a mi madre que uno de sus hijos iba a hacer algo muy importante. Yo pertenecía a una familia de cuatro hijos, y yo decidí que tener el 25 por ciento de probabilidades no era suficientemente bueno. Me resolví a ser el hijo del cual la adivina le había hablado a mi madre.

Esa pequeña dosis de estímulo era lo que yo necesitaba. Y desde ese día en adelante me exigí la excelencia a mí mismo. ¿Alcancé el éxito todas las veces? Por supuesto que no. Ciertamente yo también he tenido mi porción de golpes, magulladuras, altibajos y fracasos. Pero nunca he abandonado el sueño y la creencia que algún día podré ayudar a cambiar al mundo haciendo una diferencia positiva en la vida de la gente.

De forma similar, cuando me entrevisté con miras a escribir este libro, con Franklin Chang-Diaz, el hombre de Costa Rica que se convirtió en astronauta, él me contó que mientras sus padres trabajaban en una empresa venezolana de petróleos, él se quedaba con su abuelo, quien había vivido en los Estados Unidos y que éste le contaba de las oportunidades que se presentaban en este país. Cuando Chang-Diaz tenía nueve años de edad, su abuelo lo sentó en sus piernas y le dijo: "Algún día vas a emigrar a los Estados Unidos y llegaras a ser famoso". Ese era todo el estímulo que él necesitaba para ampliar sus horizontes. Y, ¡miren dónde está él hoy!

De modo que si usted es padre, abuelo, tío o tía, profesor o entrenador, o simplemente un amigo, mire a un niño a sus ojos y dígale que él está destinado para la grandeza. Dígale que él o ella tienen una importante obra que hacer. Dígale que él o ella tiene un don especial que el mundo necesita. Y no le diga eso con simples palabras, dígaselo con sus ojos y con su corazón, dígale que él o ella fueron puestos en este planeta para hacer una diferencia positiva. Si plantamos esas pequeñas semillas de esperanza, podremos hacer que este mundo cambie, un niño a la vez.

¿Por qué no salir e intentarlo?

Si usted no espera demasiado de la vida no va a experimentar mucha desilusión. Muchísimas voces nos instan a hacer el menor esfuerzo y existen muchísimas distracciones. Desde los múltiples canales de televisión hasta los videojuegos. Todo ello consume nuestro tiempo. Sin embargo, para lograr desarrollar nuestro máximo potencial, debemos permanecer enfocados en la tarea que nos hemos propuesto: ser lo mejor que podamos ser.

¿Por qué desearía alguien terminar su viaje en la tierra teniendo todavía combustible en el tanque? ¡Utilice todo su combustible! Todos los días, dé lo mejor de usted. ¿Por qué abstenerse? Si cierta tarea no es lo suficientemente importante como para que pueda dar su mejor parte, ¿para qué molestarse en hacerla? Concéntrese únicamente en las cosas en las que vale la pena invertir lo mejor de usted. Todos nosotros tenemos una obra importante que hacer, y tenemos solo dos opciones: podemos dar lo suficientemente aceptable y como consecuencia obtener resultados corrientes, o podemos dar lo mejor de nosotros para ir tras la excelencia.

PALABRAS DE SABIDURÍA

"Algunas de las hazañas más grandes de la historia fueron hechas por personas que no eran lo suficientemente inteligentes como para saber que éstas no se podían".
ANÓNIMO

INSPIRACIÓN PARA RECORDAR
Garth Brooks

PREGUNTAS PARA CONSIDERAR
¿Hace usted su mejor esfuerzo en todo lo que emprende?
Si no es así, ¿por qué no?

11

"Los héroes no son más valientes que los hombres comunes, solo que son valientes por unos cuantos minutos más".
—*Ralph Waldo Emerson*

EL LADO OSCURO DE CONVERTIRSE EN UNA CELEBRIDAD

Poco después del final de la segunda guerra mundial, Winston Churchill viajó a los Estados Unidos para participar en una gira de conferencias. La intención era alertar a los americanos de una nueva clase de guerra llamada la guerra fría, una clase de ajedrez mundial, largo y complicado, el cual ponía en peligro nada menos que a la civilización occidental. Miles de personas acudieron para escuchar este importante mensaje.

Churchill ascendió al podio con dignidad, se dirigió a la muchedumbre y al final dijo: "Nunca se rindan. ¡Nunca! ¡Nunca! ¡Nunca! ¡*Nunca*!" Con ello se sentó.

Churchill tenía razón. Él entendía que los ganadores no nacen, se hacen. Él entendía que la mismísima esencia de los ganadores está hecha de una filosofía simple, la cual la mayoría tiende a pasarla por alto: *cuando a uno se le derriba, debe levantarse otra vez*. Él reconoció que las batallas se ganan mucho antes de que comiencen. Las batallas primero se ganan en las mentes de los soldados, quienes deciden por anticipado a nunca, nunca, nunca, darse por vencidos. Las batallas se ganan primero en las mentes de quienes creen que hay una causa mayor que la de ellos mismos y que se rehúsan a ceder no importa cuál pueda ser el costo personal.

Junto al valor, la perseverancia es probablemente la cualidad más importante de las personas exitosas. Necesitamos cultivar el valor para comenzar, pero necesitamos la perseverancia para continuar. Sin esos dos ingredientes, las posibilidades de preparar la receta del éxito son nulas.

Durante las primeras etapas de nuestro viaje para desarrollar nuestro don, somos como un gran cohete intentando despegar. Se necesita una inmensa cantidad de energía para despegarse del piso, ya que en cada segundo del viaje, estamos luchando contra la fuerza de la gravedad. Es probable que en momentos, quizás, pensemos que no vamos a poder soportar la presión, sin embargo, cuando al final podemos flotar libremente, entonces podemos ver cuánto hemos alcanzado gracias a los esfuerzos realizados.

Solo el glamur

Todos los días en los medios, la televisión, los periódicos y las revistas, se bombardea la mente con imágenes de personas exitosas: jugadores de fútbol, estrellas de rock, actores, artistas, líderes políticos y líderes corporativos. Pero la mayoría de veces solo vemos el lado glamuroso: sus casas hermosas, sus autos de lujo, sus fiestas, llenas de celebridades y sus prestigiosas carreras. Muy pocas veces logramos tener un vislumbre del largo y tedioso viaje que representó llegar hasta allá: las incontables cartas de rechazo, las audiciones fallidas, la pérdida de oportunidades laborales, y las inquietantes horas de depresión y de duda.

A veces no entendemos lo que no vemos, y por ello a veces no percibimos que estas personas fueron alguna vez comunes como lo somos usted y yo. De hecho, muchas celebridades no merecen estar en el pedestal en el que la sociedad los coloca. Sin embargo, hay algo que debe serles reconocido a todos aquellos quienes han alcanzado una medida de éxito, fama y fortuna: y eso es que a través de las diferentes circunstancias, fracaso tras fracaso, se las arreglaron para perseverar y aferrarse a sus sueños.

Si tan solo muchos hubieran entendido lo cerca que estaban de triunfar no hubieran abandonado la lucha tan rápido. Sin ninguna duda, la falta de persistencia es una de las mayores causas de fracaso. El grado de persistencia de las personas corresponde al grado de intensidad de su deseo y esto a su vez refleja la claridad con la que ellas conciben su sueño y su propia convicción que pueden alcanzar el éxito.

ERNEST SHAKCLETON

"Lo he logrado. No he desperdiciado mi vida
y eso a pesar que hemos tenido que atravesar el infierno".

En vísperas de la primera guerra mundial, Sir Ernest Shackleton partió de la Antártica con sesenta y nueve perros de trineo y un equipo de veintiséis ayudantes. Este equipo lo había reclutado a través del ahora famoso anuncio:

Se busca un equipo de hombres para un viaje peligroso. Salario bajo. Frío intenso. Varios meses en completa oscuridad. Peligro constante. Regreso a salvo en duda. Honor y reconocimiento en caso de lograr éxito. Ernest Shackleton.

La meta: atravesar las 800 millas del continente antártico de mar a mar. El hombre ya había podido llegar a los polos norte y sur, de modo que Shackleton vio esta travesía transatlántica como el mayor desafío del mundo. Aquello implicaba una carrera frenética para lograrlo antes que llegara el invierno. En pocas palabras, la expedición de Shackleton sería el mayor viaje polar alguna vez realizado, y, como al final resultó ser, una proeza que se convirtió en un gran testimonio sobre la fuerza del espíritu humano.

Como veterano de dos expediciones polares anteriores, Shackleton tenía un lema familiar: "Mediante el aguante conquistamos". Él era muy bien conocido por su espíritu alegre, gran entusiasmo y buena disposición. Su embarcación, construida en madera, conocida con el nombre *Endurance*, se hizo a la mar en agosto de 1914.

Para el siguiente enero, sin embargo, Shackleton se encontraba atrapado en el hielo del mar de Weddel en el Océano Glacial, donde tuvo que enfrentar temperaturas tan bajas como los −30° F. Él y sus hombres estaban desamparados a cientos de millas de la civilización más cercana sin instrumentos de radio para poderse comunicar. Una vez agotaron los suministros que habían llevado, los hombres se vieron obligados a subsistir con una dieta de hígado de foca y carne de pingüino.

En algunas ocasiones, el agua se abría ante ellos y Shackleton ordenaba a sus hombres que abrieran canales de paso mediante el uso de picos y sierras a través del hielo de hasta tres metros de grosor.

Pero tan pronto atravesaban el canal, el agua se congelaba de nuevo alrededor de su embarcación.

Uno de los miembros de la tripulación recuerda: "En esos momentos Shackleton hizo una gran demostración de grandeza. Nunca se mostró furioso y tampoco dejó ver la más mínima indicación de decepción. Nos dijo que deberíamos permanecer el invierno en el hielo, explicó los peligros y las opciones y nunca perdió su optimismo".

Pero nueve meses más tarde, cuando el casco del barco se rompió, Shackleton dio la orden de abandonar el barco. Ahora los veintiséis hombres, entre ellos algunos científicos y exploradores quedaron abandonados en medio del gigantesco hielo glacial con tan solo tres botes salvavidas, escasos suministros, ninguna esperanza de rescate y con indicadores de navegación que mostraban que se estaban alejando más y más de la tierra continental.

En seguida y con rapidez, Shackleton tomó otra decisión. Al darse cuenta que su meta de alcanzar la Antártica no era posible, adoptó una nueva y más importante meta: llevar de regreso a casa y a salvo a *todos* sus veintiséis hombres. Al final, luego de pasar 156 días en el hielo, los témpanos se abrieron y los hombres de Shackleton pudieron lanzar sus botes. No obstante, la semana que tuvieron a continuación fue la más terrible que estos hombres conocieron, en medio de mares tormentosos que los empujaban siempre hacia las aguas más gélidas donde las ballenas asesinas los asechaban.

Finalmente, llegaron a la isla Elephant, una isla desierta, rocosa y estéril a más de 800 millas de la población humana más cercana. Al ver que sus hombres sufrían de frío, estaban exhaustos, débiles, tenían muy escasos suministros, y en algunos casos, algunos hombres estaban cerca a la muerte, Shackleton determinó que se debía hacer algo al respecto.

De modo que él y otros cinco hombres se hicieron a la mar en un bote salvavidas con el propósito de llegar a la isla South Georgia. A pesar que estaban a unas 800 millas de distancia y que tenían que atravesar uno de los océanos más tempestuosos del mundo, su intensión era la de llegar a una estación de pesca de ballenas Noruega que el *Endurance* había visitado cuando se dirigía hacia el sur. Contra viento y marea y en una brillante proeza de la navegación, el bote de 22 pies llegó a South Georgia. Cuando estaban a punto de tocar tierra, una enorme ola los golpeó y los marineros casi pierden la vida. Al final llegaron a la playa, pero no todos sus problemas estaban solucionados. Habían desembarcado al otro lado de la isla, al otro extremo de donde se hallaba la estación de pesca.

A pesar de estar totalmente exhaustos, el equipo de Shackleton caminó a través de la isla, lo cual nadie había hecho antes; de hecho en su momento, no existía un mapa del lugar, del cual ahora se sabe que tiene cuatro mil pies de picos congelados y grietas glaciales. Dormirse en el lugar significaba congelarse hasta la muerte. Shackleton y sus hombres marcharon de forma ininterrumpida durante treinta y seis horas, atravesando una distancia de unas cuarenta millas.

Cuando subieron a la cima de una montaña elevada alrededor de las 7 a.m., los caminantes escucharon el silbato de vapor de la estación de pesca. En ese momento supieron que lo habían logrado. Shackleton regresó a la isla Elephant en un navío chileno y recogió al resto de su tripulación en Agosto de 1916.

A pesar de que Shackleton no logró llegar al Polo Sur, logró algo mucho más importante: devolvió a casa a los veintiséis miembros de su tripulación sanos y salvos. Es por esto, que el viaje de Shackleton, será recordado por siempre como uno de los triunfos más grandes del espíritu humano.

Abandonando la lucha a poca distancia del éxito

Shackleton tuvo muchas oportunidades de abandonar la lucha, pero no lo hizo. Es muy triste saber que todos los días, miles de personas maravillosas, abandonan la lucha a muy poca distancia de poder probar las mieles del éxito. Emprenden sus proyectos con el mejor de los ánimos. Dicen que se "darán la oportunidad" y que "harán lo mejor." Pero la gran mayoría, no lo dicen en serio. Tan pronto como encuentran un tropiezo, un obstáculo, o hasta quizás un callejón sin salida, quienes no han puesto un fundamento sólido a su propósito, se desaniman y se conforman con vivir una vida muy por debajo de su potencial.

Bajo esas circunstancias solo los mejores tienen la capacidad de reconectarse con su visión. Piense en Lance Armstrong. Cuando corrió su segunda carrera, luego de recuperarse del cáncer, estuvo cerca a tirar la toalla. Cierta mañana fría, lluviosa y con mucha brisa en Francia, abandonó la carrera, se quitó su camiseta y decidió que no quería permanecer así el resto de su vida; frío y cansado. Se fue a casa, jugó golf, bebió cerveza y créalo o no, se convirtió en una persona que pasa muchas horas mirando la televisión.

Más tarde, su entrenador lo persuadió a participar en una última carrera en los Estados Unidos. A medida que ascendía por una montaña en una práctica ciclística, tuvo una gran revelación: entendió el propósito de su vida, y regresó renovado para participar en las carreras. Si Armstrong hubiera decidido renunciar, hubiese sido otra estadística más: otro más de los que pudieron haber sido y no fueron.

Las tentaciones

Todos en ocasiones nos sentimos tentados a renunciar. De seguro Shackleton y Armstrong pudieron haber vivido vidas con menos esfuerzos. No obstante, ellos sacaron fuerzas de su interior y perseveraron aún cuando el panorama se veía sombrío.

¿Cuáles son las causas por las cuales la gente se da por vencida? Aquí están las más comunes:

- *La necesidad de experimentar gratificación inmediata.* Esta es la plaga de nuestra era. Queremos tener las cosas que anhelamos en el momento en que las deseamos, o si no.. renunciamos.
- *Falta de convicción.* No creemos que en verdad podemos alcanzar nuestras metas. Tenemos deficiencias respecto a invertir el tiempo necesario para visualizar el éxito antes de alcanzarlo y no logramos conectarnos emocionalmente con nuestro sueño o meta.
- *Nos establecemos en una zona de confort.* Nos hacemos perezosos y dejamos de estar dispuestos a hacer los sacrificios necesarios para alcanzar nuestros sueños.
- *Malos hábitos.* Adquirimos el hábito de darnos por vencidos. Nos condicionamos para ver las cosas del modo "no es el gran asunto".
- *No tenemos un plan de acción.* No seguimos un plan definido y consistente que nos permita alcanzar otras esferas de éxito. Nuestras acciones son inconstantes y por ello obtenemos resultados esporádicos.
- *Falta de compromiso.* Quizás expresamos que nos gustaría alcanzar algo, pero no nos comprometemos lo suficiente con el asunto. En otras palabras, nunca lo quisimos en realidad.

Sin duda una pregunta importante es: ¿Qué hace que una persona pueda perseverar a través de los momentos difíciles? La mejor respuesta que yo puedo presentar al respecto es que esa perseverancia resulta de una combinación de fe, creencia en si mismo y un compromiso inquebrantable para lograr cumplir su sueño. La fe, la convicción y el compromiso nos permitirá aguantar casi cualquier tormenta y nos mantendrán en la senda donde lograremos desarrollar nuestro don hasta su potencial más alto.

El eje

La persistencia es el eje de muchos de los demás componentes del éxito. Por ejemplo, podemos tener pasión, pero si carecemos de perseverancia, ¿a dónde nos llevará nuestra pasión? Podemos tener metas, pero si no tenemos persistencia, las metas se mantendrán eludiéndonos.

Algunos de los comentarios más motivadores sobre la perseverancia se atribuyen a Calvin Coolidge: "Nada en este mundo puede reemplazar la persistencia. No lo hace el talento: no hay nada más común que gente talentosa pero sin éxito. Tampoco lo hace la genialidad: los genios no recompensados casi son un dicho proverbial. Y mucho menos la educación: el mundo está lleno de mendigos educados. La persistencia y la determinación por sí solas son omnipotentes. El lema "seguir adelante" se ha desvanecido en su uso, pero podría ayudar a resolver los problemas de la humanidad".

Antes que finalicemos este capítulo, me gustaría compartir con ustedes un poema que posiblemente hayan escuchado antes, el cual me ha ayudado a levantar el ánimo cuando he atravesado algunas experiencias difíciles.

No te rindas

Cuando las cosas salen mal y eso ocurre con frecuencia
Cuando el camino que transitas parece una cuesta sin complacencia
Cuando los fondos son escasos y las deudas son altas
Y deseas sonreír, pero hasta el suspiro espantas
Cuando la presión te está debilitando
Descansa si lo necesitas, pero nunca te rindas.

La vida es algo extraña, con sus giros y cambios
Esto es algo que todos debemos aprender
Muchos de nuestros compañeros abandonaron la lucha
Pudieron haber ganado, si hubieran perseverado
No te rindas aunque tu paso sea lento
Tu puedes triunfar con un poco más de esfuerzo renovado.

Con frecuencia la meta está más cercana de lo que parece
Al hombre que ya casi desfallece.
A veces el luchador se da por vencido
Cuando de la copa de la victoria pudo haber bebido;
Y después reconoce, al caer la tarde,
Lo cerca que estuvo de la corona de oro y del estandarte.

El éxito ocurre cuando el fracaso es transformado
Cuando el gris de las nubes de la duda se convierte en plata
Nunca podrás informar lo cerca que estás de la victoria
Puede estar cerca cuando parece lejana;
Permanece en la lucha aún cuando los golpes sean fuertes
Cuando las cosas empeoran es cuando menos debes renunciar.

—ANÓNIMO

PALABRAS DE SABIDURÍA
"Si vamos en la dirección correcta
lo único que tenemos que hacer es continuar avanzando".
PROVERBIO BUDISTA ANTIGUO

INSPIRACIÓN PARA RECORDAR
Ernest Shackleton

PREGUNTAS PARA CONSIDERAR
¿Alguna vez ha deseado algo con tanta vehemencia que
se ha resuelto a conseguirlo, sin importar lo que ello implique?
Si así es, ¿cómo puede aplicar la misma tenacidad para
descubrir y desarrollar su don?

12

"No se halla disfrute en una vida en la que no se tengan grandes aspiraciones, cuando se vive una vida por debajo de sus propias capacidades".
—*Nelson Mandela*

SUS SUEÑOS... ¿ENALTECEN SU VIDA?

Un sueño puede asemejarse a una planta, a un animal o a una persona. Un sueño necesita oxígeno para sobrevivir y espacio para respirar, necesita alimento, en la forma de fe y de estímulo. El mismísimo fundamento de América fue construido en los sueños, el sueño que nuestros antecesores tuvieron que los Estados Unidos fueran "una nación, bajo Dios, indivisible, con libertad y justicia para todos", una nación en la que "todos los hombres han sido creados iguales", y donde se garantiza a cada individuo "la vida, la libertad, y la búsqueda de la felicidad".

Decenas de millones de trabajadores inmigrantes han dejado atrás a sus familias y amigos y han venido a los Estados Unidos y con frecuencia han llegado con tan solo su ropa en sus maletas y algo de dinero en sus bolsillos, para darse una oportunidad y probar el sabor del sueño americano. Sin embargo, por alguna razón, la capacidad de soñar y el valor para crear sueños parece disiparse con cada nueva generación.

Cuando éramos niños, poníamos a prueba nuestras mentes y nos veíamos a nosotros mismos hacia el futuro como grandes astronautas, reconocidas estrellas de cine o atletas profesionales. Pero en algún momento, los golpes y las magulladuras que experimentamos a lo largo del camino, parecieran aterrizar y achicar nuestros sueños. Henry David Thoreau escribió: "Los jóvenes desean construir una escalera de madera que conduzca a la luna, o como mínimo un palacio o un templo en la tierra, pero con el tiempo, el hombre de mediana edad termina por construir una humilde cabaña con esa misma madera".

Así, día tras día, semana tras semana, mes a mes, año tras año, muchas personas se sientan a contemplar cómo sus sueños se desvanecen lentamente hasta que finalmente mueren. Se asemejan a un globo desinflado que espera volar alto, pero que difícilmente parece poder despegar de la tierra. Usted puede ver cómo esta deflación toma su lugar, puede escuchar su voz, lo puede percibir en los ojos de las personas. Van simplemente transitando por los caprichos de la vida diaria. Oh sí, de seguro, están vivos, pero, ¿están *viviendo*? Es como lo dijo Benjamín Franklin: "Muchas personas mueren a la edad de 25 años, solo que son sepultadas hasta cuando tienen 75."

Así que, ¿qué vamos a hacer? ¿Vamos a darnos por vencidos? ¿Vamos a vivir los próximos veinte, treinta o quizás cuarenta años simplemente conformándonos con "irla pasando", solo intentando sobrevivir? No permita que las circunstancias "atrapa-sueños" le roben su sueño. Todas las cosas que en la actualidad se consideran grandes logros, llámense una pieza de arte, una hermosa canción, un logro personal, comenzaron alguna vez como un simple sueño.

Aunque en ocasiones parezca que nuestros sueños se han desvanecido, la verdad es que estos nunca mueren, únicamente se terminan cuando morimos. Por supuesto, los sueños pueden cambiar, pueden ser puestos en modo de espera o pueden ser enterrados bajo una montaña de excusas. Pero en algún lugar, muy en nuestro interior, todavía están allí vivos. Todo lo que tenemos que hacer es poner a un lado nuestro ego inflado y nuestra "sabiduría" de adultos y aprender a ser niños otra vez. Nada me desagrada más que ver cuando algunas personas echan abajo intencionalmente los sueños de otros. No importa qué digan estos "roba sueños", pero todos los sueños son posibles y realistas. Lo único que hace que nuestros sueños sean poco realistas o imposibles es nuestro marco temporal y los planes que fijamos para alcanzarlos. Pero si tenemos fe y un fuerte sentido de compromiso, así como paciencia y persistencia, podemos alcanzar todo lo que nuestra mente se proponga.

Mi esperanza es que este libro le inspire para dar vida a todo lo mejor que hay en usted y aunque no le conozco personalmente, trato de imaginar que vive en la actualidad por debajo de todo su gran potencial. Me he entrevistado y he estudiado a literalmente miles de personas "comunes" que han roto las cadenas del aburrimiento y que han desarrollado un deseo ardiente de utilizar todo su potencial. Mi misión en la vida es servirle de guía en el maravilloso viaje para descubrir y desarrollar sus dones. Todo lo que le pido es mantener una mente y un corazón abiertos, y al menos considerar algunos de los pensamientos, sugerencias e ideas que planteo en este libro. Y recuerde: usted debe tener ilusión si desea que algún día, uno de sus sueños se haga realidad.

ERIK WEIHENMAYER

"Las expectativas de muchas personas se convierten en aspectos limitantes. De modo que decidí tirar a la basura las expectativas del mundo e ir al Everest y verlo por mí mismo".

Cuando Erik Weihenmayer tenía seis meses de edad, los médicos descubrieron que sufría de retinosis y de un desorden visual que gradualmente destruiría sus retinas. Erik creció sabiendo que no contemplaría al mundo por mucho tiempo, y a la edad de trece años, quedó totalmente ciego.

Muchas personas bajo esas circunstancias empezarían a volverse introvertidas y a poner límites a sus expectativas con respecto a la vida. Pero no fue así con Weihenmayer. Hizo exactamente lo opuesto: se proyectó hacia delante, expandió sus horizontes y acrecentó sus sueños. Se rehusó a permitir que su discapacidad le truncara esos sueños.

Hoy en día, recién entrado en sus treinta, Erik ha roto las barreras que pocas personas han logrado vencer, sin mencionar a los que sufren de ceguera, y ha logrado lo que pocos se han atrevido a hacer. Erik es un corredor de maratones, paracaidista libre, esquiador, buzo y miembro del club de luchadores del Salón de la fama. Más sobresaliente aún, ha escalado las tres montañas más altas del mundo y en el año 2001 logró su sueño de ser ¡la primera persona ciega en alcanzar la cima de la montaña más alta del mundo, el Monte Everest a 8.848 metros de altura!

Erik escribió en su libro *"Touch the Top of the World"*: "Durante buena parte de mi vida el temor al fracaso casi me paralizaba". La palabra clave es *casi*. Pero aún cuando era joven y su vista estaba en proceso de deterioro, se rebeló en cuanto a caer en la trampa de la autocompasión y de retroceder. Fue con sus compañeros a escalar un peñasco de unos 12 metros de altura, bajo el cual fluía una corriente panda de agua la cual tenía solo un pequeño pozo de agua. Si alguien caía en un lugar diferente a ese pozo, era hombre muerto. Pero en lo que más tarde se convertiría en uno de sus hábitos distintivos, enfrentó su temor y asumió el reto. El fracaso, desde el punto de vista de Weihenmayer, constituye una oportunidad para aprender y no es la desgracia. En una ocasión, por ejemplo, mientras escalaba el Monte Rainier en Washington, un ejercicio de calentamiento para ascender al Éverest, tuvo que erigir su tienda en un campo congelado. Cuando se quitó uno de sus guantes para sentir el poste de apoyo de la tienda se incrustó unas puntas agudas de hielo en su mano, la cual quedó insensible. Pero cuando recobró su sensibilidad el dolor era tan intenso que casi lo hacía vomitar. Sus compañeros tuvieron que terminar de erigir el campamento por él.

Afectado por este revés, se resolvió a hacer que este se convirtiera en una ventaja. Cuando regresó a casa en Fenix, y al calor de 100° F, se ponía sus gruesos guantes y practicaba a erigir su campamento una y otra vez. En la actualidad lo hace más rápido que cualquiera de sus camaradas que cuentan con el sentido de la vista.

Erik ha aprendido que los pequeños progresos y las pequeñas innovaciones pueden convertirse en ingredientes para alcanzar el éxito. Cuando decidió escalar los más de mil metros de pared vertical de El Capitan en el Yosemite National Park, dedicó un mes a aprender a transportar su equipo de montaña, a clavar los pitones en las grietas a pasar la noche en una saliente y a realizar docenas de otras actividades complejas. Y mientras que los demás escaladores pueden ver hacia donde se dirigen, él se abre paso rastreando con sus dedos las superficies de las rocas a fin de encontrar hasta las más pequeñas hendiduras. Erik ha logrado afinar tanto su oído que puede hundir su hacha en una pared de hielo y determinar a través del sonido qué ruta es la más segura.

A diferencia de Weihenmayer, muchas personas se sienten consumidas por el temor a alcanzar sus sueños más preciados y se paralizan emocionalmente, dejando de atreverse a alcanzar el éxito. Tal vez existen en este mundo, pero en realidad no están *viviendo*. Están sobreviviendo, no están prosperando. Y como lo expresó el padre de

Weihenmayer, una vez escaló el Everest: "Una vida con significado implica asumir riesgos constructivos, sea que se alcance el éxito o no."

Poniendo sus sueños en la debida perspectiva

Erik Weihenmayer ha logrado demostrar que sin importar cuán descabellado parezcan ser, *todos* los sueños son posibles. Sin embargo, la razón número uno por la cual la gente nunca alcanza sus sueños es porque nunca se han fijado siquiera uno. La mayoría de la gente dedica más tiempo a planear unas vacaciones o una fiesta que a planear el resto de sus vidas.

¿Y por qué sucede eso? ¿Les da temor fracasar? ¿Les falta confianza en sí mismos para tener la convicción que pueden alcanzar sus sueños? ¿Les da miedo ser ridiculizados y que sus amigos o asociados se burlen de ellos?

Si por alguna razón resulta que usted es una de esas almas que van por la vida sin tener un sueño, no se preocupe. Aquí hay algunas sugerencias que le pueden ayudar a tener la perspectiva correcta.

DESHÁGASE DE TODAS SUS DUDAS

El pasado no es lo mismo que el futuro. El simple hecho que usted no haya logrado hacer nada sobresaliente en el pasado no implica que no pueda lograrlo en el futuro. Por supuesto, usted tendrá que trabajar por ello. Experimentará frustraciones, habrán tropiezos, intentos fallidos, sudor y lágrimas, pero por tanto como demuestre tener compromiso, *cualquier cosa* le será posible. Los únicos límites que uno tiene en la vida son los que nosotros mismos escogemos tener sobre nosotros.

En el verano de 1921 un joven mormón de 14 años que trabajaba en el campo no se puso límites porque no conocía nada mejor. Como joven, Philo T. Farnsworth soñaba en que algún día su nombre sería famoso junto con los grandes inventores de su tiempo, Thomas Edison y Alexander Graham Bell.

Y mientras los demás granjeros seguían arando sus campos sin mayores preocupaciones, Farnsworth puso su mente a trabajar. Se obsesionó con la idea de lograr agregar imágenes a las señales de radio. Cierto día estaba mirando los surcos que había terminado de arar cuando una idea le asaltó su mente. Si tú divides una imagen visual en una serie de líneas, esas líneas pueden ser trasmitidas por el aire de la misma forma como se trasmiten las señales de radio. Transcurrieron otros seis años antes que esa idea tomara forma, pero en 1927 Farnsworth logró su sueño e inventó la televisión.

DISEÑE SU OBRA MAESTRA

Tal como un pintor lo hace con sus cuadros, usted debe completar la visión de su obra antes de poderla plasmar sobre el papel. Cree en su mente una imagen vívida, tridimensional donde se vea a usted mismo disfrutando de su sueño hecho una realidad. Es posible que eso se tarde algún rato debido a que necesite desempolvar sus facultades de la imaginación debido a que no las ha utilizado mucho recientemente. Pero sea paciente, eso ocurrirá.

Una vez cree esa imagen mental con todos los detalles y una vez esa imagen se conciba a todo color, con usted dentro del cuadro siendo el actor partícipe, usted estará a medio camino. Como lo han documentado los científicos en numerosas ocasiones, la mente no percibe la diferencia entre una experiencia real y una que se imagine vívidamente.

Cuando usted dedica tiempo, energías y esfuerzo a visualizar su sueño, en realidad está programando su mente subconsciente. Y cuando convence a su cerebro que ya ha alcanzado su meta, entonces empiezan a suceder cosas sorprendentes.

INCUBE SU SUEÑO

No permita que las personas negativas, es decir, quienes "solo están siendo realistas", minen y maten su sueño. Usted deberá crear un entorno, una incubadora, en donde su sueño pueda tener tiempo para crecer. En sus primeras etapas, su sueño podrá asemejarse a un cachorro nacido prematuramente, vivo e inquieto, pero increíblemente frágil. El entorno debe ser el apropiado para nutrir ese sueño recién nacido hasta que tenga suficiente fuerza como para permanecer de pie o sentarse.

Dedique tiempo, mucho tiempo, a pensar en su sueño. Permítase estar a solas con él en su pensamiento. Sobrepase ese nivel psicológico superficial que probablemente susurre a su oído cosas como: "Tú no puedes lograr eso. Tú simplemente eres..." No le preste atención a lo que su mente diga, hágale caso a su corazón. Sea honesto. ¿Qué es aquello que lo haría verdaderamente feliz? ¿En qué lugar siente que está verdaderamente vivo? ¿Dónde es ese lugar al cual siempre quiso ir? ¿Qué es eso que más lo llena de entusiasmo?

En el año 1920, la joven Ella Fitzgerald sentía un gran entusiasmo por el canto. Luego de la muerte de su madre terminó cantando en un reformatorio, como una forma de escape a la difícil realidad. Su gran oportunidad se presentó cuando hubo un concurso de canto en el Teatro Apollo de Harlem. El recinto estaba a reventar y cuando llegó su turno, esta joven de 17 años, sin hogar, con un atuendo desgastado y con botas de hombre, cantó. ¡Y sí que cantó! Obtuvo el primer premio. Esa noche Ella inició su carrera de sesenta años en la música, en la cual vendió más de 40 millones de discos y obtuvo trece premios Grammy.

Como ella lo descubrió, *no se logra mucho cuando se vive en pequeño.* Para lograr alcanzar la vida que desea, usted debe atreverse a soñar en grande y debe cultivar el valor de hacerlo realidad.

....

PALABRAS DE SABIDURÍA

"No vaya a donde la ruta pueda llevarlo. Más bien, vaya a donde no hay ruta y construya el camino".
RALPH WALDO EMERSON

INSPIRACIÓN PARA RECORDAR

Erik Weihenmayer

PREGUNTAS PARA CONSIDERAR

Si usted pudiera escoger su trabajo, ¿cuál sería ese trabajo? Si pudiera escoger su lugar de residencia, ¿cuál sería ese lugar? Si pudiera hacer lo que quisiera, ¿qué sería eso?

....

13

"Lo mejor de este mundo es que el lugar donde nos encontramos no es lo que importa demasiado; más bien, lo que importa, es la dirección hacia la cual nos estamos dirigiendo".
—*Oliver Wendell Holmes*

EVITE LA TRAMPA DE ESTABLECER METAS

El ponerse metas genera problemas a muchas personas. Aunque también es cierto que casi todo el mundo reconoce su importancia. Si no fuera a través de las metas, ¿cómo se podrían escribir libros? ¿Cómo se podrían cumplir con fechas límites? ¿Cómo se enviaría a los niños a la escuela? ¿Y cómo se recaudarían los impuestos?

¿Pero, por qué encuentran tantas personas problemas al momento de establecer metas en relación con los asuntos más importantes de su vida? La respuesta es que las metas son aburridas. De hecho, las metas por sí mismas son aburridas... a menos que... a menos que por supuesto, que exista un sueño vibrante conectado con ellas.

Los sueños y las metas se adhieren entre sí de forma natural. Los sueños por lo general son a largo plazo y de alguna manera intangibles. Las metas por otra parte, son inmediatas y prácticas. Piense en las metas como logros que aseguran que uno va en la dirección correcta en el camino hacia el éxito. Cuando están juntos, los sueños y las metas constituyen una fuerza increíble, una fuerza que nos permite alcanzar objetivos, desarrollarnos y crecer.

Si hemos de desarrollar nuestros dones a su potencial máximo, no podríamos pasar por alto la importancia de establecer metas.

Alineadas con un sueño

Desafortunadamente, muchas personas reciben el consejo equivocado en relación con establecer metas. Muchos gurús de la motivación han sugerido durante años un enfoque de establecer metas como si se tratara de una lista de cosas por hacer escrita en una servilleta. Suelen decir: "Tomen un papel, dediquen de diez a quince minutos y escriban todo lo que les gustaría hacer". Pero el punto es que fijarse metas tiene efecto solo cuando estas están alineadas con las cosas que verdaderamente nos apasionan. A menos que estén adheridas a un gran sueño, las metas se desvanecerán y cambiarán según la dirección del viento.

Las metas importantes, no aquellas cosas que incluimos en una lista para hacer, toman tiempo para su desarrollo. No son cosas que ocurren en un taller de 15 minutos. Tampoco son deseos pasajeros o esperanzas caprichosas. Más bien son cosas de las cuales hemos tenido un profundo e intenso deseo de alcanzar por algún tiempo pero que muchas veces no hemos estado dispuestos a reconocer abiertamente.

Muchas veces por temor, sepultamos nuestras metas bajo una montaña de escusas. Terminamos por convencernos a nosotros mismos que nuestros deseos más profundos no son "realistas", y así, ni siquiera lo intentamos. El asunto más importante para recordar es este: *la mayoría de las metas parecen ser "poco realistas" hasta cuando empezamos a dar pasos para alcanzarlas.*

No era realista para muchos la visión que Henry Ford de fabricar un automóvil "para el hombre común", pero sin embargo lo logró. Tampoco era realista para muchos que el doctor Jonas Salk lograra su meta de producir una vacuna para la polio, y sin embargo, lo hizo. De igual modo, no era realista para muchos que el predicador de 28 años Robert Schuller y con un capital inicial de 500 dólares, alcanzara a cumplir su meta de construir una majestuosa catedral de cristal con cabida para miles de asistentes, y sin embargo, lo hizo. Cuando desarrollamos nuestros dones y cultivamos nuestra fe, damos vida a nuestras metas y mantenemos nuestros sueños vivos.

LESTER TENNEY

"No me producía temor la idea de morir.
Me daba terror pensar que no iba a alcanzar mi meta".

Lester Tenney no nació con una actitud positiva, no obstante, la desarrolló bajo las condiciones más brutales que uno pueda imaginar.

Como soldado americano fue capturado por los japoneses en 1941. Él, junto con otros doce mil americanos y 60 mil filipinos, fueron obligados a marchar una distancia de 68 millas a través de la selva filipina en lo que infamemente llegó a conocerse como la Marcha de la muerte Bataan. Más del noventa por ciento de los cautivos nunca pudo regresar a casa.

Los cautivos fueron obligados a marchar por más de 14 horas al día, muchas veces sin alimento ni agua bajo un calor intenso que superaba los 100° F. Gritando órdenes en japonés, los captores disparaban, mataban con bayoneta o decapitaban a quienes no entendían sus órdenes, a quienes se rezagaban o quienes simplemente caían. Los cautivos deambulaban como zombis delirantes, debido a la falta de agua. Algunos de ellos marchaban infectados con malaria o disentería, sus estómagos dolían intensamente, sus gargantas estaban resecas y llenas de polvo, y sus miembros se hacían insensibles dadas las duras condiciones. Quienes no podían soportar el ritmo eran ejecutados y algunos enterrados vivos.

Tenney, despojado de todos sus objetos personales excepto una pequeña foto de su esposa que había escondido en una de sus botas, tuvo un plan: "Yo tenía que creer que iba a sobrevivir y volver a casa". Con ese sueño firmemente fijado en su mente, empezó a ponerse metas intermedias. Algunas de estas consistían en intentar llegar a la próxima curva del camino o poder pasar un árbol de mango veinte o treinta pies adelante. El sufrimiento era tan intenso que acuñó pedazos de tela en sus oídos para no escuchar los alaridos de sus camaradas.

En la entrevista que tuve con él me dijo: "No me producía temor la idea de morir. Me daba terror la idea de no poder alcanzar mi meta". Y así como muchos de sus compañeros decidieron que no valía la pena vivir, Tenney decidió aferrarse a su objetivo.

Tenney escribió más tarde en su libro "My Hitch in Hell": "La esperanza es lo que nos sostuvo a la mayoría de los sobrevivientes de la marcha de la muerte, la esperanza de que todo iba a terminar cuando llegáramos a nuestro destino, cualquiera que este fuera. Esto a pesar del hambre, la enfermedad y los esfuerzos agonizantes que hacíamos a medida que dábamos un paso tras otro".

Pero se dirigían a un campo de prisioneros donde las condiciones eran aún más brutales. Alimentados con solo una pequeña ración de arroz al día, los prisioneros se debilitaban por enfermedades como escorbuto, lepra, veri veri, malaria, neumonía y disentería. En algún momento, Tenney escapó y se unió a un grupo guerrillero, pero fue recapturado. En ese momento los japoneses lo golpearon brutalmente, lo hicieron ver la ejecución de varios de sus compañeros, introdujeron astillas de bambú bajo sus uñas, para luego prenderles fuego, lo colgaron de sus pulgares durante dos días y después lo sentenciaron a realizar trabajos forzados en una mina de carbón con una altura de un poco menos de un metro.

Tenney recuerda: "Mis pensamientos se concentraron en vivir no en morir. Yo estaba listo para hacer cualquier trabajo que los japoneses me pidieran porque sabía que iba a regresar a casa algún día".

Por ejemplo, cuando trabajaba en la mina de carbón, cerraba sus ojos y soñaba con su esposa y el diseño de la casa que le iba a construir cuando volviera de nuevo a su hogar. También imaginaba el automóvil que iba a comprar, los alimentos que iba a tener y cómo también asistiría a la universidad, encontraría un trabajo y ganaría un salario decente. Pensaba para sí mismo: "Yo no tenía ningún control sobre la forma como podría quizás morir, pero sí tenía control sobre la forma como deseaba vivir".

Desafortunadamente, no todos los prisioneros de guerra contaban con la misma resolución de Tenney. Sin nada que contemplar delante suyo, sencillamente se rendían. Cambiaban su porción de arroz por un último cigarrillo, o protestaban por el trato cruel, sabiendo que el castigo era la decapitación.

Tenney por su parte, se mantuvo concentrado en su sueño. Comía la porción de arroz que se le asignaba, trabajaba tan duro como fuera necesario, soportaba las torturas, y hasta inclinaba su cabeza y les decía a sus captores "*hai*" (señor) si era necesario para poder sobrevivir un día más. Y así continuó un día tras otro, un día tras otro, cada uno de estos teniendo más cerca su sueño de volver a casa.

Tenney no fue liberado sino hasta agosto de 1945, cuando la nube de hongos (paracaídas) apareció sobre el suelo de Nagasaki, no muy lejos de donde él estaba preso. En ese momento se puso fin a su cautiverio de tres años y ocho meses. Más tarde, voló a Okinawa para reunirse con su hermano, quien con lágrimas en sus ojos le contó que su esposa, dándolo por muerto, se había casado con otro hombre. Tenney escribió, "Durante todos esos días, semanas, meses y años lo que yo soñaba era con volver a reunirme con mi esposa,

Laura. Ahora mis sueños estaban vueltos pedazos".

A continuación dijo: "Pero de nuevo volví a recuperar la sensatez cuando reflexioné en que Laura había salvado mi vida. Ella me dio la inspiración y el sueño que yo necesitaba, ese algo de lo cual aferrarme... Sin ese sueño, hubiera perecido hacía muchos años".

Tenney perdonó a Laura y, de hecho, perdonó a los japoneses. Se volvió a casar, tuvo hijos, hizo una carrera exitosa en el mundo de los seguros y más tarde hizo un doctorado. Durante un buen número de años Tenney ha estado viajando a Japón y pronunciando discursos sobre la Marcha de la muerte de Bataan, con el fin de despertar conciencia de que nada similar a eso vuelva a ocurrir.

Hoy en día, cuando Tenney mira en retrospectiva a ese periodo de su vida intentando capturar la esencia de su experiencia como prisionero de guerra, recuerda cuando se arrodillaba junto a un grupo de otros cinco compañeros y juntos oraban pidiendo a Dios que pudieran sobrevivir. Tenney fue el único de ese grupo que pudo regresar a casa.

¿Le favoreció Dios a él más que a los demás? Tenney no piensa que eso sea así. Y al final de la entrevista dijo acerca del éxito: "Hay algo grandioso que hace que una persona alcance el éxito. Es la determinación, el fijarse metas, la actitud mental positiva, y no atemorizarse. Eso es lo que hace la diferencia".

El asombroso poder de las metas

Las metas son como los avisos que se encuentran en el camino. Éstos nos indican la dirección en la que vamos y cuánto hace falta para llegar a nuestro destino. Para llegar a nuestra meta debemos, no solo estar absortos con el entusiasmo que nos produce nuestro gran sueño, sino demostrar compromiso con aquellas tareas pequeñas y repetitivas que contribuyen al gran propósito. Algunos de nosotros somos mejores al momento de concebir los planes macro, mientras que otros lo hacemos mejor al concebir los detalles. Pero necesitamos ambas cosas si hemos de fusionar nuestros sueños con el metal endurecido del logro.

Si todavía no está muy convencido del poder de fijarse metas, considere la historia de Ted Leonsis. Él no comenzó su carrera profesional precisamente como el vicepresidente de América Online o como el accionista mayoritario del equipo de jockey Washington

Capitals, ni como copropietario del equipo de baloncesto Washington Wizards. Pero allí es donde él terminó, luego de un evento en 1983 que transformó su vida y alteró su destino.

Tenía 27 años cuando vio toda su vida pasar en un instante al momento en que su avión se estrelló. A medida que la aeronave se precipitaba a tierra, Leonsis prometió que si sobrevivía, actuaría "a la ofensiva," viviría con valor, tanto como fuera posible, por el resto de su vida.

Afortunadamente, Leonsis sobrevivió y cumplió su promesa. Hizo una lista de "101 cosas para hacer antes de morir." Hoy en día, veintitantos años después, Leonsis ha logrado cumplir con tres cuartos de los elementos de la lista. Entre sus aspiraciones, algunas cumplidas y otras aún pendientes, están:

CUMPLIDAS	TODAVÍA POR CUMPLIR
• Enamorarse y casarse	
• Tener un hijo saludable	• Tener nietos
• Tener una hija saludable	• Hacer hoyo en uno
• Crear la compañía de comunicaciones más grande del mundo	• Ir de safari por el África
	• Ir al espacio exterior
• Tener un Ferrari	• Ganar un Grammy, un Óscar o un Tony
• Conocer a Mickey Mantle	• Tomar un año sabático
• Jugar en Pebble Beach	• Donar durante su vida 100 millones de dólares a las obras de caridad
• Cambiar la vida de alguien	
• Ver a los Rolling Stones	• Navegar por el mundo con su familia
• Tener una franquicia deportiva	• Ir a una copa mundo

Si le parece que esta lista es demasiado, debería leer la lista de Leonsis en su totalidad y es asombrosa por decir lo menos. Si usted desea tener un modelo respecto a soñar en grande puede escoger a Ted Leonsis y a continuación crear un plan de acción para lograr el éxito en todas las áreas principales de la vida.

¿Cómo alcanzamos nuestras metas?

Fórmese el habito de apartar veinte minutos al día para hacer una lluvia de ideas, planee y mida el progreso a medida que avance hacia la adquisición de sus metas. Invierta toda su energía y habilidades en sus sueños. Esto es especialmente crítico en las primeras etapas debido a que ese momento es crucial. Una vez esté completamente comprometido, queme los puentes tras de sí; no se permita posibilidades de dar marcha atrás. No deje en su mente espacio para "Planes de contingencia" o "planes B." El fracaso no es una opción. Aquí hay otros principios veraces que han sido utilizados a través del tiempo. Pruebe con ellos:

- *Comience con un sueño.* Conciba un sueño que realmente haga latir su corazón. Utilice su imaginación para visualizarlo, escúchelo, siéntalo, pálpelo, degústelo.
- *Haga una lista de sus metas principales.* Piense en todos los posibles pasos o metas intermedias que usted puede cumplir para lograr alcanzar ése gran propósito.
- *Sea preciso y establezca asuntos específicos.* No diga: "Voy a perder peso," más bien diga: "Voy a perder dos kilos antes de que termine el mes".
- *Fije un horario definido y realista.* Una meta sin un horario es como un reloj sin manecillas. No dice mucho.
- *Ponga su plan por escrito.* Quienes viajan por un país extranjero necesitan un mapa que les ayude a transitar por sus rutas deseadas. Un plan no es un plan hasta cuando no se ponga por escrito.
- *Emprenda de inmediato la acción.* Cada vez que fije una meta, *haga algo, cualquier cosa,* en dirección hacia alcanzar su resultado.

La razón

Si no demostramos pasión por la razón detrás de nuestras metas, propenderemos a fracasar. Si fijamos una meta, simplemente porque parece que es lo que hay que hacer (como por ejemplo, "Voy a ganar 100 mil dólares el próximo año"), ello carecerá de la intensidad emocional necesaria que permita perseverar durante los momentos difíciles. Y sin intensidad emocional, nuestras metas son inútiles. Si no contamos con intensidad emocional, probablemente no tendremos la energía necesaria para dar lo mejor y lograr los mejores resultados, y aún si logramos alcanzar la meta, no tendrá mucho significado porque no emanará del corazón. La razón, la emoción y la intención detrás de la meta es lo que libera su poder y le da sentido.

A través de los años, he encontrado que la gente se asemeja mucho, en sentido figurado, a las bicicletas. Estamos bien, por tanto como continuemos pedaleando y avanzando hacia delante. Si disminuimos la velocidad, perdemos el impulso y tendemos a perder el equilibrio. Pero si desde el principio fijamos con emoción el destino, trazamos el curso de nuestra ruta y nos mantenemos pedaleando, podremos llegar al destino que nos hemos propuesto.

....

PALABRAS DE SABIDURÍA
"El hombre razonable se adapta al mundo. El hombre inconforme insiste en tratar de adaptar el mundo a él. Por lo tanto, el progreso depende del hombre inconforme".
GEORGE BERNARD SHAW

INSPIRACIÓN PARA RECORDAR
Lester Tenney

PREGUNTA PARA CONSIDERAR
¿Qué metas aparecen en su lista de las 101 cosas para hacer antes de morir?

....

14

"Si la gente supiera lo duro que he tenido que trabajar para lograr lo que he alcanzado, no les parecería tan maravilloso después de todo"
—*Miguel Ángel*

DESARROLLE SU DON

Toda semilla tiene un milagro encerrado en ella. La semilla puede convertirse en un árbol majestuoso, en una hermosa flor y quizás en una deliciosa comida. Pero no puede llegar a ser ninguna de esas cosas si permanece en la cáscara. Debe ser nutrida, plantada, regada y atendida, hasta cuando salga de su vaina y envíe sus raíces a lo profundo del suelo y empuje sus tallos arriba hacia el cielo. Si ese milagro ha de ocurrir, esa semilla habrá de dejar la seguridad de su concha y aventurarse a lo desconocido para cumplir su propósito.

Cada vida que vale la pena ser vivida, cada gran obra, es como una semilla, y nosotros somos los jardineros. Debemos reconocer que una semilla no puede sobrevivir si es plantada sobre el terreno árido, si no se le suministra agua, si está escondida del sol y si cae oculta detrás de los abrojos. Debemos reconocer que si no atendemos la semilla, es decir nuestro don, se marchitará y morirá.

Atender la semilla implica tener que pagar un precio en términos de tiempo, energía y sacrificio. No obstante, aunque ese precio sea alto, es mucho menor a la pena que significa vivir una pena llena de lamentos y de continuar preguntándose: ¿Qué hubiera sucedido si yo tan solo...? Y sin importar cuál sea el precio, siempre implica dejar algo que valoramos. Como en el caso de la semilla, debemos estar dispuestos a dejar algo si hemos de escapar a la oscuridad de la pequeña concha de nuez.

Dejar algo

El dejar algo puede implicar cosas distintas para cada persona. Para un hombre que está atado a la monotonía de un trabajo, puede implicar abandonar la seguridad y el estatus que ofrece el trabajo. Para una pareja que está naufragando en su matrimonio, puede significar abandonar viejos hábitos e ideas que se han acumulado a lo largo del camino. En cada uno de los casos, el aferrarse a las cosas y rehusarse a dejarlas ir nos robará del gozo y la tranquilidad en la vida. Nunca deberíamos sentir miedo de abandonar lo que no podemos continuar sosteniendo.

Para permitir que nuestros dones fulguren, debemos estar dispuestos a abandonar las cosas que hacen que nos retraigamos. Debemos preguntarnos lo siguiente: "¿A qué me estoy aferrando que me esté robando el gozo en la vida? ¿Qué cosas tengo miedo de abandonar?" De seguro que a todos nos esperan importantes respuestas si estamos dispuestos a hacernos esas preguntas, pero solo las escucharemos si hacemos las preguntas correctas y escuchamos cuidadosamente las respuestas.

Una constante que resuena

Como lo he mencionado anteriormente, he tenido la oportunidad de estudiar a personas que han logrado sobresalir en varios campos de la vida. Y en todos los casos he observado que hay una constante: *no hay atajos para el éxito*. Debemos descubrir nuestro don y persistir en él día tras día, semana tras semana, mes a mes a fin de perfeccionarlo. El precio de la verdadera felicidad es bastante simple, debemos dar todo de nosotros para alcanzarla. La felicidad no se puede alcanzar si damos algo menos que eso. Y, ¿por qué es así? Bueno, existen básicamente dos razones.

La primera tiene que ver con el sentido común. Uno no consigue grandes dividendos cuando hace una inversión escasa. Si uno quiere ser concertista de piano, entonces tendrá que practicar 12 horas al día durante años. Con solo practicar un fin de semana nadie va a lograr tener la pericia. Si usted desea preparar una gran comida, deberá comprar los mejores ingredientes. Todos conocemos ese principio. Pero todos también conocemos a personas que son malos inversionistas, pésimos pianistas y pésimos cocineros. Y todos alguna vez hemos experimentado el fracaso el cual seguramente fue el inevitable resultado de compromisos y esfuerzos concertados a medias.

La segunda razón es que tal como "somos lo que comemos," *nos convertimos en aquello que hacemos*. Y cuando alguna de nuestras acciones comienza con aquella pregunta silenciosa: "¿Cuál es el menor esfuerzo que puedo hacer en esto?", es cuando empezamos a estar en problemas. A veces fantaseamos en convertir un dólar en un billete de lotería que nos reporte 100 millones de dólares, pero en el mundo real sabemos, o al menos decimos que lo sabemos, que la vida no funciona de esa manera.

Desafortunadamente, muchas de las cosas verdaderamente importantes en la vida, como educar a nuestros hijos, mantener nuestro matrimonio integro y en progreso, hacer nuestra comunidad fuerte y saludable, alimentar bien nuestra mente y nuestra alma, son atendidas con esfuerzos baratos. Es posible que al principio esto funcione, pero con el tiempo nuestro descuido se vuelve en contra nuestra, las cosas empiezan a salir mal, y todavía nos preguntamos por qué.

La verdad simple y clara es, si deseamos desarrollar nuestro don hasta su máximo potencial, debemos estar dispuestos a pagar el precio y ese precio sube cada año. Es como lo que sucede con las tarjetas de crédito, entre más diferimos el pago, más terminaremos debiendo a largo plazo, y desafortunadamente, no se hacen descuentos.

Si usted sueña con convertirse en un gran atleta, no va a lograr mucho si solo practica una vez a la semana. Si usted sueña en convertirse en un gran hombre de negocios, no lo va a conseguir solo trabajando de medio tiempo. Si usted sueña con convertirse en un gran artista de las artes visuales, cuyas obras tengan alto impacto en su público, no lo podrá hacer si solo de vez en cuando, cuando esté de ánimos para ello, saca su paleta y empieza a pintar. Sin importar el sueño que usted tenga o el don que posea, deberá estar dispuesto a pagar el precio.

SYLVESTER STALLONE

"Yo no soy la persona más inteligente
o talentosa del mundo. Yo triunfé debido a que
me mantuve intentándolo e intentándolo
e intentándolo".

Él era un muchacho delgado y algo misterioso. Cuando nació sufrió daño en algunos de sus nervios lo que hizo que su ojo y labio del lado izquierdo se vieran caídos. También tenía un fuerte impedimento para el habla. Todo ello le hizo ganar un apodo que los niños de su vecindario utilizaban para burlarse de él.

El apodo que le dieron fue "Binky," y pronto los muchachos empezaron a llamarlo "Apestoso Binky."

Entre más lo desafiaban los muchachos, más se retraía a un mundo de fantasía tan irreal que a veces hasta vestía un disfraz de "Superboy" debajo del uniforme de estudio. Cierto día una maestra se dio cuenta de ello, y lo hizo quitarse su uniforme frente a la clase para que todos vieran lo ridículo que se veía. Eso por supuesto, continuó haciéndole daño a su autoestima. En una ocasión hasta saltó desde un techo con una sombrilla, esperando poder volar por medio de esta.

Como resultado de un hogar con problemas cambió de escuela catorce veces en once años. Sus calificaciones eran tan bajas que nadie esperaba mucho de él. Ni siquiera una escuela militar produjo cambios en él. Y para empeorar las cosas desarrolló un genio hostil lo que le condujo a tener actitudes destructivas. Todo ello hacía que él fuera más un candidato que pararía en prisión en vez de alguien que saltara al mundo del estrellato.

A la edad de trece años, Binky vio una película que cambió por completo el curso de su vida –*Hércules*. El personaje principal, interpretado por un hombre musculoso, Steve Reeves, le inspiró tanto, que con frecuencia iba a un deshuesadero local y practicaba levantamiento de pesas con viejas partes de automóviles desbaratados. Después, en la universidad, tuvo pequeños papeles en unas cuantas obras. Pero no era tan talentoso y sus instructores no le daban muchos estímulos para continuar.

Aún así, estaba determinado a convertirse en actor y guionista. De modo que dejó de asistir a clases y se fue a Nueva York, donde fue rechazado en cada puerta que tocó. Vivió en un hotel en el que pagaba tres dólares a la semana. Empezó a hacer trabajos varios como acomodador en un teatro, vendedor de pizza, mezclador de ensaladas en un delicatesen, vendedor de pescado y hasta llegó a limpiar las jaulas de los leones en un zoológico. Llegó a ser tan pobre que tenía que lavar su ropa en la ducha.

Después de cinco años de futilidad, en busca de reconocimiento en Nueva York, se compró un viejo y pesado Oldsmibile de cuarenta dólares y se fue rumbo a Hollywood. Una vez allí, consiguió algunas actuaciones pequeñas, y en medio de las actuaciones continuó una estricta rutina de escritura. Se levantaba en la madrugada y escribía por horas, intentando convertir las penurias de su juventud en oro cinematográfico.

Poco a poco, su historia fue tomando forma. Era la mitad de la década de los setenta y la nación empezaba a emerger luego de la era de la guerra de Vietnam. Él pensó que los americanos necesitaban inspiración, esperanza y héroes. De modo que él decidió enfocarse en las aspiraciones ahogadas de un personaje "pequeño" con el cual los cineastas pudieran identificarse y llegar a apreciar.

Su creación fue, por supuesto, Rocky Balboa, el boxeador semejante a cenicienta que se convierte en ganador en una batalla épica por el campeonato mundial.

A cierto productor cinematográfico le interesó la historia y le ofreció $75.000 dólares por el libreto, con la condición que él no interpretaría el personaje principal. Y aunque solo tenía $106 dólares en el banco, dijo que no aceptaría la oferta a menos que pudiera representar el papel de Rocky. El productor rehusó aceptar esa parte de la propuesta, pero aumentó la oferta a $100.000 y luego a $330.000. Para alguien que era tan pobre que hasta tuvo que vender a su perro por dinero para poder alimentarse, aquello era una cantidad de dinero increíble.

Aún así, él dijo: "No hay trato". Él sabía que esta era la gran oportunidad que había estado buscando. Al final, el productor aceptó que interpretara el personaje principal. Pero pensó que la película no saldría tan bien si no tenía a una gran estrella en el reparto. De modo que recortó el presupuesto de la película y acordó en pagar a Binky $20,000 por el libreto y $340 a la semana, es decir, el salario mínimo para los actores.

Rocky produjo $160 millones de dólares y ganó tres premios de la academia, sin mencionar los éxitos de las producciones sucesivas. Y luego de años de rechazo Sylvester Stallone se convirtió, a la edad de 30 años, en la sensación "de la noche a la mañana", y en una fuerza creadora digna de ser reconocida en la industria del cine.

Stallone hizo toda la diferencia cuando decidió aferrarse a su sueño de interpretar el papel principal. Dijo: "En lo que a mí respecta, esta era la única oportunidad que tenía". Él sabía que la cinta iba a ser todo un éxito. Más tarde confesó que hasta hubiera interpretado el papel sin cobrar por ello.

En un giro de la vida, la propia historia de triunfo del actor es aún mucho más inspiradora que la historia del personaje que interpretó y que le trajo tanta fama y fortuna.

Lo fácil no equivale a lo mejor

¿No es verdad que a veces es tentador tomar el camino fácil? Y eso aunque sabemos muy en nuestro interior que la solución fácil no siempre es la mejor. ¿Quién en sus cabales querría tomar el camino más largo si supiera que existe uno más corto? Pero como Stallone lo descubrió, así no es como funciona la vida. Los atajos no son más que callejones sin salida disfrazados. Sin embargo, entre las cosas que hacemos los seres humanos sin pensar, está el buscar atajos. Entre estos se encuentran: compras compulsivas, abuso del alcohol y de las drogas, hacer trampa en los exámenes, en el caso de los estudiantes, y hacer trampas en los negocios, en el caso de los adultos. Todas estas cosas hacen parte de la búsqueda de un atajo para hallar paz y felicidad.

Pero para alcanzar las cosas que verdaderamente valoramos, familias saludables, hijos felices, amistades sólidas, sabiduría, perspicacia, riqueza duradera, aptitud, felicidad, paz mental, sencillamente no hay atajos. Cada uno de estos ideales se alcanzan al final de un largo camino. El esfuerzo en cada uno de esos caminos es considerable, pero bien vale la pena cada centavo invertido.

La buena noticia es que el esfuerzo no es algo que hay que pagar todo de una sola vez. Con frecuencia lo que se requiere es una moneda de cinco centavos a la vez. Así, la mayoría de las cosas que anhelamos obtener están dentro de nuestro alcance, pero eso será cierto solo si nos mantenemos concentrados y nos aplicamos a realizar esas pequeñas tareas que al final componen la meta en su totalidad. Eso no significa que todo sea fácil. Vamos a encontrarnos con problemas que intentarán bloquear nuestro camino: temor, desánimo, cansancio y hasta aburrimiento. Estos problemas estarán siempre intentando hacer que nos desanimemos y como consecuencia tomemos atajos. No caigamos en la trampa. Permanezcamos en el camino. Si tenemos confianza en nosotros mismos, ejercemos fe y paciencia, y continuamos intentándolo, de seguro lograremos el éxito.

La esencia inmutable

En la esencia de cada persona saludable subyace una sustancia de compromisos inmutables: cosas que se *deben* hacer y cosas que *nunca* se deben hacer. En relación con esos compromisos existe la voluntad y la determinación de permanecer leales a ellos, sin importar cuál sea el costo. Todos nosotros tenemos la necesidad de estar muy bien conectados con esos compromisos. De ser firmes y consecuentes y de cultivar la lealtad de permanecer fieles a nuestros dones, sin importar cuál sea el costo.

Esta es la única manera de vivir la vida a plenitud en relación con las cosas que verdaderamente valen la pena. Vivir vidas así puede implicar un costo, pero la otra alternativa es vivir vidas mediocres y aburridas. Y el costo que se paga por vivir esa clase de vida es muchísimo más alto.

El precio de la paciencia

Todo el mundo detesta esperar. En la era donde casi todo lo que queremos se puede conseguir con una llamada telefónica o hacer clic, la idea de esperar nos hace estallar. Nos molestan las demoras en asuntos como esperar en un semáforo, esperar el servicio en un restaurante, esperar para poder hablar con alguien en el teléfono, o esperar en una cita médica. Pero existen esperas mucho más importantes: esperar a que se presente la pareja correcta, esperar para encontrar el propósito de nuestra vida, esperar para encontrar el trabajo deseado, esperar a tener suficiente dinero para poder comprar una casa, esperar un asenso en el trabajo, esperar para empezar una familia, esperar a que los hijos se vayan de casa, esperar a ahorrar suficiente dinero como para poderse pensionar. ¡Ah! ¿Cuándo va a terminar todo eso? Esperar nos puede desgastar y hacernos quejumbrosos, impacientes y a veces, hasta malgeniados.

Pero no tiene por qué ser de esa manera. Hasta la menor de las esperas puede darnos la oportunidad de explorar la vida un poco más al fondo, nos puede dar la oportunidad de ver más claramente quiénes somos y hacia dónde realmente nos dirigimos, en contraste con la dirección en la que nos imaginamos que vamos avanzando.

El verdadero esperar no es simplemente matar tiempo, más bien, implica utilizar nuestro precioso tiempo para desarrollar nuestro don y así crecer poco a poco, esperar pacientemente y avanzar un paso a la vez. André Agassi experimentó esto cuando quedó por fuera de la temporada de tenis en 1997 y vio como su posición en la clasificación del ranking mundial descendió hasta la posición 141. Pero luego de unos pocos meses de mejora continua, estuvo en condiciones de ascender de nuevo a la sexta posición del ranking mundial. El secreto, dijo él, consistió en "mejorar un poco más cada día. No conformarse con no mejorar en un solo día y no ser lo suficientemente tonto como para intentar mejorar lo de dos días en un solo día".

La falta de paciencia frustra a muchas personas. Se convierten en víctimas de la expectativa de la recompensa inmediata. Una persona que no tiene paciencia se vuelve fácilmente irritable, a la vez que experimenta frustración, estrés y fastidio. No intente forzar la llegada del éxito. Más bien, continúe trabajando en lo suyo paso a paso. Si usted manifiesta total sentido de compromiso con su propósito, el éxito vendrá al debido tiempo.

Las expectativas versus la gratitud

Muchas personas ven su don con *expectativas* en vez de verlo con *gratitud*. Esperan que su don, el "talento dado por Dios", haga la diferencia por sí solo sin tener que trabajar duro en su desarrollo y pulimiento. Estas personas dan su don por sentado y raras veces invierten tiempo, energías o esfuerzos en él. Esperan disfrutar de éxito instantáneo así como se puede preparar un café instantáneo o una malteada.

Pero la vida no está hecha para darnos lo que deseamos; más bien está dispuesta a darnos lo que nos *ganamos*. Si, por ejemplo, deseamos volvernos ricos, tenemos que adoptar los hábitos financieros de las personas acaudaladas. Si deseamos tener buena salud, tenemos que alimentarnos y hacer ejercicio como lo hacen las personas saludables. Dicho de otro modo, la vida no nos da un cofre lleno de oro. Nos da el cofre y nosotros tenemos que llenarlo de oro. Sin embargo, muchas personas invierten su tiempo libre en actividades que no reportan beneficios a largo plazo. Y debo admitir, que con todas las distracciones de nuestro mundo moderno, se requiere de un esfuerzo tremendo y de una buena dosis de autodisciplina y voluntad para invertir el tiempo y las energías necesarias para desarrollar nuestro don. Sí, tenemos que desarrollarlo, con solo descubrirlo no es suficiente.

El hacer simplemente algo no lo llevará a uno muy lejos. Si uno no siente inspiración con respecto a lo que está haciendo con su vida entonces es el momento de cambiar de rumbo.

Cambiar no siempre es agradable. Pero cuando reconocemos que las riquezas que alcanzamos equivalen al servicio que rendimos es cuando empezamos a aceptarlo. Uno no puede obtener de la vida más de lo que ha invertido en ella. Muchas personas que se sienten inconformes con los resultados se resisten a dar una mirada constructiva a sus acciones. Pareciera como si estas personas vieran a la vida como una gran máquina de monedas, insertan una moneda y esperan a cambio una fortuna, y lo siguen intentando una y otra vez.

Esperar el gran golpe de suerte es fácil. Utilizar la mente y el corazón para trabajar en pos de los sueños es más difícil. Los momentos difíciles son pruebas, la vida lo está desafiando a uno, explorando para ver con cuánta intensidad deseamos alcanzar nuestras metas.

....

PALABRAS DE SABIDURÍA
"Detestaba cada minuto de entrenamiento, pero continuaba diciendo: "No te des por vencido. Sacrifícate ahora y vive el resto de tu vida como un campeón""
MUHAMMAD ALI

INSPIRACIÓN PARA RECORDAR
Sylvester Stallone

PREGUNTA PARA CONSIDERAR
¿Qué plan o programa podría implementar usted que pudiera asegurarle el desarrollo de su don y así alcanzar sus metas?

....

15

> "El hombre puede ser despojado de todo, excepto
> de la última de las libertades humanas, la de
> elegir la actitud que va a adoptar en las diferentes
> circunstancias para transitar por el camino de la vida".
> —*Viktor Frankl*

ESTOS SON TIEMPOS EXTRAORDINARIOS

Los empleos están desapareciendo. Los ingresos se están yendo en picada. La inequidad está galopante. La salud se está deteriorando, y nuestra calidad de vida está empezando a palidecer frente a los viejos años dorados. Escuchamos eso todo el tiempo. Pero el punto es que el sistema americano de la libre empresa continúa dando prosperidad, igualdad y mejores estándares de vida en casi todos los segmentos de la población. Es como lo dijo Mark Twain en una ocasión: "No es todo lo que ignoramos lo que nos mata, es todo lo que sabemos lo que lo hace".

A muchas personas les gustaría que pensáramos que el "Sueño Americano" se ha convertido en una pesadilla y que los mejores tiempos quedaron atrás. Pero pocos se dan cuenta que muchos de esos informes se hacen con un objetivo en mente: mojar prensa. Los medios de comunicación ignoran la increíble montaña de razones por las cuales podemos concluir que la vida en los Estados Unidos es buena y está mejorando.

Los puntos de vista distorsionados de los medios pueden alterar significativamente las decisiones sobre cómo conducimos nuestras vidas. Cuando permitimos que los informes negativos de los medios distorsionen la percepción de la realidad, cambiamos los lentes claros de nuestro enfoque y ponemos sobre ellos parches oscuros que bloquean la posibilidad de ver la abundancia de oportunidades disponibles ante nosotros. Cuando no logramos apreciar los dones que tenemos no logramos darle el uso correcto.

Este capítulo fue escrito con la intención de desterrar el mito que la calidad de vida en América se está deteriorando. Al contrario, su intención es demostrar que en virtualmente cada esfera de la vida americana, los estándares de vida nunca han sido mejores.

Libertad

Aún hasta en los lugares más remotos del planeta si uno escucha la frase "La tierra de las oportunidades", uno solo, de los 208 países que hay en el mundo, encaja con esa descripción: los Estados Unidos de América. Este es uno de los pocos países donde la libertad y las oportunidades están disponibles a gente de todas las razas, género, estatus social, y circunstancias en la vida, y donde *la única limitación para que una persona pueda alcanzar el éxito es su capacidad de soñar y cultivar el valor de ir y trabajar por sus sueños*.

También es importante no pasar por alto el hecho que nosotros no tuvimos que luchar por obtener esa libertad que es un derecho que tenemos desde el momento en que nacimos, es un legado dejado por nuestros antecesores quienes pagaron un precio bastante alto para obtenerlo. Desde la fundación de esta nación, casi 1.2 millones de hombres y mujeres han sacrificado su vida en las guerras de modo que podamos disfrutar de la libertad y de la oportunidad de hacer algo especial con nuestras vidas.

Cuando consideramos a América en su contexto global, podemos obtener una perspectiva más amplia de lo afortunados que somos. De acuerdo al científico político R. J. Rummel de la Universidad de Hawái, las guerras que se pelearon durante el siglo XX, cegaron alrededor de 38 millones de vidas, mientras que las persecuciones patrocinadas por los gobiernos produjeron otros 170 millones de muertes. Es posible que también recordemos las historias del holocausto nazi, las purgas estalinistas, los asesinatos en la era de Mao, o los campos de exterminio en Camboya. Casi nunca pensamos en los inocentes que murieron durante esos trágicos sucesos y que no merecían morir. Su desdicha fue haber nacido en un país donde gobernaba un dictador, y nuestra única ventaja es haber nacido en un país donde reina la libertad.

Luego de considerar los resultados de un sistema capitalista, democrático y de libre mercado, el resto del mundo está empezando a entender. Y como resultado del liderazgo americano por proteger los derechos de los civiles inocentes contra los abusos del nazismo, el comunismo y el fascismo, más del 60% de la población mundial está empezando a disfrutar de los frutos de la democracia.

Y si alguien duda del encanto de América solo necesita mirar las cifras. En los pasados cien años los Estados Unidos le han dado la bienvenida a casi 50 millones de inmigrantes. Eso representa a cincuenta millones de personas que dejaron atrás a sus familias, sus amigos y sus posesiones para empezar una nueva vida. ¿Qué pudiera hablar mejor que el hecho que todos los días muchas personas arriesgan su vida para venir aquí y así buscar una oportunidad?

Hace poco, por ejemplo, un grupo de cubanos se hicieron a la mar rumbo a América en una camioneta Chevy que habían acondicionado para que flotara con canecas de cincuenta y cinco galones y un propulsor atado al timón del conductor. Es tremendamente fortalecedor ver lo que estas personas están dispuestas a hacer, pero a la vez es muy triste considerar cómo muchos americanos desperdician sus dones y su derecho a lograr algo para sí mismos.

Como ciudadanos de este país, tenemos, no solo el derecho sino la *obligación* de alcanzar el éxito y la felicidad en la vida.

El trabajo y las oportunidades

Todos hemos visto esos titulares deprimentes en los periódicos: "Se pierden más empleos en India y en China", "9 millones no encuentran empleo", "Las cosas parecen ir bien... a menos que usted esté buscando empleo", Titulares como esos hacen que muchos se derrumben y que entren en estado de pánico, y no estamos hablando solamente de los desempleados. Reducciones de personal, despidos y búsquedas de empleo infructíferas están a la orden del día. Pero en sus intentos de aumentar su rating y sus ganancias los medios de información nos cuentan solo la mitad de la historia. Cuando uno da una mirada más de cerca a la situación, como lo hicieron Michael Cox y Richard Alm en su libro *"Myths of the Rich & Poor"*, puede obtener una perspectiva más alentadora.

Considere el gran cuadro del mercado laboral entre 1985 y 1996 y podrá observar algunas tendencias sorprendentes. A primera vista las cifras parecen alarmantes: Sears despide a 131,000 empleados,

Kmart a 65,000, Federal Express recorta 33,988 puestos de trabajo, Woolworth recorta 37,000 empleos. No obstante, aquí está el otro lado de la ecuación: a pesar que Sears y Kmart redujeron un total de 196,000 puestos de trabajo, Wal-Mart creó 624,000. Mientras que Federal Express recortó su nómina en casi 34,000 empleos, UPS adicionó 184,000 empleos en sus plantas. Y mientras Woolworth dejó ir a 37,000 de sus empleados, *The Limited* incorporó a 97,000. De la misma manera, mientras que General Motors redujo su fuerza laboral, Honda, Toyota, Nissan y otros productores de automóviles abrieron nuevas fábricas en los Estados Unidos y crearon 137,000 nuevos empleos.

En el año 1980, aproximadamente 100 millones de puestos de trabajo sostenían la economía de los Estados Unidos. Pero avanzando rápidamente hacia el año 2000, y a pesar de los despidos y las reestructuraciones, la economía de los Estados Unidos proveía 130 millones de trabajos. Así que cada empleo que fue "perdido", fue reemplazado. Adicionalmente, la economía generó un 30%, es decir, 30 millones de nuevos empleos. ¿Por qué no hablan de esta delicia los titulares de los periódicos?

La primera inclinación puede ser la de interpretar las pérdidas como un fracaso del sistema, de la administración en Washington o posiblemente hasta de nosotros mismos. Lo cierto es que el sistema capitalista no puede garantizar la continuidad de su empleo a toda persona. Las pérdidas de empleo afectan considerablemente a quienes las sufren. Pero cuando entendemos que por cada trabajo que se pierde se crean 1.3 nuevos empleos, empezamos a entender las oportunidades disponibles. De acuerdo a un censo realizado en los Estados Unidos, existen unas 32 mil denominaciones de puestos de trabajo en más de 2,300 industrias. De modo que si desea tener un trabajo y está dispuesto a trabajar duro, siempre habrá un trabajo disponible para usted.

Así que, ¿qué significa todo esto? Significa que no debemos confiarnos de los titulares desesperados de los periódicos que anuncian la catástrofe laboral en los Estados Unidos. Todo esto significa que hay más trabajos y por ende, más potencial de crear prosperidad y felicidad que nunca antes. *Significa que lo único que restringe a la personas de alcanzar sus sueños es su falta de motivación y de esforzarse por ir tras ellos.*

Igualdad para las mujeres y para las minorías

Sin ninguna duda, a las mujeres y a las minorías les fue concedida la oportunidad de hallar su lugar en la sociedad tarde en la Historia. Pero en las últimas décadas de progreso esa brecha se ha logrado cerrar, trayendo ante nosotros el sabor de la igualdad. Entre 1972 y 1997 el número de empresas, cuyas propietarias eran mujeres pasó de un millón a 8,5 millones.

En 1916, Jeannette Rankin se convirtió en la primera mujer en ser elegida en Estados Unidos para ser miembro de la Casa de Representantes. En el año 1950 había 10 mujeres en esa colectividad y en la actualidad hay más de 65. Y en la arena corporativa, casi el 90% de las compañías de Fortune 500 tienen mujeres en sus juntas directivas.

A pesar de los progresos que se han hecho, la mayoría de las minorías y de las mujeres no están en la misma situación que los hombres blancos. La inequidad salarial es un aspecto que todavía hay que corregir, aunque se están logrando avances. De acuerdo a un estudio conducido por U.S. Census Bureau, en 1967 una mujer de raza negra promedio ganaba el 79% de lo que ganaba una mujer blanca; hoy en día esa tasa se ubica en un 95%. Los hombres de raza negra están un poco menos en esa tasa de disparidad, y la tasa se ha reducido en un 21% en ese mismo periodo.

¿Existe la inequidad? Por supuesto que existe. Para ser sinceros la inequidad siempre va a existir en un sistema de libre empresa debido a que nuestras capacidades, motivaciones, habilidades y deseos varían considerablemente. Muchos de nosotros nos sentimos impulsados a mejorar nuestra situación en la vida, otras personas no sienten esa misma motivación. El comunismo y el socialismo intentaron detener artificialmente la inequidad y ambos fracasaron. Pero siempre debemos recordad que no es la inequidad lo que hace que este país sea excelente. Lo que lo hace grandioso es la oportunidad.

Sin importar el color de piel que tengamos o nuestro género, si deseamos alcanzar el éxito este país nos ofrece la oportunidad de alcanzarlo. Para muchos el color o el género siempre será un obstáculo porque deciden hacer de ello una gran cuestión. Franklin Chang-Diaz, Madame C. J. Walker, Amy Tan, y Oprah Winfrey han demostrado que a pesar del prejuicio y de las inequidades, a pesar del esfuerzo de algunos sectores de la sociedad de mantener a otros subyugados, cuando uno está comprometido, cuando cree en sí mismo y tiene fe, entonces descubre que *todas las cosas* son posibles.

LEGSON KAYIRA

"Aprendí que yo no era, como muchos de los africanos piensan, víctima de mis circunstancias, sino que yo soy el amo sobre ellas".

Como joven, Legson Kayira, sentía compasión por sí mismo y creía que vivir en una aldea pobre africana en Nyasalandia (ahora Malawi) lo condenaba a una vida de necesidades.

Pero en un libro de texto escolar leyó acerca de Abraham Lincoln, un hombre pobre que creció y se convirtió en un gran caballero superando las limitaciones de sus orígenes humildes. Legson escribió algún tiempo después: "Yo nunca me imaginé que hubiera una persona que fuera más pobre que yo, y que durante el curso de su vida hubiera logrado mucho más de lo que yo pudiera imaginar". Legson decidió que él también quería servir a la humanidad y así, hacer la diferencia. Y a él le quedó claro que solo había una forma de lograr su meta: ir a América y recibir educación.

A pesar de no tener dinero ni contactos, y pese a su poca educación escolar, en 1958 Legson, emprendió su viaje a América. "Yo veía en la tierra de Lincoln como el lugar donde uno literalmente logra la libertad y la independencia que soñaba". Sus planes eran llegar caminando hasta Egipto (debo agregar que descalzo), a una distancia de tres mil millas y una vez allí, arreglárselas para abordar un barco con destino a los Estados Unidos. Sus únicas posesiones que llevaba eran una Biblia, un libro conocido como "*The Pilgrim's Progress*" ("*El progreso del peregrino*"), una pequeña hacha, una camisa para cambiarse, una cobija y dinero para alimentarse durante cinco días.

Por supuesto, Legson no tenía dinero para costearse su viaje a América y no tenía ni la más mínima idea de a qué institución educativa asistiría, o siquiera si habría de ser aceptado en alguna. Pero desocupó su mente de ideas que fueran ajenas a su sueño de conseguir educación.

Luego de viajar cinco días por terreno inhóspito, había avanzado solo 25 millas y no tenía alimento. No obstante, siguió caminando, a veces caminaba junto a personas desconocidas, pero la mayoría del tiempo caminaba solo. Entre el lugar donde estaba y su destino final habían cientos de tribus que hablaban más de cincuenta idiomas, ninguno de los que Legson hablaba. De modo que entraba en cada aldea con mucha cautela. A veces encontraba trabajo y un lugar para quedarse, pero a veces acampaba y se rebuscaba la comida. Cuando venían momentos difíciles se repetía a sí mismo una y otra vez su lema escolar: "Lo intentaré."

En cierto momento enfermó gravemente y experimentó una fiebre altísima. Hubo varias ocasiones en las que Legson consideró la idea de regresar a casa. Pero cada vez que se sentía desanimado, leía sus libros y recuperaba su entusiasmo.

A los 15 meses después de iniciar su viaje Legson llegó a Kampala, Uganda. Ya había recorrido unas mil millas. Descansó allí por algún tiempo realizando trabajos varios y saciando su amor por los libros en la biblioteca local. Uno de esos libros era un directorio de escuelas preparatorias en América. Lo abrió y sus ojos se clavaron en la Skagit Valley College en el Estado de Washington. En ése momento decidió que allí es donde quería estudiar.

Legson escribió al decano de Skagit, le explicó su situación y le preguntó sobre la posibilidad de conseguir alguna beca escolar. El decano quedó tan impresionado por la determinación de este africano que le concedió ser admitido en la institución, así como la beca y le dio un trabajo que le ayudaría a pagar sus gastos de alojamiento y comida. Regocijado con la noticia, Legson ignoraba los obstáculos que tendría que enfrentar en su camino. Necesitaba un pasaporte, pero para ello necesitaba un registro civil de nacimiento, el cual sus padres, quienes no sabían leer, nunca obtuvieron. Y por si eso no fuera poco, también necesitaba un tiquete de ida y vuelta en avión para poder aplicar para obtener la visa.

Sin siquiera tener suficiente dinero para alojamiento y comida, Legson continuó esforzándose, pensando que de algún modo conseguiría el dinero. Mientras tanto continuó su viaje. Para el tiempo en que llegó a Khartoum, Sudán, cansado, débil y con hambre, se enteró que producto del voz a voz que se propagó entre los estudiantes y los residentes de Skagit, se habían reunido los $650 que él necesitaba y también supo que había listo para él un lugar de alojamiento en Washington.

Finalmente, en diciembre de 1960, más de dos años después de empezar su travesía, Legson Kayira llegó a Skagit Valley College, aún llevando sus dos atesorados libros.

Legson se graduó de Skagit y continuó sus estudios. Luego obtuvo un doctorado de la Universidad de Cambridge en Inglaterra, donde más tarde se convirtió en profesor de Ciencias Políticas, así como en autor de su biografía, "—¡I will try!", y cuatro novelas muy respetadas.

Dé forma a su obra maestra

Estos son tiempos extraordinarios. Tenemos más oportunidades, más posibilidades y más libertad que en todo otro tiempo de la historia del planeta. Durante los pasados cincuenta años hemos hecho mayores progresos hacia mejorar las condiciones y la calidad de vida para toda la humanidad que lo que se logró en los anteriores 10,000 años. Las oportunidades para alcanzar el éxito en este país son verdaderamente infinitas. Cuando aprendemos a controlar nuestro enfoque, a modificar nuestras actitudes, a abrir nuestras mentes, empezamos a ver todas esas oportunidades que se encuentran disponibles alrededor nuestro.

A todos se nos ha dado un montículo de arcilla. Sí, es cierto, algunos montículos son más grandes que otros, pero todos tenemos la posibilidad de tomar lo que se nos ha dado y con ello crear algo verdaderamente maravilloso. Sin embargo. Algunos de nosotros nos reclinamos en la silla y rehusamos untarnos las manos. Algunos piensan en esperar hasta cuando sea el momento justo en que el horno indique la temperatura ideal. Eso tal vez nunca ocurra. Otros esperan a que otros vengan y moldeen su arcilla. Sin embargo, si lo permitimos, lo mejor de nosotros puede dar un salto y dar forma a una obra maestra.

PALABRAS DE SABIDURÍA

"Existe una maravillosa ley mítica de la naturaleza que dice que las tres cosas que más anhelamos alcanzar en la vida —la felicidad, la libertar y la paz mental, se pueden alcanzar, si ayudamos a otros a conseguirlas".
PEYTON CONWAY MARCH

INSPIRACIÓN PARA RECORDAR
Legson Kayira

PREGUNTA PARA CONSIDERAR

Si usted tiene la libertad para hacer cualquier cosa, aprender todo lo que pueda, vivir en donde quiera, y amar a quien desee, ¿qué disculpa podría tener para decir que su vida es infeliz?

16

"¿Quieres ser rico? Pues no te afanes en aumentar tus bienes, sino en disminuir tu codicia".
—*Epicúreo*

¿HA PERDIDO AMÉRICA EL SENTIDO?

¿Cuáles son las necesidades básicas que usted tiene para sobrevivir? Estoy seguro que a la cabeza de la lista se encuentran el agua y el alimento. Pero, ¿dónde encajan todas esas cosas que tenemos en el closet?

¿Cómo es posible explicar que los americanos gastan unos 45 billones de dólares al año y aún así nuestros niños se quejan de aburrimiento? ¿Cómo es posible que gastamos casi 200 billones de dólares cada año en regalos durante las festividades y que más de un billón de personas en el mundo vivan en la pobreza más extrema? ¿Cómo es posible que en el dinero de hoy ganemos más del doble de lo que la gente ganaba en 1957 y que, sin embargo, seamos menos felices que en aquel entonces?

¿Por qué tantos americanos viven tan atrapados en el juego llamado "tengo que tenerlo"? Existen dos factores que influyen en esto significativamente y estos son como las piezas de un rompecabezas: la naturaleza humana y los fundamentos de la economía.

Mientras estudiaba a los monos, el psicólogo Abraham Maslow observó que para ellos ciertas "necesidades" tenían mayor relevancia que otras. Por ejemplo, si un mono se encontraba con hambre y sediento, este tendía a saciar primero su sed. Aparentemente eso demuestra que se puede estar sin alimento por varias semanas, pero sin agua, solo unos pocos días. Basándose en estos primeros estudios, Maslow desarrolló una jerarquía en su teoría de las necesidades, la cual sugiere, que los humanos están motivados por necesidades insatisfechas y que ciertas necesidades menos importantes deben ser satisfechas antes que otras necesidades más importantes.

Jerarquías de necesidades de Maslow

Necesidades fisiológicas
Necesidades de seguridad
Necesidad de pertenencia
Necesidad de estima
Auto actualización
* Necesidad de dar

De acuerdo a Maslow, todos tenemos necesidades *fisiológicas*, tales como el alimento, el agua y el oxígeno, que debemos satisfacer para sobrevivir. Si éstas están satisfechas, entonces nos preocupamos por las necesidades relacionadas con la *seguridad*, como la estabilidad y la protección. A continuación está la necesidad de tener sentido de *pertenencia*, es decir, el amor, el afecto, la camaradería.

Un nivel más adelante está la necesidad de *estima*, lo que implica la necesidad de ser visto favorablemente por otros y por nosotros mismos. Maslow dice que estos cuatro niveles de necesidad, una vez satisfechos, ya no logran motivarnos más. Aún si todas estas necesidades están cubiertas, la gente puede sentirse inconforme, a menos que experimenten auto actualización, es decir, tener el sentido que se está haciendo lo que se debería estar haciendo. Esta quinta necesidad, concluye el estudio, nunca se disipa y se hace más fuerte si la alimentamos.

* Una nueva necesidad

Yo agregaría una sexta necesidad a la lista: la necesidad de dar. En todos nosotros existe la necesidad inherente de dar algo. Paradójicamente, es mediante dar que logramos obtener más. Esta necesidad también se hace más fuerte cuando la alimentamos.

Sea de forma consciente o no, todos los días basamos las decisiones que tomamos en las "necesidades" más importantes. No obstante, muchos de nosotros no nos hemos tomado el tiempo para evaluar internamente qué necesidad nos está haciendo falta satisfacer. Sabemos que algo nos hace falta; pero no nos sentimos muy seguros de qué es precisamente eso. De modo que hacemos suposiciones e intentamos llenar ese vacío —esa necesidad—con algo. Para algunos ese algo se convierte en alimento, para otros puede ser el alcohol, para la sociedad en su conjunto pareciera que eso es el ir de compras.

Y sin importar cuán perfectos pretendamos parecer, a todos nosotros nos hace falta algo. Es por eso que los comerciantes de la avenida Madison tratan de explotar nuestras vulnerabilidades intentando vendernos sueños o felicidad.

Aquí es donde entra la segunda pieza del rompecabezas: la economía que conduce esta carrera frenética del consumo, el cual comienza con los bienes y los servicios fundamentales (alimento, ropa, vivienda), pero con el tiempo se expande para ofrecer artículos de lujo (mejor comida, mejor ropa, mejor vivienda, mejores automóviles, mejores equipos de sonido, etc.). Y a medida que obtenemos más dinero, subimos más escalones en la escalera de la jerarquía de necesidades.

De forma inevitable, se empieza a borrar la línea divisoria entre *necesidades* y *deseos*. A medida que tenemos más cosas se hace más difícil definir qué es exactamente lo que necesitamos. En ocasiones hasta escuchamos la expresión: "Es tan difícil comprarle algo a él, porque de hecho, ya lo tiene todo".

Definiendo lo que somos por lo que compramos

Durante los pasados cien años, la Tecnología ha ayudado a aumentar muchísimo la productividad de los trabajadores. A medida que la velocidad de los trabajadores aumenta, el costo de producción disminuye, y cuando esto ocurre, el precio de los bienes y servicios disminuye también. Esto lleva a que un porcentaje mayor de la población esté en condiciones de comprar más cosas. Adicionalmente, a medida que las compañías se hacen más productivas, tienden a producir más dinero, con el cual pueden pagar mejor a sus trabajadores. Así pues, estamos produciendo más y más dinero y las cosas que queremos comprar se hacen cada vez más baratas. Con el tiempo, se requiere de menos tiempo para comprar lo que queremos.

Ed Rubenstein del Instituto Hudson evaluó el costo de varios bienes durante el siglo pasado. En su estudio estableció que la capacidad para adquirir casi todos los productos de consumo básico se ha incrementado ostensiblemente. Por ejemplo, en 1900, el americano promedio tenía que trabajar 10 horas a fin de poder tener suficiente dinero para comprarse un par de jeans. Hoy en día el trabajador promedio tiene que afanarse solo una hora a fin de comprar el mismo artículo. En 1900 el americano promedio gastaba 76 dólares de cada 100, en alimento, vestido y vivienda. Hoy en día gastamos solo 35 para los mismos fines, y esto es cierto en relación con todos los productos y servicios en el mercado.

Debido a la mayor productividad, ganamos mayor dinero mientras que lo que consumimos se toma un menor porcentaje de nuestro salario. Esto explica por qué la gente hoy en día compra cuatro veces más cosas de lo que compraba en 1900.

Este ciclo ha convertido a los lujos del ayer en necesidades para nuestro día actual. Por ejemplo, en un año tan reciente como 1983, el teléfono celular Dyna TAC, ofrecido sin ningún accesorio y con un peso de tres libras costaba más de $3,000 dólares. Hoy en día, usted puede con $150 conseguir un teléfono celular que pesa menos de tres onzas con todos los accesorios.

El trabajo duro y el deseo de salir adelante están entre los valores más sobresalientes entre los ciudadanos de este país. Sin embargo, debemos ser cuidadosos de no caer en la trampa del consumismo excesivo. *Si hemos de evolucionar como sociedad, necesitamos regresar al tiempo en que valorábamos más a nuestra familia que a nuestras finanzas, cuando nuestras donaciones excedían lo autorizado, y cuando nuestra forma de evaluar a una persona era por la calidad de su corazón y no por el grosor de su billetera.*

El principal mal que nos aqueja en nuestra era

Se suele decir que el problema de estar en la "carrera de las ratas" es que al final, aún si se gana la carrera, se sigue siendo rata. Lo mismo es cierto del que se considera el principal mal que nos aqueja en estos tiempos: concentrarse demasiado en sí mismo. La generación actual, al concentrarse demasiado en sí misma, está garantizándose para sí, que por estar concentrada nada más que en el ¡yo!, ¡yo!, ¡yo!, termine simplemente así: sola. Y nada más. Esa es la receta perfecta para la soledad, la tristeza y el vacío. Las personas que se concentran demasiado en sí mismas, se hunden cada vez más en su interior, y cada vez más se hallan atrapadas en sus propios patrones de vida. Y eso es lo que ocurre cuando perdemos contacto con la persona que verdaderamente somos en nuestro interior. Es posible que algún día decidamos que es tiempo de crecer. Cuando entendamos que solo se halla la verdadera felicidad, el verdadero gozo y el amor cuando damos de nosotros mismos a otras personas.

Cuando aprendemos a enfocar nuestra atención en los demás, una cierta calma se apodera de nosotros porque nos liberamos de nuestra propia agenda, nos liberamos de la necesidad de siempre tener que hacer las cosas a nuestra manera. Solo deseamos lo mejor para nosotros, y cuando otros lo logran, lo celebramos porque la felicidad de ellos es también nuestra felicidad.

TOM MONAGHAN

> "Hice el voto de pobreza de un millonario y vendí la mayoría de mis grandes posesiones. No conduzco automóviles de lujo, no vuelo en primera clase, no poseo yates, aviones, ni ninguna cosa ostentosa".

El padre de Tom Monaghan, quien era albañil, murió en la víspera de navidad cuando éste apenas tenía cuatro años de edad. Su madre, debido a su limitado salario que apenas sumaba $27.50 a la semana, no tuvo la capacidad económica para sostenerlo a él junto con su hermano, de modo que los envió a un orfanato en Michigan administrado por las monjas polacas. Más tarde, los muchachos vivieron en diferentes hogares de refugio. Por no tener dinero para ir a la universidad, Monaghan se unió a la marina y cuando cumplió su servicio, él y su hermano hicieron un préstamo de $900 dólares y para comprar un pequeño y poco destacado negocio de pizzería. Sus ventas en su primera semana invernal fueron de solo $99.

Pronto el hermano de Tom decidió que el negocio de la pizza no era para él, de modo que le vendió la mitad de su negocio a Tom a cambio de un viejo Volkswagen que él tenía. A continuación, siendo el único dueño del negocio, Monaghan trabajó de 10 a.m. hasta las 4 a.m. del siguiente día, siete días a la semana, durante trece años.

Él y su esposa, Margie, vivían en una casa remolque por $102 a la semana. Luego que la primera de sus hijas naciera, Margie contestaba el teléfono y llevaba la contabilidad del negocio, mientras las bebés dormían en cajas de cartón en una esquina del remolque. Utilizando una "flotilla" de automóviles Volkswagen, Monaghan perfeccionó un sistema de entregar pizza caliente en un lapso de 30 minutos en universidades y bases militares cercanas. Él llamó a su sistema Domino's. A finales de los años 70 tenía doscientos negocios, y para finales de la década de los 80, sus cinco mil locales hicieron de Domino's la firma de pizza número uno en la nación.

Pese a que el negocio tuvo varios altibajos con las franquicias y los acreedores, con el tiempo le reportó a Monaghan muchísimo dinero. La revista *Forbes* lo clasificó entre de los 400 americanos más ricos.

Cuando Monaghan había sido niño soñaba con tener todas las cosas que se anunciaban en los catálogos de Montgomery Ward y de Sears. Más tarde, escribió en su libro, *"Pizza Tiger"*: "Me desbordé un poco comprando cosas, cosas mundanas". Construyó las haciendas Domino's, un complejo de 1700 acres en Ann Arbor, donde guardaba su colección de 244 automóviles (y donde era la casa matriz de su firma corporativa). Monaghan compró la colección más grande del arquitecto Frank Lloyd Wright, incluyendo dos de las casas de Wright. Compró aviones y hasta al club de béisbol los Tigres de Detroit.

Al mismo tiempo, Monaghan empezó a envolverse más y más en actividades de tipo religioso. Él recuerda: "Durante el tiempo que estuve en la marina, mis sueños habían sido tener riquezas y éxito. Ahora, estaba a punto de lograr la realización de esos sueños, los cuales, no tenía duda que algún día realizaría —pero todo eso sería vacío y carecería de significado si no demostraba consideración a otras personas y si no involucraba la presencia de Dios".

Con su devoción dio inicio a una organización para presidentes de empresas católicos, construyó una catedral en Nicaragua, y trabajó por causas relacionadas con la defensa de la vida. Para este tiempo Monaghan leyó el libro *"Mere Christianity"* escrito por C. S. Lewis. Un capítulo de este libro que trataba sobre el tema del orgullo decía que a veces, cuando trabajamos más duro que otras personas, lo hacemos con el motivo equivocado, es decir, para tener más que otras personas. "Y eso es orgullo", dijo Monaghan después, "A mí se me enseñó que el orgullo era el pecado más grande, y entonces, pensé, oh por Dios… posiblemente soy el pecador más grande del mundo. Así que decidí cambiar".

En el año 1999, Monaghan decidió deshacerse de su negocio

para pasar el resto de su vida al servicio de la iglesia católica. Luego de vender su firma por más de un billón de dólares, dijo: "Pienso que ese dinero es de Dios y mi deseo es utilizarlo con el propósito más altruista posible, ayudar a tantas personas como sea posible a que lleguen al cielo".

Educado en escuela católica y formado por la marina de los Estados Unidos, Monaghan es un ciudadano cuya filosofía se adhiere a los valores y a las enseñanzas tradicionales. De forma deliberada ha simplificado su estilo de vida a fin de dedicarse de lleno a lo que más le gusta.

Como resultado, ha invertido bastante dinero en las escuelas católicas de Ann Arbor, apoya a una parroquia pobre de Honduras, y contribuye al sostenimiento de algunas emisoras de radio católicas así como algunas revistas. También inició la construcción de una universidad católica y una escuela de leyes. Cuando el campus fuera abierto de forma permanente, en el verano de 2007, la capilla principal tendría la capacidad de aforo mayor de todos los templos católicos en el territorio de los Estados Unidos.

Diagnosticando el problema

Como lo demostró Maslow y lo descubrió Monaghan, el satisfacer una necesidad puede abrir el apetito por más. Así, estamos intentando llenar una necesidad que ya ha sido satisfecha de forma continua. A veces somos como un sabueso que persigue su cola, intentando satisfacer con cosas "más grandes, mejores y más abundantes" las necesidades básicas, y no avanzamos al siguiente paso que es satisfacer nuestra necesidad más grande: atrevernos a ser lo que queremos ser.

Nuestra cultura nos dice que seremos más felices y nos sentiremos mejor si nos rodeamos de símbolos ostentosos que otros puedan admirar. No obstante, David Myers y Ed Diener —dos reconocidos psicólogos especializados en el estudio del "bienestar subjetivo" (el estudio de la felicidad), encontraron en un estudio reciente que "la gente no es más feliz por vivir en una cultura más acaudalada. Eso a pesar que los salarios de hoy en día tienen un poder adquisitivo de más de dos veces del que se tenía en 1957. La proporción de las personas felices entrevistadas por el *National Opinion Research Center* ha disminuido de 35 a 29 desde ese año. Y aún personas muy adineradas —entre ellos los 100 americanos más ricos de la revista Forbes—

son escasamente más felices que los americanos promedio".

De acuerdo a la revista *The Economist*, "Las entrevistas sugieren que, en promedio, la gente en Estados Unidos, Europa y Japón, no está más feliz con su porción en la vida de lo que lo estaba la gente en la época de los años 50." El artículo pasa a decir: "Los individuos que se hacen más ricos son más felices, pero cuando la sociedad como conjunto se hace más rica, nadie parece evidenciar más felicidad".

La gente trabaja más duro con la intención de obtener más dinero y así obtener mayor felicidad. Sin embargo, a pesar que los individuos estén ganando más dinero, así también lo está haciendo la sociedad en conjunto. Así, cada individuo no es más feliz de lo que era antes. En un estudio conducido por un grupo de estudiantes de Harvard, se aporta más evidencia de este fenómeno. En el estudio se le preguntó a los entrevistados cuál de las opciones preferían:

- $50,000 dólares al año si los demás ganaban la mitad de eso, o
- $100,000 dólares al año mientras que los demás ganaran el doble

La mayoría de los entrevistados escogió la opción (a), lo que sugiera que serían más felices con menos, por tanto como estuvieran en mejores condiciones que los demás. En seguida se le preguntó al mismo grupo de personas qué escogerían entre:

- Dos semanas de vacaciones mientras los demás solo disfrutan de una, o
- Cuatro semanas de vacaciones mientras a los demás se les conceden ocho

Esta vez, una sorprendente mayoría escogió la opción (d), lo que sugiere que la gente se hace muy competitiva en lo que tiene que ver con ingresos y bienestar material, pero no en lo que respecta al tiempo libre. ¿Por qué? Apuesto a que usted supone lo mismo que yo. Pero una cosa es cierta: cuando uno juega al juego de estar por encima de los demás, gane o pierda, siempre a la larga terminará perdiendo.

La idea de competir para ponerse al nivel de los demás, y quizás algún día estar a la cabeza de ellos, constituye una propuesta perdedora y es hasta infantil cuando se considera con cabeza fría. La mayoría de nosotros ya tenemos muchas cosas. ¿Realmente importa si tenemos más? Este tipo de esfuerzo sin sentido nace de una pequeña voz interna que nos susurra: "No eres nada. Nunca fuiste algo, y nunca serás algo". Intentamos probar que esa voz está equivocada tan pronto como es posible —"¡Aprovisionate! ¡Gástalo! ¡Has alarde de ello!" Tal vez no es la codicia, sino el temor lo que gobierna nuestras aspiraciones. Y lo que tememos no alcanza a dar la medida de nuestros semejantes ni de nosotros mismos.

Buscando amor en los lugares equivocados

Todos tenemos una gran sensación de vacío, pero no le damos el nombre correcto. Nos decimos a nosotros mismos que necesitamos tener el último look, el auto deportivo más veloz, el mejor amigo perfecto, ir al nuevo resort, comprar el último cabernet. Y cuando los tenemos, antes de darnos cuenta, parece que otra cosa está faltando. Una voz nos susurra con un vago sentimiento de vacío, aún cuando hallemos un nuevos tesoros; dice: "No es suficiente, no es suficiente".

Y eventualmente nos preguntamos; ¿algún día terminará? ¿Algún día hallaremos la paz y la felicidad que perseguimos, o moriremos con nuestro don intacto en su envoltura? Todo dependerá de lo que busquemos. Lo que buscamos no puede encontrarse "allá afuera". No lo podemos comprar, alquilar, inventar o negociar. No podemos recibirlo por caridad, ni tampoco pedirlo prestado, ni mucho menos robarlo. No podemos ir a otro sitio para hallarlo. Lo que en realidad estamos buscando está dentro de nosotros, esperando ser descubierto, esperando ser acogido con los brazos abiertos.

....

PALABRAS DE SABIDURÍA
"El dolor es inevitable. El sufrimiento es opcional"
DALAI LAMA

INSPIRACIÓN PARA RECORDAR
Tom Monaghan

PREGUNTAS PARA CONSIDERAR
¿Está usted atrapado en el juego "tengo que tenerlo"?
Si así es, ¿de cuáles necesidades esenciales carece y por ende está intentado reemplazar a través de cosas materiales?

....

17

"Lloraba porque no tenía zapatos,
hasta que conocí a un hombre que no tenía pies".
—*Proverbio persa*

UN POCO DE PERSPECTIVA

"Yo no creo que se me haya ocurrido solo a mí pero hubo un tiempo en la historia en que las mujeres no llevaban pantis". Eso fue lo que dijo sonriendo Oprah, dando así inicio a un experimento reciente. Ella y una amiga habrían de retroceder en el tiempo hasta el año 1628, cuando los primeros colonizadores empezaron a conquistar el desierto americano.

En aquel entonces no había agua en la llave, no había electricidad, ni refrigeración, tampoco habían baños, calefacción, excepto un calor sofocante en todo lugar a donde usted fuera. Oprah y su grupo observarían las leyes del siglo XVII, se adherirían a los rituales, y se comportarían en la colonia de la misma manera que se comportaba la gente en ese entonces.

Estoy seguro de lo que Oprah le diría, la vida en ese entonces no era tan simple como muchos lo han imaginado de los libros de texto de historia que se estudian en las escuelas, los cuales traen relatos sobre los indígenas y los peregrinos. Mucho antes del amanecer, ya se estaba cocinando y limpiando, se tenía que cazar y cultivar su propio alimento, se tenía que dormir en compañía de roedores, se tenía que comer en compañía de los mosquitos, las enfermedades estaban a la orden del día y había que enfrentar a los nativos hostiles. Los primeros americanos tenían que enfrentar una incesante batalla por la supervivencia. Las dificultades eran muchas, las diversiones pocas, la vida era corta y con frecuencia muy difícil.

Al regresar al siglo XX Oprah dijo sobre lo que había aprendido: "La experiencia de ver a una comunidad de personas trabajando, esforzándose, enfrentando desafíos, pero aún así trabajando juntos, lado a lado, fue una de las experiencias más valiosas que he tenido. Regresé de allí con un sentido de asombro con respecto a lo que nuestros ancestros lograron conseguir con tan poco a su disposición. Y qué difícil era no solo vivir y existir –sino prosperar y hacer que otros prosperaran".

Ese ejercicio nos puede ayudar a todos nosotros a apreciar cuán sobresalientemente ha mejorado la calidad de vida para todos nosotros. Para la mayoría de la población mundial, el nivel de vida escasamente cambió desde 8,000 A.C. hasta el principio del siglo XVIII. Sin embargo, la familia de clase media americana disfruta de lujos que la realeza ni siquiera podía disfrutar hace 100 años. Y por primera vez en la Historia, virtualmente todos los sectores de nuestra sociedad pueden beneficiarse de todas esas mejoras que se han realizado hasta el presente.

Los demógrafos estiman que desde el principio de los tiempos hasta ahora han vivido de 69 a 110 billones de personas en este planeta. Eso nos hace asumir con certeza que al menos a 60 billones de personas les hubiera gustado estar en nuestros zapatos y disfrutar de los increíbles estándares de vida que disfrutamos hoy.

Un viaje de regreso en el tiempo

Si tuviéramos la capacidad de transportarnos de nuevo al año 1900, ¿qué encontraríamos? En ese tiempo solo un 30% de los americanos tenía vivienda propia, comparado con el 70% de la actualidad. Y esas viviendas no eran mucho que digamos. Comúnmente no tenían calefacción y en su mayoría eran casas de campo atestadas de gente. Solo el 3% de estas tenían electricidad, y menos de una de cada cinco disfrutaba de agua corriente, baños con cisternas de agua, o calefacción. La mayoría de los americanos cocinaban con estufas de leña y leían bajo la tenue luz de las lámparas de queroseno.

Las condiciones laborales eran terribles. En 1900, los muchachos comenzaban a trabajar a la edad de 14 años, y trabajaban un promedio de 60 horas a la semana, y eso continuaba por el resto de su vida hasta cuando morían. No habían vacaciones remuneradas, ni garantías laborales, ni seguridad social, ni planes de retiro, ni beneficios legales y extralegales. De hecho, el trabajo duro no era recompensado como lo es hoy en día. El salario anual promedio de los trabajadores era la grandiosa suma de 4,800 dólares (en la equivalencia de 1998) comparados con los 32,000 dólares de hoy en día. Y como si eso de por sí no fuera bastante difícil, la familia americana promedio tenía que gastar alrededor del 50% de sus ingresos en comida, comparado con el 10% de hoy. En 1900 menos de 5,000 americanos eran millonarios. En la actualidad hay más de 8 millones de millonarios en el país. De hecho, de acuerdo a la revista *The Economist*, en el año 2002 la nación tenía 269 billonarios. Eso es dos veces y medio más que los billonarios que hay en Japón, Alemania, Suiza, Francia y Gran Bretaña juntos.

En 1900 las mujeres dedicaban hasta 70 horas a la semana preparando comida, lavando ropa, fregando pisos y haciendo otras tareas domésticas, y todo eso, sin ninguna de las facilidades modernas. Supongo que algo positivo para ellas era que la casa promedio en esa época era de apenas unos 750 pies cuadrados, comparados con el promedio actual de 2,349. Y por supuesto, la sociedad consideraba a las mujeres como inferiores a los hombres. A ellas no se les permitía votar, normalmente no se les veía trabajar fuera de casa y ciertamente, sus opiniones no eran valoradas ni tenidas en cuenta.

Y tanto los hombres como a las mujeres carecían de recursos para disfrutar el poco tiempo libre que tenían. En la actualidad todos nosotros disfrutamos del tiempo libre tres veces más que lo que nuestros abuelos lo hacían. Y disfrutamos 10 veces más de actividades recreativas que ellos.

Un niño nacido en 1900 tenía solo el 60% de probabilidades de completar su escuela primaria. Solo uno de cuatro se graduaban de la secundaria. Y en cuanto a universidad, no había dudas, usted podría asistir solo si pertenecía a la elite acaudalada. Solo una de cada veinte personas nacidas en 1900 recibían un título universitario. Para poner eso en perspectiva, hoy en día un porcentaje muchísimo mayor de personas se gradúan de la universidad en comparación de los que se graduaban de la secundaria hace 100 años. De hecho, el 20% de los americanos en 1900 eran analfabetas.

La comunicación también era increíblemente difícil. Solo el 5% de los hogares tenía teléfono. Viajar significaba ensillar el caballo y galopar a cuatro millas por hora, y levantar sus zapatos mientras el caballo dejaba a su paso algunos "recuerdos" verdes.

A decir verdad, solo los afortunados tenían caballos, es decir, había caballos en una de cada cinco casas urbanas. Y como ocurría con mis abuelos, la mayoría de las personas tenían que vivir a una distancia cercana de su lugar de empleo para poder llegar caminando. Por lo general eso representaba alrededor de una milla. Para ese tiempo, la mayoría de los americanos consideraban una extravagancia poseer un automóvil, tal como hoy en día lo sería para una familia tener un jet privado. En 1900 solo había registrados un poco más de 8,000 automóviles. Y olvídese de tomar un vuelo comercial porque los aviones todavía no habían sido inventados.

Las condiciones de la actualidad

Lo anterior era en 1900. En contraste, casi todo ciudadano en la moderna América está en mejor condición de la que tuvieron sus padres. Más del 90% de los hogares en los Estados Unidos poseen radios, televisores a color, aspiradoras, lavadoras y hornos microondas. En prácticamente todo hogar existe un teléfono, y más de la mitad de la población adulta lleva consigo un teléfono celular. El supermercado promedio cuenta con una oferta promedio de 30,000 artículos, y para la mayoría de las personas el alimento es abundante —¡hasta podemos comprar mangos en invierno!

Nuestras semanas laborales son más cortas y nuestros salarios mejores. Podemos viajar a casi todo lugar que deseemos, con rapidez y relativamente de forma económica. Podemos preparar comidas en minutos, tomar baños y duchas cuando queramos, disfrutar de la luz y la calefacción con solo tocar un interruptor, gozar de entretenimiento protagonizado por los mejores actores aún en la sala de nuestra casa, y hasta despertar con el aroma del café preparado por electrodomésticos programables electrónicamente.

Casi un 25% de los hogares americanos tiene un ingreso anual de al menos 75,000 dólares al año. La pobreza en América todavía es un asunto serio. Pero aún así, los americanos pobres tienen un estándar de vida que es significativamente superior al de la clase media de hace 50 años. En 1995, el americano pobre promedio vivía en un espacio dos veces mayor que los japoneses promedio y tres veces y media más que el ruso promedio.

Hoy en día trabajamos duro, pero no es el mismo tipo de trabajo que se tenía que realizar hace cien años, cuando la mayoría de los trabajos eran en las minas o en los molinos en el campo. Si sufrimos de alguna lesión y no podemos trabajar, recibimos beneficios de compensación. Cuando nos envejecemos y no podemos trabajar, recibimos los cheques de la pensión. Y por encima de todo ello, tenemos días libres y vacaciones remuneradas. También vivimos por más tiempo y eso se lo debemos a la Medicina moderna. El americano promedio de 65 años, tiene una expectativa de vida de otros 17,9 años. Y si nos enfermamos seriamente, el seguro de salud ayuda a pagar los gastos. Tal vez la palabra *luchar* nunca desaparezca de nuestro vocabulario. Pero cuando las luchas de hoy se comparan con las que tuvieron nuestros bisabuelos, empezamos a ver las cosas en su debida perspectiva y empezamos a reconocer que, después de todo, nuestra vida es bastante más fácil.

EULA McCLANEY

"Detrás de cada día tempestuoso alumbra la luz del sol. He tenido que soportar muchos días tempestuosos, y por experiencia sé que lo que te estoy diciendo es cierto".

Es probable que usted nunca haya escuchado hablar de Eula McClaney, y probablemente la mayoría de la gente tampoco. Ella es una persona común, como usted y yo, quien de forma silenciosa, "siguió caminando", poniendo un pie delante del otro hasta que logró crear una vida maravillosa para ella.

Una amiga escribió de ella: "Puedes quitar de ella todo vestigio de riqueza y prestigio y sin embargo, ella continúa siendo rica. Porque McClaney no piensa de forma pobre. Ella piensa de forma abundante, ella piensa en la gratitud en los términos del amor y la bondad abundantes que provienen del creador".

Ella se considera a sí misma "una mujer común, sencilla y sincera". Sin embargo, tiene una motivación poco común, nacida de la adversidad.

Hija de cosechadores de algodón en Alabama, tuvo tres hermanos y una hermana muy bonita. Como la cenicienta, ella observaba cómo su hermana recibía los mejores vestidos, se le eximía de trabajar recolectando en los campos de algodón y cómo, en cierto momento, fue enviada a recibir una buena educación, mientras que ella continuaba trabajando junto a sus hermanos en las labores del campo. McClaney heredaba las prendas de vestir que dejaba su hermana y tenía que asistir a una escuela rural de un solo salón de clases. Esto continuó así, hasta que se graduó de sexto año.

Con pocas esperanzas y un futuro sombrío, se vio forzada a buscar dentro de su interior para encontrar las fuerzas —las fuerzas, dijo ella, "que Dios me dio a medida que las iba necesitando".

Luego que su casa fue destruida por un incendio, ella y su familia se mudaron a otra casa, la cuál era en realidad una vieja choza con un techo que dejaba entrar la lluvia y un piso en el que se podía ver la tierra. En navidad, los niños "siempre recibían la misma cosa —tal vez dos manzanas, una naranja, unas cuantas pasas y unos cuantos dulces".

A la edad de veinte años, McClaney se casó con un recolector que tenía muy pocas aspiraciones en la vida. Su boda se celebró en la época más dura de la recesión. Enseñó en la escuela por dos meses, a 10 dólares el mes para comprarse el vestido de bodas que costaba 20 dólares. La pareja tuvo dos hijos, un hijo y una hija. Todos vivían en una reducida casa de dos espacios (alcoba y cocina) y las ventanas no tenían vidrios, aunque McClaney puso cortinas para hacerla ver lo más agradable posible.

Aunque McClaney estaba rodeada por la pobreza, sus pensamientos y su espíritu se inspiraban en la elite acaudalada. Como ella misma lo cuenta: "Sabía en mi corazón que no tenía que continuar en esa situación y permanecer pobre y oprimida el resto de mi vida".

Sus frustraciones empezaron a hacerla reaccionar. Se sentía cansada de trabajar en el campo durante todo un día, seis días a la semana, junto a los hombres. Se sentía cansada de no tener la oportunidad de mejorar su situación mediante adquirir más educación. Se sentía cansada de vivir en una casa que no tenía vidrios y un techo que goteaba. Se sentía cansada de no tener el dinero que ella necesitaba para poder hacer las cosas que deseaba hacer. En poco tiempo, empezó a sentirse cansada de desempeñar el papel de víctima de las circunstancias, en vez de ser la dueña de su destino.

Había tocado el fondo. Había solo una dirección en la que podía ir. McClaney se resolvió a mejorar su vida. Le tomó un increíble esfuerzo así como fuerza interior expandir sus pensamientos para sobrepasar más allá de los campos de algodón. Como ella lo expresa: "Seguí adelante, seguí caminando".

Su esposo, celoso de sus ambiciones, le bloqueaba cada salida pero su fortaleza de carácter le impedía renunciar. Se sacrificó, se apretó el cinturón y ahorró cada centavo hasta que no solo fue autosuficiente, sino que compró una casa grande, parte de la cual arrendó.

Aún así su esposo se resistía a cada cambio y a cada mejora que ella intentaba hacer. Al final, cierta noche, una voz en su interior le dijo: "Hazlo por ti misma." Ese era el estímulo que ella necesitaba.

McClaney sabía que ella tenía que actuar, pero, ¿cómo? Oró a Dios pidiéndole su guía y entonces supo la respuesta: *ahorrar cada centavo y luego invertirlo en bienes raíces.*

Y eso fue lo que hizo. Hacía pasteles de papa dulce y los vendía los fines de semana; lavaba paredes y limpiaba casas. En tres años, ahorró 1,200 dólares, y pidiendo prestados otros 300 dólares de su padre, aportó la cuota inicial de una casa —así comenzó su carrera en el negocio de los bienes raíces, haciendo honor a su esfuerzo de ahorro.

El trabajo fue duro y algunos de los sacrificios que hizo fueron mayores, pero continuaba avanzando. Entonces compró otra casa y luego otra, y otra más. Nueve años después, ¡tenía 33 apartamentos!

Al final, se dio cuenta que su esposo era un impedimento para sus sueños. Cuando ella compró una mansión en Pittsburgh, él rehusó mudarse con ella para vivir allá. Ese fue el final de su matrimonio. Cuando McClaney murió en 1987, había amasado una fortuna estimada en más de cien millones de dólares. Poseía un Rolls-Royce, joyas costosas, pieles y otros artículos de mucho valor, pero, "ninguno de estos," dijo ella, "son tan importantes para mí como mi relación con Dios".

McClaney donó millones de dólares a obras de caridad, conoció presidentes y fue entrevistada por los periódicos y revistas más prestigiosos. También se presentó con "Buenos días América" y en muchos otros programas de televisión, donde le dijo a sus anfitriones: "Lo hice poniendo un pie adelante del otro, así como todos tenemos que hacerlo. Cuando el camino se hacía difícil, continuaba caminando de todos modos".

Como empresaria, mujer de filantropía y de obras humanitarias, Eula McClaney demostró que tenía el impulso y la inteligencia para construir un imperio multimillonario sin perder de vista sus raíces ni su fe en Dios.

"La vida presenta una serie de altibajos, aciertos y errores, montañas y valles, colinas y llanuras, y para muchos de nosotros, una serie de caminos largos, rocosos y estrechos." Ella concluyó, "La llave mágica consiste en perseverar, continuar poniendo un pie delante del otro hasta el momento en el que uno llegue al lugar adonde quiere llegar".

En los hombros de los gigantes

Cuando comparamos nuestros apuros con los de la señora McClaney, nuestras dificultades se ven triviales, ¿no es así? Sin embargo, la vida en este siglo XXI no es fácil. Sin importar lo cómodas que puedan ser nuestras condiciones de vida, siempre tendremos que enfrentar dificultades personales, inequidades, dolor, sufrimiento, enfermedad y al final, la muerte. Por pura fortuna estamos vivos hoy y estamos en condiciones de disfrutar los frutos de la labor de nuestros antecesores. A veces, no podemos comprender plenamente las dificultades, los sacrificios y las tragedias que nuestros antecesores tuvieron que aguantar para suministrarnos las comodidades que hoy en día damos por sentadas.

Actualmente estamos en los hombros de los gigantes que dedicaron sus vidas a servir a su familia, a su comunidad y a su país. Empezando con los colonizadores del siglo XVII, cada generación ha contribuido con un ladrillo al fundamento de la libertad, ha expandido el alcance de las oportunidades y ha mejorado la calidad de vida para las generaciones futuras.

Ahora es nuestro turno para pasar el bastón a la siguiente generación y dejar este país, y este mundo, de una mejor forma que en la que lo encontramos. Es nuestro turno de pagar nuestra enorme deuda de gratitud por todo lo que hemos heredado. Es nuestro turno para mirar al interior de nosotros y descubrir los dones que dejaremos para beneficio de nuestros hijos, nietos y bisnietos.

Así que la próxima vez que abra su refrigerador, utilice el horno microondas, se dé un duchazo, duerma en una cama caliente, vaya al supermercado, conduzca su automóvil, introduzca una carga de ropa en su máquina lavadora, aspire la alfombra, mire televisión, escuche la radio, utilice su computador, o navegue por el internet —recuerde lo afortunado que es de vivir en la actualidad.

PALABRAS DE SABIDURÍA

"Tema menos, espere más; coma menos, mastique más; laméntese menos, respire más; hable menos, diga más; odie menos, ame más, y todas las buenas cosas serán siempre suyas".

PROVERBIO SUIZO

INSPIRACIÓN PARA RECORDAR

Eula McClaney

PREGUNTA PARA CONSIDERAR

¿Qué estrategia puede utilizar para recordar cada mañana lo afortunados que somos de vivir en la era presente?

18

EVITE EL ENVEJECIMIENTO PREMATURO CON UNA SOLA PALABRA

Hace mucho tiempo hubo un bufón listo en la corte de un califa en Bagdad. Por años se mantuvo divirtiendo a la corte, pero cierto día, en un momento de descuido ofendió al califa, quien ordenó que se le diera muerte diciendo: "Sin embargo, por consideración a los muchos años de servicio fiel, te dejaré que escojas la manera como te gustaría morir".

El bufón contestó: "Oh, poderoso califa, te agradezco tu gran bondad. Escojo morir... de viejo".

¿No pediríamos todos lo mismo? La buena noticia es que gracias a los notables logros de la ciencia, tenemos una mayor probabilidad de morir de edad avanzada que nunca antes. En 1800, el promedio de expectativa de vida era de unos 27 años. En 1900, era de 50. Hoy en día el promedio de vida para los americanos es de 78 años. Los centenarios son el sector de la población en mayor proporción de crecimiento.

Sin embargo, lo importante no es cuanto haya vivido usted o cuanto le queda por vivir. Lo importante es cuánta vida puede dar a esos años. Al descubrir su don y utilizarlo para perseguir su pasión usted añade años a su vida. No se trata de tener muchos años vacíos con la sensación de "Si tan solo yo hubiera...," sino más bien años llenos de gozo y paz mental.

Todos nosotros hemos conocido profesionales energéticos y motivados que murieron una vez se jubilaron o perdieron a su cónyuge.

Como lo dice el Viejo Testamento: "Sin visión, perecemos". Para nosotros, esa visión representa nuestro sentido de propósito en la vida. No podremos llevar a cabo ese propósito sin primero descubrir y desarrollar nuestro don. Y si no demostramos aprecio por nuestro don, las posibilidades son nulas para que lo desarrollemos y lo utilicemos.

WILMA RUDOLPH

"Mi vida no fue como la del promedio de personas que tomó una decisión y entonces ingresó al mundo de los deportes".

El primer logro de Wilma fue sobrevivir y estar bien.

En la posición veinteava, en una familia de 22 hijos, nació en 1940, de forma prematura y pesando cuatro libras y media. Desde su nacimiento sufrió de una enfermedad tras otra: sarampión, paperas, fiebre escarlata, varicela y doble neumonía.

Aún peor, contrajo polio, y luego una enfermedad paralizante que no tenía cura. A la madre de Wilma le dijeron que su hija nunca podría caminar: de hecho, ella utilizó un soporte ortopédico en sus piernas desde la edad de cinco años hasta los once.

Sin embargo, en un asombroso ejemplo de cómo alguien puede superar sus limitaciones físicas Wilma se convirtió en la primera mujer de los Estados Unidos que obtuvo tres medallas de oro en los olímpicos. Se convirtió en una de las mujeres atletas más famosas de todos los tiempos.

Su familia, aunque de color, de escasos recursos y viviendo en la segregada Tennessee le dio mucho estímulo a través de los varios meses que duraron sus sesiones de terapia física. Al final, a la edad de doce años pudo caminar sin la ayuda de muletas, soportes o zapatos ortopédicos. Fue entonces que ella decidió ser atleta. En la secundaria fue una estrella en el baloncesto e impuso récords liderando a su equipo en los campeonatos estatales. Al entrenar para el baloncesto, ella descubrió que su verdadero don era... ¡correr! Bastante irónico, ¿no es así?

Su talento era inequívoco. A los 16 años, durante la secundaria ganó una medalla de bronce en los Olímpicos de 1956. Luego en los olímpicos de 1960, ganó las carreras de los 100 y los 200 metros, y fue pieza clave para que su equipo ganara los 400 metros en las carreras de relevos.

Tras regresar a su natal Clarksville, Tennessee, insistió que su desfile de bienvenida estuviera abierto a todo el público, de modo que éste evento se convirtió en el primer acontecimiento interracial que se celebró en la ciudad.

Más tarde, Wilma se convirtió en maestra y entrenadora, y era muy apreciada por animar a los atletas más jóvenes y por enseñarles que ellos también podrían triunfar a pesar de los posibles inconvenientes.

Nuevas amenazas

Las enfermedades en la niñez de Wilma no eran tan extrañas en la época que ella creció. De hecho, hace unos cien años, uno de cada cuatro niños moría antes de llegar a la edad de catorce. Enfermedades como la influenza, la tuberculosis, el sarampión, la viruela, el cólera, la fiebre tifoidea y la tos ferina, cobraban muchas vidas. Los padres en 1900 eran diez veces más propensos a perder a un hijo en su primer año de vida que los padres en la actualidad.

Pero gracias a la ciencia moderna, la mayoría de las personas en el mundo occidental no tienen que preocuparse por la propagación rápida de las enfermedades infecciosas, como sí lo tuvieron que hacer nuestros antecesores. No obstante, han surgido nuevas amenazas, la mayoría de estas auto impuestas, por ejemplo, la obesidad. ¡Imagínese!, después que la humanidad luchó durante diez mil años para obtener calorías y sobrevivir, ahora hace todo lo contrario —lucha por consumir menos calorías—para sobrevivir.

De acuerdo a los *Centers for Disease Control and Prevention* (*Centros para la prevención y el control de enfermedades*), el 64% de los americanos adultos en las edades comprendidas entre los 20 y los 74 años presentaban sobrepeso o tenían obesidad, de acuerdo a una encuesta que se realizó en 1999-2000, es decir, un 56 % más que en las mismas encuestas 1988-1994. Tales personas tienen una propensión cuatro veces mayor a morir a una edad temprana que las personas que presentan peso "normal".

Esos datos realmente no sorprenden cuando uno considera la dieta del americano promedio. Absorbemos unos 50 galones de bebidas gaseosas cada año y consumimos el equivalente a 53 cucharaditas de azúcar todos los días. Desde la década de los años 60 el consumo per cápita de bebidas gaseosas se ha más que triplicado. Y de acuerdo a un estudio reciente conducido por la Universidad de Nueva York, la porción promedio de todas nuestras comidas como hamburguesas, papas fritas, bebidas sodas y barras de chocolate como mínimo se ha duplicado y en algunos casos, se ha quintuplicado.

Y esto no es algo que solo afecte a los adultos. Nuestros niños también están pagando el precio. En tan solo los últimos veinte años ha habido un aumento del 50% de los niños que tienen sobrepeso o están obesos. Hoy en día la tasa de obesidad para los niños es dos veces superior a la que se registró en 1971. El National Center for Health Statistics (*Centro nacional para las estadísticas de la salud*) dice que el 15% de los niños en las edades comprendidas entre los seis y dieciocho años presentaban obesidad en el año 2000, comparados con un seis% en 1980.

Ahora bien, si usted desea perder peso y evitar un envejecimiento prematuro, el secreto subyace en una palabra: *moderación*. Y no se necesita de tomar medidas extremas para lograr un cambio significativo. Se necesita ser consistentes. Yo puedo ayudarle a descubrir su don y a desarrollarlo, pero si usted no cuenta con buena salud, nunca tendremos la oportunidad de ver lo que puede lograr con éste.

Sobre medicación

Otro de los efectos de la cultura "arréglalo rápido" es la dependencia en las pastillas. El doctor Dean Ornish, presidente del Preventive Medicine Research Institute (*Instituto de investigación y Medicina preventiva*), dice que el énfasis en asenso sobre las pastillas mágicas es "un microcosmos de lo que está mal con la Medicina en general. A nosotros [los doctores] no se nos entrena para manejar los cambios en los estilos de vida; se nos entrena para recetar medicamentos. Uno solo tiene siete minutos para ver a un paciente, de modo que no hay tiempo para hablar acerca de los cambios. Así resulta muy conveniente para todos. Pero no ataca la razón fundamental por la cual la gente enferma". Es como lo expresó Benjamín Franklin: "Dios sana, pero el médico es el que cobra los honorarios".

El sobre consumo de medicamentos también afecta a los niños. Cada día, por ejemplo, más de un millón de americanos adolescentes toma Ritalina, un medicamento que se utiliza para controlar la hiperactividad. Los americanos consumen cinco veces más Ritalina que el resto del mundo. Y el Children´s Defense Fund (*Fondo para la defensa de los niños*) estima que el 40% de los adolescentes que ingresaron a hospitales psiquiátricos durante la década de los 80 fueron inapropiados.

¿Están estas medicinas y tratamientos ayudando a los niños, o son producidos con el propósito de hacer la vida más fácil para los padres? Debemos reconocer que la solución fácil "arréglalo rápido" es a la larga la más perjudicial. Construir una vida saludable en los aspectos físico, emocional y psicológico requiere de tiempo, energía y esfuerzo. Cuando comprendemos que lo que sentimos afecta lo que pensamos, empezamos a apreciar la posibilidad de mantener una buena salud.

El estrés y la salud mental

Más de la mitad de los americanos con una vida laboral activa consideran el estrés del trabajo como un problema mayor en sus vidas. De acuerdo al National Institute for Occupational Safety and Health (*Instituto nacional para la seguridad y la salud ocupacional*), eso es más del doble del porcentaje en estudios que hace una década.

De hecho, un equipo de investigación del American Institute of Stress (*Instituto americano contra el estrés*), estima que el estrés y los problemas que este causa (abstencionismo laboral, fatiga crónica, problemas de salud mental), le cuesta a las empresas americanas más de 300 billones de dólares al año. Y la U.S. Bureau of Labor Statistics (*Agencia americana de estadísticas laborales*) estableció que el abstencionismo laboral (a causa de la ansiedad, el estrés y los desórdenes neuróticos) aumentó en más de un 30% entre 2000 y 2001.

La tasa de depresión clínica es 10 veces más de la que había en 1945. Unos 50 millones de americanos toman antidepresivos. Una encuesta realizada en 2001 encontró que el 18% de los estudiantes que habían sido atendidos en centros de consejería en universidades había estado consumiendo substancias psicotrópicas; esto representa un aumento del 7% desde 1992. Y el 45% de los estudiantes universitarios dijo que experimentaba dificultades de desempeño debido a problemas de depresión que experimentaron al menos una vez en el pasado.

¿Por qué tanto aumento en los niveles de estrés? ¿No se supone que todo el adelanto tecnológico actual debería hacer la vida más fácil? ¿O será que todo ese progreso nos está haciendo perder de vista lo que realmente importa en la vida —nuestros valores fundamentales? El estrés es una de esas señales que nos indican que algo no anda bien en nuestra vida y que algo está fuera de lugar. Cuando aprendemos a escuchar el mensaje que el estrés nos está intentando comunicar en vez de intentar silenciar sus síntomas con medicamentos, es cuando en realidad empezamos a mejorar nuestra situación.

Envejecimiento prematuro

Cierta mujer joven iba trotando cuando observó que un hombre de bastante edad le sonreía desde la baranda de su casa. La mujer le dijo: "Usted se ve muy feliz, ¿cuál es su secreto para una vida larga y satisfactoria?"

El hombre le contestó: "Fumo tres paquetes de cigarrillos al día, me tomo una caja de de whiskey a la semana, consumo solo comidas con alto contenido en grasa y nunca hago ejercicio".

"Eso es asombroso", dijo la mujer. "¿Qué edad tiene usted?" El hombre, lleno de arrugas en su rostro contestó con una sonrisa sin dientes: "Treinta y dos". Sí, el envejecimiento prematuro.

No hay nada que más me frustre que las personas que dicen que su edad les limita sus posibilidades de vivir, de experimentar la emoción, la aventura y la pasión en la vida. Cuando permitimos que nuestros sueños mueran, nuestra alma les sigue de cerca. Nuestra razón para vivir se empieza a nublar y pronto se desvanece.

Pero piense en Francis Chichester, el británico que se convirtió en la primera persona en navegar el mundo solo. Eso ocurrió en 1967 cuando él tenía 66 años de edad. "La mayoría de nosotros se conforma con ir transitando por la superficie de la vida", escribió en su diario de viaje, "pero solo vivimos cuando ponemos a prueba lo que una persona puede aprender para descubrir lo que se haya en su interior".

Sin ninguna duda, el secreto más importante para tener una vida larga, saludable y activa es nuestra propia actitud con respecto a la idea de envejecer. Investigadores de la universidad de Yale, le hicieron el seguimiento a unos datos tomados en 1975 donde se entrevistó a 660 ciudadanos de 55 años o más en una pequeña ciudad en Ohio. A estas personas se les preguntó si estaban de acuerdo en declaraciones como las siguientes: "Las cosas empeoran a medida que uno se hace viejo" y "En la edad madura uno puede ser tan feliz como lo era cuando estaba más joven". Cuando los investigadores compararon la tasa de mortalidad de los encuestados quedaron atónitos. Los que habían manifestado un punto más positivo respecto a la vida habían vivido como promedio siete años y medio más que los de grupo que había presentado puntos de vista pesimistas. Incontables estudios demuestran que la actitud es más importante que las circunstancias. Esencialmente existen dos clases de edad: la edad cronológica y la biológica. La edad cronológica corresponde al número de años que hemos vivido. En la mayoría de los casos esa edad no es tan importante a menos que se necesite determinar legalmente si podemos conducir un automóvil, participar en comicios electorales, ingerir bebidas alcohólicas y obtener el registro de seguridad social. Esa edad tiene muy poco efecto en nuestra salud, en comparación con la edad biológica, es decir, la condición de nuestros órganos vitales. Esta edad se determina principalmente por lo que comemos, el ejercicio que hacemos y aún lo que pensamos.

Me desconcierta saber que los americanos gastan unos 33 billones de dólares al año en programas para perder peso mientras que los estudios demuestran que menos de una persona entre diez es capaz de mantener su peso siquiera un año después de terminado el tratamiento. La gente no comprende que no hay ninguna píldora mágica y que no hay un programa mágico que pueda controlar su peso a menos que ellos mismos cambien los patrones de vida subyacentes.

No hay escapatoria: si usted sufre de sobrepeso, tiene que participar en mayor actividad física y comer menos. Hasta un cambio menor en la dieta y en el nivel de actividad puede darle un valor agregado a sus años de vida. Pero más importante aún, mejorará todo su desempeño porque usted querrá llevar a cabo en su exterior lo que siente en su interior.

Si Wilma Rudolph, quien nació con un cuerpo enfermo, pudo superarse a sí misma y convertirse en una maquina atlética de clase mundial, para luego dedicar su vida e inspirar a otros, ¿qué podremos lograr nosotros con el cuerpo saludable que tenemos?

PALABRAS DE SABIDURÍA

"Cuando la salud se agota, la sabiduría no puede ser revelada, el arte no puede ser manifestado, la fortaleza no puede luchar, la riqueza se hace inútil y la inteligencia no puede ser aplicada".
HERÓFILO

INSPIRACIÓN PARA RECORDAR
Wilma Rudolph

PREGUNTA PARA CONSIDERAR
¿Qué hábitos necesita cambiar a fin de mejorar la forma como usted se ve y se siente?

19

"Doy gracias a Dios por mi discapacidad, porque a través de ella me he hallado a mí misma, he hallado mi trabajo y he hallado a mi Dios".
—*Helen Keller*

APRECIE SU DON

Cuando se trata de expresar gratitud, la mayoría de nosotros somos buenos en los aspectos básicos: le agradecemos a otros por tener la puerta, por comprar una ronda de bebidas y por invitarnos a sus fiestas. No obstante, a veces no somos tan buenos al expresar nuestro agradecimiento por las cosas más importantes de la vida: nuestra familia, nuestra libertad, nuestra salud, nuestras oportunidades y nuestros talentos. Muchos de nosotros, de hecho, no logramos reconocer que tales dones son inmerecidos. Muchas personas en el mundo tienen los mismos dones que nosotros, como inteligencia, talento, son personas agradables, demuestran la misma dedicación que nosotros, no obstante, viven en la pobreza y en la miseria o tienen graves dolencias de salud.

Cuando apreciamos nuestros dones, surge una responsabilidad de, no solo tener un *sentido* de gratitud, sino también de *demostrarlo*. Todos los días deberíamos sentirnos afortunados de vivir en un país con tanta abundancia. A veces damos por sentado lo que tenemos. Pudiéramos haber nacido en un país donde existieran privaciones hasta con relación a las necesidades más básicas de la vida, alimento, agua, vestido, vivienda.

Desearía poder enseñar a todo hombre, mujer y niño en este país a apreciar sus dones. Tal vez entonces no desperdiciaríamos más de tres mil toneladas de comida todos los días, mientras que más de mil millones de personas en el mundo están en la miseria absoluta muriendo lentamente de hambre, malnutrición y enfermedades. Tal vez entonces nos daríamos cuenta que mientras la familia americana promedio gasta alrededor de 100 dólares al día en su sostenimiento, más de 2.600 millones de personas en el mundo viven con menos de dos dólares al día. Tal vez, nos haríamos conscientes del hecho que los ciudadanos americanos consumimos seis veces la cantidad de agua que los ciudadanos de otros países consumen y que alrededor de mil millones de personas, no tienen un servicio adecuado de acueducto, y que 2.400 millones de personas no disfrutan de medidas sanitarias básicas.

La mayoría de nosotros damos el agua por sentado. Pero para los millones de personas que morirán este año en Bangladesh debido a estar expuestos al agua contaminada, esta se convierte en su recurso más preciado, ya que significa la diferencia entre la vida y la muerte.

Cuando nos damos cuenta lo afortunados que somos, experimentamos dos sentimientos: primero un sentido de gozo y felicidad y quizás nos decimos a nosotros mismos: "Mi vida no es perfecta, pero es muchísimo mejor que la de la mayoría de personas en el mundo, y mucho mejor de lo que yo mismo era consciente". Y segundo, una profunda necesidad de no decir simplemente, "gracias", sino de utilizar nuestro don y compartirlo con otros.

¿Por qué ocurre eso?

El americano promedio de hoy gana cinco veces más del promedio de lo que ganaba una persona hace tan solo un siglo, pero las estadísticas de suicidio son mucho más altas en la actualidad de lo que lo eran entonces. *¿Por qué ocurre eso?*

En los Estados Unidos se ha creado más riqueza en los pasados cincuenta años de la que se generó en el resto del mundo antes de 1950. Sin embargo, el porcentaje de americanos que expresaban ser "muy felices" empezó a declinar en 1957 y ha seguido descendiendo desde entonces. *¿Por qué ocurre eso?*

La economía americana (basada en el producto interno nacional per cápita) es 135 veces más fuerte que la de Nigeria. Se considera que el americano promedio viva unos 24 años más que el nigeriano promedio. El americano promedio disfruta de una calidad y un estándar de vida que ni siquiera los nigerianos más ricos alcanzan a imaginar.

Y sin embargo, de acuerdo a World Values Survey, un porcentaje muchísimo mayor de nigerianos dicen estar "muy felices" que el porcentaje correspondiente en la nación americana. De hecho, en términos de niveles generales de felicidad, los Estados Unidos está en el puesto 16 y le anteceden países como Colombia, México y Vietnam. *¿Por qué ocurre eso?*

Los psicólogos y sociólogos señalan que la razón subyace en el declive del sistema de valores de nuestra cultura, mientras los economistas citan lo que se conoce como la teoría de la satisfacción para explicar la discrepancia, que declara que básicamente a medida que el precio de un bien o servicio disminuye y se aumenta la oferta, entonces el valor percibido de ese bien o servicio en realidad disminuye porque la gente ya no tiene que trabajar tan duro para conseguirlo.

Pero quizás la mejor explicación de por qué hay tanto descontento en una nación tan llena de abundancia la dio John Maynard Keynes en su ensayo de 1930: "Posibilidades económicas para nuestros nietos". Él declaró: "Hemos evolucionado expresamente por naturaleza —con todos nuestros impulsos e instintos más arraigados— con el propósito de resolver el problema económico. Si este aspecto se resuelve, la humanidad se verá privada de su propósito tradicional". Para parafrasear, Keynes estaba diciendo básicamente que nos estamos convirtiendo en víctimas de nuestra propia abundancia. El pasarla tan bien, se está convirtiendo en algo contraproducente.

La verdadera felicidad se halla únicamente cuando nos esforzamos para alcanzar algo más grande que nosotros mismos. No existe una mayor causa que el esfuerzo necesario para descubrir nuestro don y compartirlo con el mundo.

ANN SULLIVAN Y HELEN KELLER

"Cuando hacemos nuestro mejor esfuerzo, no sabemos qué milagro se labra en nuestra vida, o en la vida de alguien más".
HELEN KELLER

"Y ahora vamos a entrar en el agitado mundo y vamos a asumir nuestra porción de responsabilidad en compartir las cargas." Eso fue lo que dijo Anne Sullivan, en su discurso de graduación en la Institución Perkins para ciegos en 1886; luego agregó: "y al asumir nuestra responsabilidad en compartir las cargas, contribuiremos a que este mundo sea un lugar mejor y más feliz".

Armada con sus ideales, Sullivan, quien era medio ciega, y quién ya había soportado extraordinarias "cargas", estaba dispuesta a hacerlo. Nacida en condiciones de bastante pobreza, Sullivan perdió bastante de sus facultades visuales debido a una enfermedad en los ojos y más tarde perdió a su madre a la edad de ocho años, a causa de la tuberculosis.

Su padre alcohólico la golpeaba con un látigo y al final, la abandonó a ella junto con su hermano de cinco años. Sullivan entonces de 10 años, terminó yéndose a vivir junto con su hermano, a una casa muy pobre, en un entorno de miseria, pacientes con enfermedades mentales y personas que sufrían de terribles enfermedades. A veces sólo una división separaba a los niños que dormían de los cadáveres de las personas que recién habían muerto. A los pocos meses, el pequeño hermano de Sullivan murió.

Ella permaneció en ese hogar durante cuatro años hasta que literalmente se atravesó frente al presidente de un comité de investigación para rogarle que le permitiera ir a la escuela Perkins. Estando allí, ella aprendió el alfabeto manual y tuvo una cirugía que le ayudaría a mejorar su visión.

Luego de su graduación en 1887, Sullivan aceptó un trabajo para servir de maestra a una niña brillante pero indisciplinada de Alabama, quien con la ayuda de Sullivan, se convirtió en la persona discapacitada más famosa del mundo, la mujer más admirada de la nación, y una mujer que inspiró a millones de personas.

A los 18 meses de edad, Helen Keller, a causa de una fiebre alta perdió la visión y la capacidad de hablar. Su incapacidad se manifestaba a menudo en fuertes ataques de cólera. No obstante, poco a poco y de forma paciente Sullivan fue educando a Helen y doblegando su temperamento hasta el punto de enseñarle el alfabeto manual, con el cual ella construía palabras en las palmas de la pequeña Helen. Y aunque Keller aprendió a hacer la mímica con los movimientos de sus dedos, con frecuencia no captaba el significado de esos movimientos hasta cuando experimentó lo que ella más tarde llamaría "el despertar de mi alma". En lo que ahora es una escena famosa e inmortalizada por una obra de teatro y una película acerca de estas dos mujeres (*The miracle Worker – La trabajadora milagro-*

sa), Sullivan sostenía las manos de Keller y las llevaba a tocar una corriente de agua, mientras que en la otra mano escribía la palabra *agua*. Sobre este sistema Keller escribió más tarde: "De repente, empecé a recobrar conciencia de algo olvidado, la conmoción de un pensamiento que regresaba, y de alguna manera el lenguaje que me iba siendo revelado. Entonces comprendía que "a-g-u-a" significaba ese algo maravilloso que fluía por mi otra mano. Esas palabras vivientes despertaron mi alma, le dieron luz, esperanza, gozo y fueron fuente de liberación".

Ahora con sus facultades intelectuales despertadas y vinculadas a un lenguaje, Keller logró progresar rápido. Así, durante ese mismo día aprendió otras 29 palabras, con el tiempo pudo leer el braille y escribir un diario. A la edad de 10 años ya era famosa. Celebridades como Alexander Graham Bell y Mark Twain exaltaron su valor, amor por aprender y espíritu humanitario. Superando varios obstáculos fue aceptada en la universidad Radcliffe. Por medio de deletrear las palabras, tanto de sus profesores como de los libros de texto en la palma de su mano, Keller se graduó con honores en 1904, y así se convirtió en la primera estudiante sordo muda que se graduó de una universidad.

Sullivan y Keller casi que crearon una relación simbiótica. El don de Sullivan estaba representado en su capacidad de enseñar, y el de Keller, se manifestaba en su habilidad de comunicar. Después de la universidad, Keller se ganó la vida escribiendo libros (19 en total), artículos y discursos. También recaudó recursos para los ciegos. Se manifestó contra el trabajo infantil y la discriminación racial, y luchó por el derecho al voto de las mujeres, a la vez que abogó por la paz mundial. También se convirtió en un símbolo de esperanza para los soldados americanos que quedaron ciegos, lisiados o sordos en la batalla. Les dijo: "Enfrenten sus deficiencias y reconózcanlas; pero no permitan que estas los dominen".

A Helen Keller le gustaba decir: "La idea de seguridad es casi una superstición. A la larga, evitar el peligro no es más seguro que la exposición abierta. La vida es una aventura en la que uno se tiene que atrever o a cambio, no lograr nada".

En el año 1933, Keller escribió un artículo memorable para el *Atlantic Monthly* en el que ella imaginaba lo que le gustaría ver si se le diera la oportunidad de poder ver durante tres días. Escribió: "Siempre he pensado que sería una maravillosa bendición si todos los seres humanos experimentaran la perdida de la visión y del oído por unos cuantos días durante su vida adulta joven. La oscuridad los haría volverse más apreciativos de su sentido de la vista y el silencio les enseñaría las alegrías del mundo de los sonidos".

Ella también mencionó que en una ocasión habló con un amiga que regresó luego de haber estado varios días en el bosque. Cuando Keller le preguntó qué había visto durante esos días, la mujer contestó: "Nada en particular". Keller dijo que se "había acostumbrado a esas respuestas porque desde hacía mucho tiempo se había convencido que poder ver es un asunto que significa poco para muchos".

Si a Keller se le hubiera concedido la posibilidad de disfrutar del sentido de la vista por unos tres días, escribió que llamaría a Sullivan y a otros amigos y "los contemplaría por un rato para poder imprimir en su mente la evidencia externa de la belleza que hay en su interior". También dijo que le encantaría ver a un bebé, así como contemplar a los perros, ver su casa, sus libros y contemplar la naturaleza.

Durante el segundo día se levantaría temprano para ver el alba —ese "milagro sobrecogedor"— y entonces iría a los museos para ver exposiciones sobre Historia natural y contemplar el Arte, antes de ir a ver una obra de teatro, una película o un espectáculo de baile.

El tercer día, ella se encontraría con el alba de nuevo, entonces se iría a recorrer Nueva York para disfrutar de la vista y de los sonidos —observaría el panorama desde los edificios más altos, se deleitaría con el color de los vestidos de las mujeres y apreciaría las cosas que se exhiben en las vitrinas de los almacenes. "Mis ojos no pasarían por alto las trivialidades, me esforzaría por tocar y tener muy cerca todas las cosas que llamaran mi atención". A ella le gustaría cerrar con broche de oro el tercer día, yendo a mirar "una obra de teatro cómica, de modo que pudiera apreciar los tonos de la comedia del espíritu humano".

Keller concluyó su artículo haciendo una invitación a sus lectores: "Utilicen sus ojos como si mañana fueran a quedar ciegos, y apliquen ese mismo método a todos sus demás sentidos. Escuchen la música de las voces, el canto de un pájaro, las fuertes tonadas de una orquesta, como si fueran a quedar sordos mañana; toquen cada objeto que deseen tocar como si mañana su sentido del tacto fuese a fallar; huelan el perfume de las flores, disfruten de cada bocado, como si mañana no fueran a oler ni a saborear más. Sáquenle el mayor provecho a cada uno de sus sentidos: sientan la gloria en todos los aspectos del placer y la belleza que el mundo les revela."

Los milagros de todos los días

Cuando uno lo piensa detenidamente, ¿no debería ser en sí mismo para todos nosotros un gran regalo el don de la vida? ¿No es eso en sí mismo una razón para celebrar? Resulta asombroso saber que el corazón humano bombea 1.5 millones de galones de sangre cada año a través de 50 mil millas de vasos sanguíneos para nutrir todos los órganos vitales del cuerpo, el cual está compuesto de unos 5 trillones de células y que el núcleo de cada una de esas células contiene el ADN, la sustancia que nos hace particularmente únicos. En toda la Historia nunca ha habido una persona como usted, ni tampoco la habrá.

El don de la vida debería suministrar en sí mismo suficiente razón para mantenernos agradecidos. No obstante, muchos de nosotros nos concentramos tanto en las minucias de nuestra propia vida que perdemos la visión de las cosas. El conseguir, el tener y el acumular se apoderan de nuestras vidas y nos roban la energía. Antes que nos demos cuenta de ello, perdemos la perspectiva de lo verdaderamente importante.

Yo reconozco que en medio de mi crisis de la mediana edad, estaba completamente desmotivado con la vida. Tenía una esposa maravillosa, una familia adorable, una casa hermosa y dinero en el banco. Pero por alguna razón, ninguna de esas cosas importaba. No sorprende que luego de algunos meses mis amigos se cansaran de escuchar mi triste historia. Sin ningún amigo que me escuchara, agarré un cuaderno y una toalla y me dirigí hacia la playa. Poco me di cuenta que ello se convertiría en un punto de viraje en la dirección de mi vida.

En la parte superior de una página del cuaderno escribí: "¿De qué puedo sentirme agradecido en mi vida?" Al principio respondí: "No hay nada de lo cual estar agradecido. La vida es horrible." Pero cuando medité un poco más a fondo y permití que mi mente vagara un poco, empezaron a fluir pensamientos de agradecimiento y comencé a pensar en Dios y en lo agradecido que estaba por el don de la vida.

Luego, contemplé a unos jovencitos jugando en la playa. Me sentí agradecido por mi familia; después de todo yo había perdido a seis parientes durante un período de tiempo bastante corto, así que los que me quedaban eran bastante valiosos. Después, al observar las olas rompientes, me sentí agradecido por mis ojos y por el sentido de la vista. Empecé a preguntarme cómo fue la vida de mi prima Gina, quien a la edad de 31 años quedó ciega y luego murió a los 36 como consecuencia de la diabetes.

Luego, cuando pateé un balón de fútbol que pertenecía a un grupo de niños recordé lo agradecido que me sentía por tener mi cuerpo. Me sentí agradecido con mis amigos, y me sentí agradecido de ser un ciudadano americano. Me sentí agradecido por estar en posición de viajar, por tener una casa, un automóvil y otras posesiones. Antes de ser consciente de ello, había pasado más de una hora y media y había logrado escribir 290 cosas por las cuales estaba agradecido. "¡Increíble!" Pensé, "creo que después de todo no la estoy pasando tan mal".

El haber hecho este ejercicio me ayudó a darme cuenta que la razón principal para sentirme tan vacío y para tener tanta frustración era porque había olvidado todas las cosas buenas de la vida porque me había estado concentrando solo en las cosas negativas. Pronto empezó a ser muy claro para mí que lo único que estaba mal en mi vida era mi actitud.

....

PALABRAS DE SABIDURÍA

"Sentir gratitud y no expresarla es como envolver un regalo y nunca darlo".
WILLIAM ARTHUR WARD

INSPIRACIÓN PARA RECORDAR

Anne Sullivan y Helen Keller

PREGUNTA PARA CONSIDERAR

¿De cuántas cosas se siente agradecido?

....

20

"El progreso es imposible sin el cambio. Los que no pueden cambiar sus mentes no pueden cambiar nada".
—*George Bernard Shaw*

APRENDA A ASIMILAR EL CAMBIO

El cambio nos confunde. Por una parte, reconocemos racionalmente que el cambio hace parte intrínseca del crecimiento. Por la otra, lo encontramos emocionalmente duro, hasta doloroso a veces, difícil de imaginar. ¿Por qué será que pasamos nuestra entera adolescencia en constante cambio y hasta con frecuencia disfrutándolo, pero cuando llegamos a la vida adulta lo resistimos con todas nuestras fuerzas?

La razón principal para que eso ocurra es que en nuestro interior se hallan en constante lucha dos tipos de fuerzas:

Fuerzas que repelen – Temor y dolor
Fuerzas que atraen – Deseo y placer

Las fuerzas como el dolor y el temor no están mal del todo. Nos protegen del daño físico. Estas fuerzas son las responsables de que no nos aventuremos a cruzar una avenida de ocho carriles en una hora pico. Pero aparte de ayudarnos en este tipo de situaciones, el temor y el dolor nos perjudican porque nos infligen mucho dolor y sufrimiento innecesarios. Nos restringen y nos debilitan. Sepultan nuestros dones bajo un montón de excusas, como por ejemplo: "Estoy demasiado viejo", "No tengo experiencia", "No tengo el estado físico". "No tengo tiempo", "No tengo el dinero", "No soy bueno para eso". Apoyándose en los eventos y experiencias negativas, estas fuerzas de repulsión llevan a un extremo exagerado nuestra necesidad de bienestar y seguridad.

El deseo y el placer, por su parte, nos impulsan hacia adelante. Como si se tratara de un imán atraen todas las cosas buenas de la vida, oportunidades, felicidad y crecimiento personal. Nos ayudan a ver las cosas como verdaderamente son, ni de una forma mejor ni peor. Extienden nuestra vida, la fortalecen, y nos hacen sentir bien con relación a nosotros mismos. Nos ayudan a descubrir nuestros dones y llenan nuestra vida de propósito y significado.

La fuente de ambos tipos de fuerza

Sorprendentemente, tanto las fuerzas que atraen como las fuerzas que repelen son originadas en el mismo lugar: nuestros pensamientos. Por lo tanto, *en la medida en que nosotros logremos el control de nuestros pensamientos y no permitamos que estos sean los que nos controlen a nosotros, estaremos al frente de nuestro propio destino.* Las personas exitosas saben cómo acoger el cambio y "desarrollarse" de forma armónica. ¿Cómo lo hacen? ¿Cómo logran vencer sus temores y emprender la acción a pesar de ellos? Estas personas dan pasos pequeños, todos los días, que los llevan a alcanzar el logro de sus sueños. Cada paso que dan les ayuda a establecer el fundamento para un terreno más sólido. Cada vez que han dado un paso y este se ha hecho firme, proceden a avanzar un paso más. De hecho, alcanzar el éxito se parece mucho a cuando se logra escalar una montaña.

¿Recuerda a Erik Weihenmayer, el escalador de montañas? "La excelencia no se alcanza a través de grandes saltos sino más bien a través de logros pequeños que a veces hasta parecen imperceptibles". Aunque Erik se convirtió en el primer escalador invidente del Everest, él no comenzó allí. Su camino hacia la cima comenzó unos 15 años atrás cuando su padre lo llevó a un paseo de fin de semana a New Hampshire para que escalara unas rocas que aunque pequeñas, dijo Erik, "me dieron el valor para soñar con cosas aún más grandes".

¿La lección? Esté dispuesto a pasar algunas incomodidades durante la práctica y a medida que participa en actividades repetitivas hasta que logre sentirse cómodo y seguro. Una vez esté bien sujetado y haya tomado los medidas de prevención, podrá ascender hacia su propia montaña de éxito.

JIM CARREY

> "Los malos tiempos le harán sentir
> que usted merece lo mejor".

Jimmy era un muchacho tranquilo sin amigos durante la secundaria en los suburbios de Toronto. Entonces llegó a un punto de viraje en su vida cuando empezó a hacer algunas pequeñas dramatizaciones exageradas en la parte de atrás de su salón de clase. Así descubrió que si lograba hacer algo tonto para hacer reír a sus compañeros, ellos iban a querer hablarle y estar en su compañía.

Cierto profesor escribió de Jimmy en un reporte de calificaciones: "Jim termina su trabajo y luego interrumpe a los demás en la clase". Durante su clase de música en tercer grado, empezó a hacer la mímica de un violinista. Pronto estaba haciendo lo mismo en una asamblea frente a todo el cuerpo estudiantil. Así nacieron sus sueños de convertirse en comediante.

Pero como le sucede a muchos comediantes, la risa de Jim surgía del dolor. Sus padres vivían al filo de la pobreza y experimentaban depresión crónica. Con frecuencia le pedían que los animara un rato.

A los catorce años y con la ayuda de su padre, este estudiante de voz aguda tuvo su primer debut como comediante en un club de Toronto llamado *Yuk Yuk's Komedy Kabaret*. Pero su actuación fue tan decepcionante que los dueños del lugar tuvieron que retirarlo de la tarima literalmente halándolo con un gancho. Aquello no había sido una mala pasada; era un golpe aplastante para el aspirante a comediante y para su familia, la cual empezaba a depender de él para ganarse el sustento.

Aún así, Jim todavía tenía el apoyo de su padre Percy, quien había tenido que renunciar a su sueño de ser en músico profesional, para en cambio, convertirse en un bibliotecario y así poder sostener a su familia. Desafortunadamente, las cosas fueron de mal en peor. Percy perdió su trabajo "seguro". Los acreedores tuvieron que embargar y la familia literalmente se quedó sin hogar y sin dinero para irse a ningún lugar, la familia de Jim tuvo que irse a vivir bajo una vieja carpa Volkswagen durante ocho meses.

Aún así, Jim continuó practicando su acto y con el tiempo pudo hacer una reaparición triunfal en el *Yuk Yuk's*, donde obtuvo varios elogios, tras lo cual consiguió un agente que a su vez lo contactó con el comediante Rodney Dangerfield. Así fue como Jim se convirtió en una estrella del cine como comediante.

Aún durante los tiempos difíciles, y esto continuó durante algún tiempo aún cuando Jim había hecho varias películas, Jim nunca se conformó con hacer lo que muchos comediantes hacían. Él se mantuvo consiguiendo material fresco y en constante proceso de cambio. Así, se comprometió consigo mismo a trabajar duro y a esforzarse por lograr más. Para agregar nuevos elementos a su show pasaba miles de horas en el espejo puliendo su estilo de comedia hiperactivo.

Su descontento ardiente, nacido de un pasado desesperado, lo llevó a mantenerse concentrado en lo que él sabía que representaría su futuro. En cierta ocasión, durante sus años difíciles, escribió un cheque posfechado a su nombre por diez millones de dólares, por sus servicios prestados. Cuando su padre murió en 1994, antes que el estrellato de Jim tomara forma, fue y visitó su féretro e introdujo el cheque en el bolsillo del chaleco de su padre. Terminó así un capítulo en su libro mientras se preparaba para comenzar el siguiente.

Siendo honesto consigo mismo

A diferencia de Jim, muchos de nosotros nos resistimos con todas nuestras fuerzas a aceptar el cambio. A veces creo que esto se debe a nuestra incapacidad para ver nuestra propia ceguera. A veces hay muchas cosas que no vemos porque no nos tomamos el tiempo para verlas. Y hay mucho más por ver, pero nosotros cerramos nuestros ojos para evitar ver.

¿Qué nos asusta tanto que hasta estamos dispuestos a caminar con los ojos cerrados? Puede ser que temamos que nuestras deficiencias sean demasiado difíciles de corregir. Una pequeña voz interior susurra a nuestro oído: "Tú no puedes corregir eso, así que ni lo intentes".

De modo que tenemos que darle un nombre a nuestro temor, es decir identificarlo claramente, y establecer su origen. No podemos desconocer ninguna de sus partes. Debemos considerarlo como un gran letrero intermitente en la carretera que dice: peligro, camino sin salida. La única manera en que podemos progresar en la vida es a través del cambio. Y la única manera de cambiar consiste en encontrar el valor para enfrentar nuestros temores frente a frente. Deles un nombre, reconózcalos a cabalidad y entonces cámbielos.

Decir la verdad puede ser difícil, especialmente cuando nos tenemos que decir la verdad a nosotros mismos. Todos a veces nos vemos tentados a redefinir la realidad para ajustar la imagen de la persona "perfecta" que insistentemente queremos ser. Tal vez podamos engañar a otras personas, pero no podemos engañarnos a nosotros mismos. Sabemos que ciertos estilos de vida no funcionan y que nunca funcionarán, que nunca nos traerán paz y contentamiento sin importar lo mucho que tratemos de engañarnos a nosotros mismos.

¿Cómo podremos cambiar si constantemente estamos negando los síntomas pretendiendo estar bien? Desafortunadamente, con frecuencia pensamos que el enemigo está fuera de nosotros, y culpamos a otras personas. No es nuestra culpa el estar obesos, son los restaurantes que hay en nuestra zona. No es nuestra culpa no tener empleo, es por la mala administración en Washington. No es nuestra culpa que nuestro matrimonio se haya terminado, es la culpa de nuestro ex cónyuge.

Bien, ¿sabe una cosa? La mayoría de veces es nuestra propia culpa. Tal vez no en su totalidad, pero ciertamente somos responsables de la mayor parte. Hasta que no aceptemos la responsabilidad que tenemos de dirigir nuestra propia vida y estemos dispuestos a cambiar y a crecer, no conoceremos el verdadero gozo de vivir.

Una vez hayamos aceptado la verdad con relación a nosotros mismos, nuestras actitudes hacia las demás personas empezarán a cambiar. Ya no arremeteremos contra nosotros mismos y empezaremos a vernos más objetivamente, como personas normales, que se esfuerzan por intentar salir adelante y que a veces cometen errores tontos.

Los "nunca antes"

¿Por qué parece como si la vida nos condujera siempre a lugares donde nunca hemos estado antes, sin darnos un mapa y el manual del usuario?

Nos decimos a nosotros mismos: "Pero yo nunca he sido un estudiante de primer grado o un adolescente, o nunca he estado casado, o divorciado, o viejo, o jubilado o primíparo". Todo es nuevo, y eso es cierto. Y de alguna manera sabemos que no podemos regresar a la condición en la que estábamos antes. Una vez se da el cambio, este queda consignado para siempre. En cada etapa de la vida una puerta conocida se cierra y se abre otra totalmente desconocida. ¿Quién sabe lo que nos espera del otro lado? ¿Quién sabe qué cambios nos aguardan? ¿Seremos felices allá? ¿Tendremos éxito? ¿Estaremos listos cuando la siguiente puerta se abra?

¿O intentaremos regresar desesperadamente a los lugares anteriores que dejamos atrás y a las puertas que se cerraron ante nosotros para siempre? Quizás lo intentemos, pero ese es un enfoque bastante desafortunado en la vida, intentando golpear en una puerta que se cerró cuando un futuro brillante nos aguarda.

Dentro de nosotros, hay muchos lugares donde las puertas están cerradas, muchos lugares que no hemos visto y que nadie ha visitado. Nuestros corazones a veces están sobrecargados con cosas que no son de ningún valor. Necesitamos descargarnos de tales cosas para así poder hacer espacio para acomodar las buenas cosas que la vida tiene para ofrecernos.

Todos estamos en las mismas circunstancias. A medida que iniciamos un nuevo capítulo en la vida encontramos obstáculos que nunca antes habíamos tenido que enfrentar. Estos pueden estar relacionados con graduarse, conseguir el primer trabajo, ser despedidos, casarse, comprar una casa, divorciarse, y la lista continua. Los "nunca antes" no dejan de aparecer.

Ninguno de nosotros ha alcanzado este punto de la vida antes. Ninguno de nosotros ha tenido esta edad antes y ha enfrentado los mismos desafíos. Ninguno de los que empiezan grado sexto han estudiado antes Algebra. Ninguno de nuestros adolescentes han tenido antes que elegir una universidad. Ninguno de nosotros los adultos habíamos tenido que enfrentar antes el mundo del internet. Los "nunca antes" no dejan de aparecer.

Todos necesitamos asumir esos nuevos pasos con confianza. Inicie cada nueva etapa del viaje con entusiasmo y nunca mire atrás. Sorprendentemente, ¡son los "nunca antes" los que hacen que el viaje de la vida sea tan excitante!

La bifurcación en el camino

En algún momento de la vida, todos llegamos ante una bifurcación en el camino. De hecho, en nuestros caminos personales encontramos toda clase de subidas y bajadas, vueltas y giros. Cuando se nos presenta una disyuntiva, ¿cómo saber qué camino tomar? No es fácil, pero podemos consolarnos con el hecho que tenemos la capacidad de elegir. La sabiduría popular nos indica que debemos seguir al rebaño, tomar la ruta más popular. Pero la Historia demuestra que es más común encontrar el éxito en el camino menos trillado. Es como lo dice el poema de Robert Frost: "En un bosque se me presentaron dos caminos, y yo, yo elegí el menos transitado... y eso fue lo que hizo la diferencia".

De hecho, un estudio del *International Journal of Aging and Human Development* encontró que "aquellas personas que demuestran sentido de autonomía, es decir de tomar decisiones por sí mismos, declaraban sentirse satisfechos consigo mismos *tres veces* más que el resto de personas".

Cambiar o ser sometido al cambio

Desde hace un siglo, hemos pasado de vivir en un mundo donde nada cambiaba a un mundo donde todo cambia y nada perece seguro. ¡Bienvenidos a la nueva realidad! Y tal como los que escogieron quedarse con una mentalidad medieval en la época del renacimiento, los que se resisten al cambio hoy en día quedarán atrapados en la vida de hace un siglo.

Durante la mitad del siglo XV, los escribas que intentaron luchar contra el invento de Johannes Gutenberg, la imprenta, sencillamente tuvieron que darse por vencidos. A principios de los años 1900, cientos de fabricantes de automóviles se resistieron al "ensamblaje en línea" de Henry Ford. Solo tres compañías decidieron acogerse al nuevo cambio. Sin duda no es simple coincidencia que esas tres compañías hayan sobrevivido hasta la actualidad.

Sin importar quién sea usted, dónde viva o a qué cultura pertenezca, sencillamente tendrá que acogerse al cambio. Para los miembros de la tribu Dinka en Sudan, la vaca es más que una fuente de alimento; es su vida. En un país donde el número de ganado que un hombre posee determina cuánto alimento tendrá disponible su familia, la idea de arar con ganado es tanto revolucionaria como indeseable. Sin embargo, para los pocos que han acogido la oportunidad del cambio y han empezado a utilizar el ganado para el arado en vez de continuar utilizando solo sus instrumentos manuales han logrado cosechar tal abundancia de grano que han estado en condiciones de negociar y obtener más ganado, mientras que los que se han aferrado a sus tradiciones han tenido que pasar hambre.

En el mercado globalizado de la actualidad permanecer inmóvil ha significado lo mismo que ir en retroceso. El cambio es la constante en el mundo de hoy, mucho más que en cualquier otro tiempo de la Historia. Antes uno podía conseguir un trabajo "seguro" y planeaba continuar allí durante las tres décadas siguientes. Nos permitíamos el lujo de permanecer estancados en el mismo trabajo aburrido, como un callejón sin salida, porque pensábamos que aquello permitía tener estabilidad. En el mundo actual la seguridad laboral no existe. Todos somos o bien empresarios o consultores independientes que trabajamos por nuestra propia cuenta.

Hoy en día ya no estamos compitiendo con el colega en el cubículo de al lado; estamos compitiendo contra una nueva generación de jóvenes profesionales, altamente formados que están dispuestos a trabajar por un tercio de lo que la compañía nos paga. Los días de los contratos laborales garantizados a término indefinido se han terminado. Todos somos agentes libres.

Por ello, si queremos prosperar en el mundo actual tenemos que invertir en nosotros. Debemos aprender nuevas y mejores maneras de efectuar nuestro trabajo. La única manera de conseguir lo que se puede asemejar a una estabilidad laboral es esta: hágase indispensable. ¿Cómo puede usted hacer eso? Resuélvase a ir más allá del sentido del deber. Especialícese y refine su habilidad.

Dominando el cambio

El primer paso para crear un cambio duradero es reconocer que el lugar donde estamos *no* es el lugar donde queremos estar. Sea que se trate de un empleo, una relación o nuestra salud, hasta que no determinemos lo que queremos conseguir no lograremos alcanzarlo.

El segundo paso es conseguir apalancamiento. Intente hacer este ejercicio: tome una hoja de papel y en un lado escriba todas las cosas negativas que le pueden suceder si no cambia, y en la otra parte escriba todas las cosas positivas que le van a ocurrir si cambia. Poder expresar los asuntos fuera de la cabeza y plasmarlos sobre el papel, donde se pueden considerar mejor los pro y los contra, puede ayudarnos a tomar las decisiones que necesitamos.

Finalmente, deje de hablar sobre el cambio y más bien, emprenda la acción y haga que este ocurra. Podemos pasárnosla todo el día diciendo que vamos a renunciar al empleo que odiamos para hallar uno que nos guste, pero hasta que no actuemos, todo seguirá igual. Podemos pasar todo el día diciendo que vamos a perder peso y que vamos a volver a estar en forma, pero hasta cuando no demos esos pequeños pasos críticos en pos de nuestra meta, permaneceremos gordos y flácidos.

El psicólogo Martin Seligman acuñó la frase "indefensión aprendida", la cual significa que el sujeto aprende a creer que está indefenso frente a las fuerzas externas que influyen en la vida. La palabra clave es *aprendida*. Los seres humanos no nacemos con dicha creencia limitante. En algún momento de la vida la adquirimos. La buena noticia es que también podemos "desaprenderla".

Usted está en el asiento del timón de su vida. Observe las señales de tránsito y no tema cambiar de carril cuando sea necesario.

···

PALABRAS DE SABIDURÍA
"Si usted continúa haciendo lo que siempre ha hecho,
continuará consiguiendo lo que siempre ha conseguido".
ANÓNIMO

INSPIRACIÓN PARA RECORDAR
Jim Carrey

PREGUNTAS PARA CONSIDERAR
¿Qué cambio puede hacer que signifique un gran impacto
positivo en su vida? ¿Qué circunstancias limitantes
prevalecerán en su vida si usted no implementa ese cambio, y
qué recompensas recibirá al hacerlo?

···

21

"Cuando el trabajo, el sentido del compromiso y el
placer se combinan, y se logra desarrollar pasión
infinita por lo que se hace, nada se vuelve imposible".
—*Anónimo*

¿MEJORANDO O EMPEORANDO?

A veces las cosas por mitad se ven
bien: media copa de vino es mejor que nada, media oportunidad es
mejor que nada, cincuenta centavos son mejor que diez, pero en relación con las cosas que realmente importan en la vida, la mitad no
es suficiente.

Medio plan, media norma ética, medio sentido de compromiso —esas cosas ciertamente no valen nada. Intente decir esto: "Oye
querida, te amo la mitad del tiempo", y vea que pasa.

¿Daremos un esfuerzo a medias esperando recibir resultados
completos? ¿Permitiremos que nuestros temores, distracciones o
ceguera nos permitan hacer solo inversiones a medias? Nuestros
días no deben ser invertidos de forma desprevenida o sólo por pasar
el tiempo. ¿A qué estamos dedicando nuestras vidas? El tiempo en
la vida está en oferta solo por un tiempo limitado. O aprovecha la
oportunidad o la pierde.

Helen Keller dijo: "La vida es una aventura a la que uno se tiene
que atrever, o a cambio, no lograr nada". Si alguna vez aspiramos a
alcanzar alguna meta en este mundo, existe solo una forma de lograrlo: haga todos sus mejores esfuerzos. ¿Qué lógica habría en retener
esfuerzos? En tiempos pasados, los comandantes militares, luego de
hacer una invasión desde el mar, quemaban sus embarcaciones, así les
daban a sus tropas una sola opción y esa era la de ganar en la batalla.
Cuando yo hablo de compromiso, de *eso* es de lo que estoy hablando.

¿Por qué aspiramos a vivir una vida promedio cuando hay tanto por alcanzar? A semejanza de los soldados que no tienen alternativa, debemos cultivar el carácter y la confianza de ir hasta el final y establecer el compromiso de utilizar nuestros dones al máximo sin importar el costo que eso implique.

Comprometernos con nuestro don significa que nos comprometemos a hacer *lo que sea*. Recuerde el compromiso de los Padres Fundadores —"Nuestras vidas, nuestras fortunas, nuestro honor sagrado"—por causa de la revolución. ¿Es así de firme su compromiso? Usted deberá demostrar su firme convicción por medio de lo que hace así como por medio de sus palabras.

Y de seguro se nos presentarán desafíos, sea en lo laboral, en el matrimonio, en la crianza de los hijos o en cualquier otra cosa. Pero cuando el momento del desafío llegue, necesitaremos hacer lo que se requiera y tanto como se necesite para lograrlo.

Despierte de la anestesia

Cuando pienso en la forma como manejamos nuestro sentido de compromiso me acuerdo de un viejo chiste que habla de un esposo quien luego de una cirugía mayor se estaba despertando de la anestesia. Sus ojos medio se abrieron y cuando vio a su esposa le dijo: "¡Eres maravillosa!" y de nuevo se quedó dormido. Un rato después sus ojos se abrieron de nuevo, solo un poco. Medio miró a su esposa de nuevo y susurró: "¡Eres hermosa!" Al final, luego de muchas horas, de nuevo abrió los ojos, solo que esta vez bastante bien, miró a su esposa y le dijo bruscamente: "Ah, hola."

Entonces ella le preguntó: ¿Y qué pasó con lo de "maravillosa" y "hermosa"?

El contestó: "Oh, creo que se acabó el efecto de la anestesia".

De forma similar nuestras expresiones "absolutamente" se convierten en "tal vez", y nuestros "para siempre", se convierten en "por un rato". La impaciencia y toda clase de temores con frecuencia nos hacen abandonar aquello único que hace que la vida valga la pena: los compromisos que adquirimos de todo corazón y con los cuales nos resolvemos a dar todo lo que tenemos y a no retraernos.

Una buena vida está llena de esos compromisos de distintos tamaños y formas. Sin ellos nos marchitamos y morimos. Y con frecuencia vacilamos con el ojo listo a ver si hay una mejor oferta. Con mucha frecuencia nuestros compromisos son parqueaderos tempo-rales en vez de hogares permanentes.

Cuando nos comprometemos plenamente y no dejamos posibi-lidad de retractarnos, liberamos una cantidad inmensa de energía, creatividad e ingenuidad; como en la historia que usted está a punto de leer acerca de Kurt Warner, ni siquiera pensamos en fallar, solo buscamos encontrar la forma de hacerlo realidad.

¿Por qué no hacemos nosotros eso todo el tiempo? ¿Por qué nos debilitamos y nos conformamos con solo una parte de lo que necesi-tamos? Tal vez es porque nos distraemos y nos olvidamos de lo que nuestro corazón nos dice que realmente desea. Las ocupaciones de la vida nos confunden, y nos perdemos en el camino y terminamos vagando en doce direcciones diferentes, y dejamos de concentrarnos en el verdadero deseo de nuestro corazón.

KURT WARNER

> "Si usted está dispuesto a alinearse con
> sus sueños, entonces descubrirá
> una fuerza interior que antes desconocía".

Cuando sus St. Louis Rams desperdiciaron una jugada de 16 puntos en la Súper Copa y la temporada parecía estarse desvaneciendo, el mariscal de campo Kurt Warner tuvo que buscar muy en su inte-rior para decidir qué hacer. Más tarde mencionó sobre ese incidente: "Todo es un asunto de perspectiva. Recordé el sitio donde estaba y lo mucho que me había costado llegar aquí".

A la odisea de Warner a veces se le conoce como la historia de "desde las bolsas a la riqueza". Solo unos años antes de ser nombrado el mejor jugador de la Liga Nacional de Fútbol, Warner estaba empa-cando víveres en un supermercado por $5.50 la hora. En ese entonces vivía en el apartamento frío de un sótano y sobrevivía con bonos de comida. Las cosas iban tan mal que en una ocasión se quedó sin gaso-lina en la autopista; él y su novia tuvieron que escudriñar bajo las sillas del auto a fin de conseguir suficientes monedas para regresar a casa.

Durante años, Warner había sido ignorado y subestimado por entrenadores de fútbol y cazatalentos. Para algunos parecía como si él no fuera un jugador sobresaliente. Muchos lo conocían como el "viajante marginal afortunado de estar en la NFL".

No obstante, Kurt Warner era un hombre sobresaliente: tenía una inquebrantable fe en Dios y un deseo ardiente de cumplir su proyecto de vida que era convertirse en un jugador profesional de fútbol. También tenía confianza absoluta en sí mismo y en su potencial. Como él mismo lo relató en su libro, *"All Things Possible"*, "Nunca me permití pensar que no era lo suficientemente bueno para lograrlo".

Su hermano dijo en una ocasión: "Todos los chicos crecen diciendo que se van a convertir en atletas profesionales, pero Kurt realmente lo creía". Sin embargo, su compromiso fue probado vez tras vez. Durante la secundaria lo dejaban sentado en la banca. De hecho la única universidad que le ofreció una beca estudiantil deportiva fue University of Northern Iowa, una universidad que difícilmente era un trampolín para ingresar en el mundo del fútbol profesional. Lo que es más, UNI ya tenía un mariscal de campo, así que Warner tuvo muy poca participación allí.

Sin embargo, con el tiempo, Warner consiguió cierto posicionamiento pero aún así no lograba ingresar al mundo profesional. Por ejemplo, los Green Bay Packers lo invitaron a participar en sus entrenamientos pero lo rechazaron luego de tres semanas.

Sin prospectos de entrar al mundo profesional y sin dinero, se vio obligado a mudarse al sótano de los padres de su novia, para vivir con ella y los dos hijos de ella. Así fue como terminó aceptando el trabajo del supermercado y enfrentando la mofa de sus amigos en cuanto a "cuando dejaría de intentar vivir ese sueño".

A pesar de todo aquello, algún tiempo después, Warner fue seleccionado para jugar con los Iowa Barnstormers, un equipo de poco prestigio en el mundo de las grandes ligas. Jugó para ellos durante tres años y luego para otro equipo en Europa durante otro año. Aún así, el éxito continuaba evadiéndolo. Lo único peor que su suerte era su tiempo.

Durante su luna de miel en Jamaica, sufrió la picadura de un escorpión en su codo, lo que le impidió tirar la bola por un tiempo. Y esto ocurrió precisamente cuando los Chicago Bears decidieron observar cómo jugaba. Por supuesto, lo rechazaron. Una decepción más.

Finalmente, en la primavera de 1998, después de ir de un lado para otro, yendo por las puertas de atrás en el fútbol profesional durante cinco años, Warner fue invitado a entrenar con los Rams. Se convirtió en el tercer mariscal de campo del equipo en línea sucesiva.

Durante ese año, Warner tuvo la oportunidad de jugar poco y el equipo tuvo su récord más alto de encuentros perdidos. Pero a pesar que los Rams eran el peor equipo de fútbol en 1998, Warner le dijo a sus compañeros: "¡Somos el mejor equipo! ¡Vamos a ir a la súper copa y vamos a ganar!" Warner creía en eso con cada fibra de su cuerpo, y después de un tiempo, sus compañeros empezaron a creerlo también.

Entonces, cuando el mariscal de campo del equipo se lesionó, Warner tuvo la oportunidad que había estado esperando toda su vida. Emergiendo de la oscuridad, anotó 41 pases durante esa temporada y se convirtió en el mejor jugador de la liga. De la nada, había llevado a los poco valorados Rams a la Súper Copa.

Pero ahora, con solo dos minutos para concluir el campeonato de la postemporada, el momento había llegado claramente para los Titans de Tennessee, que habían regresado para apretar el marcador. Ante decenas de millones de fanáticos, Warner entró en el campo para hacer el mejor juego de su vida. Estaba allí, listo para hacer aquello para lo cual se había preparado toda su vida. Warner recuerda: "Pensé, esta es mi oportunidad".

También pensó en su esposa, en sus hijos, en sus amigos y en su familia, y en su relación con Dios, y se dio cuenta "más que nunca antes, lo bendecido que era. Cuando me alineé en el centro y arrebaté la bola, sentí una fuerza que nunca había conocido que llenaba todas mis venas y mi cuerpo entero".

Con el campeonato mundial en la balanza y a menos de dos minutos para terminar, el marcador estaba apretado en un 16-16. Warner escuchó la señal de inicio de la jugada, cuando hizo el retroceso un hombre de 140 kilos se abalanzó sobre él como si fuera un toro furioso. Warner escasamente logró pasar la pelota antes de ser azotado contra el césped. Apenas si pudo mirar, bajo un montón de cuerpos apilados sobre él, cuando Isaac Bruce atrapó la bola y cruzó la línea de meta.

¡Lo había logrado! ¡Su sueño se había realizado! Solo después fue que se dio cuenta que su pase de 414 yardas había roto el récord que antes había impuesto Joe Montana. Y como si eso no fuera bastante, Warner fue nombrado el mejor jugador de la Súper Copa. De repente sus años de oscuridad desaparecieron ante el torrente de flashes de cámaras y de titulares en los periódicos.

El mismísimo año siguiente en que este joven que trabajaba en el supermercado por $5,50 la hora firmó un contrato por $43 millones de dólares, consiguió otro título como mejor jugador de la temporada y se anotó otra victoria en la Súper Copa.

Dando todo lo que tenemos

Desafortunadamente, no todo el mundo es tan honesto como Kurt Warner. Tal vez usted haya escuchado la historia del hombre que fue menos que honesto cuando llenó su declaración de impuesto de ingresos y la culpa lo estaba consumiendo, de modo que envió a la Hacienda Pública un cheque con la siguiente nota: "A quien pueda interesar: al llenar mi declaración de impuestos de 1999, no informé todos mis ingresos. Por lo tanto, estoy anexando un cheque de $100. Post data: Si mi consciencia me sigue acusando, les enviaré el resto".

Resulta sorprendente ver cuántos de nosotros estamos dispuestos a fingir o a conformarnos con irla pasando cuando se trata de un asunto mucho más crucial que nuestros impuestos, a saber, nuestra propia vida. Si esperamos sacarle el mayor provecho a nuestros dones, mediante simplemente "fingir" o "conformarnos", esas expresiones no deben hacer parte de nuestro vocabulario.

Existen muchas formas de demostrar el sentido de compromiso: lo que hacemos con nuestro tiempo libre, las horas que trabajamos, la forma en que nos esforzamos por mejorar nuestras destrezas, la intensidad de nuestra visión, el temple de nuestra ética, nuestra devoción a las personas y la integridad de nuestras decisiones. Cuando establecemos los compromisos de la clase correcta nos demostramos a nosotros mismos y demostramos a otros que creemos en lo que estamos haciendo. Es esa clase de compromiso bien fundamentado el que separa a los grandes de los que sencillamente aspiran a ser grandes.

La necesidad de tener raíces

¿Por qué se desvanecen algunos de los compromisos que hacemos? ¿Por qué es tan fácil retirarnos de un compromiso adquirido? La respuesta es que muchos de los compromisos que hacemos no tienen raíces.

Si no implicamos nuestro corazón en los compromisos que hacemos, ¿podremos lograr algo duradero? Y si no nos subimos nuestras mangas y emprendemos el trabajo con plena autoconsciencia, nutriendo nuestro interior, ¿podemos esperar algún resultado en el futuro?

No podremos lograr mucho en el exterior si nuestro interior permanece pobre y desmotivado. La decisión es nuestra, y tenemos que reafirmarla todos los días.

Con frecuencia, la impaciencia y toda clase de temores nos alejan de las únicas cosas que pueden hacer que la vida tenga significado: los compromisos que se adquieren de todo corazón, en los cuales podemos dar lo mejor de nosotros mismos, sin abstenernos de nada.

Cuando vienen los tiempos difíciles, si no tenemos compromisos, las circunstancias nos harán desistir y poco a poco los compromisos que establecimos con corazones dispuestos ya no nos motivarán; la vida se volverá difícil y empezaremos a buscar una salida, y hasta quizás sin que nos demos cuenta que lo estamos haciendo.

Tal vez no desertemos físicamente. Hay cientos de maneras en las que podemos aparentar que continuamos en la lucha: nos podemos involucrar con el alcohol, con las drogas, en las compras incontroladas, en viajar, podemos refugiarnos en nuestro trabajo, en nuestros pasatiempos, en nuestros juguetes; hay muchos lugares donde nos podemos esconder.

También nos podemos ocultar bajo el manto de la indiferencia. Estoy seguro que todos alguna vez nos hemos encontrado con empleados desmotivados que hacen el mínimo de esfuerzo al atender a los clientes, o que los atienden de mala gana. También seguramente hemos escuchado a cónyuges que rebajan a sus compañeros. Es obvio que su sentido de compromiso es muy escaso.

Más que cualquier otra cosa, el primer atributo que forma el carácter es el sentido de compromiso. Estoy convencido que las personas que están plenamente comprometidas con sus metas, no importa cuánto tiempo les tome, ni cuánto sacrificio tengan que hacer, las alcanzarán, así como lo hizo Kurt Warner. La meta, por supuesto, es la felicidad, la cual nunca viene de manera directa sino como resultado de vivir con honestidad y de asumir el compromiso de descubrir nuestro don y de compartirlo con el mundo.

De modo que si usted quiere vivir una vida que valga la pena, deshágase de sus temores, establezca compromisos relacionados con utilizar su don, y nunca mire atrás. La verdad es: si no hay compromiso, no hay sacrificio. Si no hay sacrificio no hay amor. Si no hay amor, no hay felicidad.

PALABRAS DE SABIDURÍA

"Cuando te encuentres en una situación difícil y todo parezca estar en contra tuya, y la situación sea tal, que creas que no puedes resistir un minuto más, no te des por vencido, porque es en ese momento y en ese lugar que la marea retrocede".
HARRIET BEECHER STOWE

INSPIRACIÓN PARA RECORDAR
Kurt Warner

PREGUNTA PARA CONSIDERAR
¿Cuán profundo es su sentido de compromiso?

22

"La forma de medir a un hombre no es cuando se encuentra en momentos de confort y conveniencia, sino cuando se encuentra en tiempos de desafío y prueba".
—*Martin Luther King Jr.*

CÓMO HACER FRENTE A LOS PROBLEMAS EN LA VIDA

Se cuenta la historia de un estudioso de las mariposas quien se mantuvo observando los insectos por años. Una y otra vez él las había visto luchar durante horas, hasta días para salir de sus capullos para luego extender sus alas y volar. A él le pareció que ese esfuerzo era inútil, doloroso y una pérdida de energía.

De modo que cierto día este hombre quiso darle una mano a la madre naturaleza. Con sumo cuidado abrió el capullo para que la mariposa pudiera salir y volar. Pero al contrario, la pequeña criatura se cayó al piso, intentó extender sus alas con dificultad y finalmente murió. La mariposa no logró volar porque no tenía fuerza, la cual únicamente podía ser desarrollada a través de la lucha ardua para salir del capullo.

Ninguno de nosotros es ajeno a la lucha, al dolor y la oscuridad que con frecuencia acompañan a los tiempos difíciles. Nos desilusionamos, nuestro cuerpo desfallece y nuestra mente sufre. La batalla dura desde el primero hasta el último suspiro. Lo único que cambia es la forma de lucha. No obstante, esas dificultades son *necesarias* para el desarrollo de un carácter fuerte. Se dice que el combate en la guerra hace a los buenos hombres mejores y a los malos hombres peores. Es posible que lo mismo se pueda decir de forma más general sobre los conflictos de la vida. Dentro de nosotros reside un poder dormitante que nos puede ayudar a tratar hasta las situaciones más difíciles de la vida. Por lo tanto, debemos enfrentar la adversidad, no huir de ella. No puede haber progreso si no hay lucha. Es mediante los tiempos difíciles que cultivamos fortaleza de carácter.

Helen Keller dijo: "El carácter no puede ser desarrollado en la tranquilidad y la quietud. Es solo a través de las pruebas y el sufrimiento que el alma puede fortalecerse, la visión puede aclararse, la ambición inspirarse y el éxito lograrse".

Los problemas no son el problema

Cuando comprendemos que los problemas son el catalizador del progreso, dejamos de preocuparnos y empezamos a acogerlos. Victor Hugo escribió: "Fue la oscuridad la que permitió inventar la lámpara. Fue la niebla la que permitió inventar la brújula. Fue el hambre la que nos hizo explorar y fue la Depresión la que nos enseñó el verdadero valor del trabajo". Con frecuencia son las crisis las que nos llevan a descubrir nuestro don y a perseguir nuestra pasión. Y todos tenemos incorporados dentro de nosotros mismos nuestro kit de supervivencia para cada etapa del camino. No obstante, es bueno recordar que así como las semillas no pueden crecer por sí mismas, nuestra habilidad para enfrentar las dificultades no podrá ser desarrollada a menos que también practiquemos.

W. MITCHELL

> "La experiencia debe ser lo que yo haga de ella,
> no lo que otros piensen que yo deba hacer de ella".

El rostro de W. Mitchell se asemeja en palabras de él a una colcha de cuero mal hecha. A veces los niños lo han llamado "monstruo", cuando lo han visto pasar por la calle.

Como resultado de dos accidentes, el rostro de Mitchell sufrió quemaduras, no tiene dedos y está paralizado de la cintura hacia abajo. Sin embargo, él dice: "Tu vida es lo que tú decides que sea". Él decidió que *su* vida iba a consistir en concentrarse en lo que podía hacer no en lo que no podía. En unas circunstancias donde la mayoría de las personas se habrían dado por vencidas, Mitchell convirtió su situación en un fuego que avivó su espíritu. Sus logros serían sobresalientes en el caso de una persona normal, y sin embargo, lo son todavía más en vista de los reveses que ha tenido que enfrentar. Mitchell se ha convertido en un conferencista destacado, líder en temas ambientales, empresario exitoso, y sobre todo en una fuente de inspiración para muchas personas.

Las adversidades de Mitchell empezaron en 1971 en las calles de San Francisco, cuando su motocicleta fue arrollada por un camión. La gasolina de la motocicleta se esparció por todo el lugar del accidente y pronto todo quedó encendido en llamas. Más del 65% de su cuerpo sufrió quemaduras, él permaneció en estado de coma por seis semanas y se temía que no sobreviviera. En algún momento se pensó que no iba a regresar de su estado. Enfrentó 16 operaciones para reconstruir la piel, en los siguientes cuatro meses; sus dedos afectados por las quemaduras tuvieron que ser amputados.

Cuando este ex marino reflexionó en los cambios que había tenido su cuerpo, pensó: "Este cambio puede significar o una catástrofe o un desafío". Él escogió la segunda opción.

Así pues, Mitchell se puso al frente de su propio cuidado al salir del hospital. Enfrentó lo mejor que pudo el hecho que ya no podía alimentarse a sí mismo, prender el televisor, contestar el teléfono y hacer miles de cosas más. "Recuerdo que en ocasiones recostado sobre mi espalda, me sentía desesperado. Lloraba y gritaba contemplando la cerradura de la puerta que yo no podía girar para abrir. Nunca me sentí más inútil. Entonces mientras permanecía tirado allí, una idea vino a mi mente. Me retiré mis pantuflas y con mis pies abrí la puerta".

Aquello se convirtió en un punto de viraje en mi recuperación. "Cuando la cerradura giró y la puerta se abrió, un mensaje empezó a cristalizarse en mi mente. Me había liberado de otra prisión".

En poco tiempo, ya no solo se estaba alimentando a sí mismo sino que también estaba aprendiendo a volar, una pasión que pensó que había perdido para siempre. Con el dinero que recibió como compensación por el accidente compró una propiedad en Colorado y también hizo otras inversiones que aumentaron rápidamente de valor. Pronto se convirtió en un millonario. Obtuvo una licencia de piloto comercial y compró un Cessna 2006.

Entonces, cuando en un vuelo iba en asenso en un viaje a San Francisco, ocurrió lo inimaginable: el avión se partió en el aire y se precipitó sobre la pista de aterrizaje. Aquello lo dejó paralizado de la cintura hacia abajo.

"Había pasado cuatro años recuperándome de las lesiones más graves que puede experimentar un ser humano y sobreviví. Había peleado la batalla por la vida y había ganado. Si alguien merecía estar tranquilo el resto de su vida era yo".

Pero la realidad era otra. Con todo, Mitchell se ocupó intensamente en adaptarse a su nueva vida. Cierto día cuando participaba en ejercicios de rehabilitación en un gimnasio, Mitchell vio a un hombre joven, un ex atleta que había quedado paralizado; el hombre se veía amargado y desanimado. En su libro "*It´s Not What Happens to You, It´s What You Do About It*" *("No es lo que te suceda, es lo que hagas al respecto")*, Mitchell recuerda lo que le dijo al atleta, "Antes que todo esto me sucediera había 10.000 cosas que podía hacer. Ahora solo hay 9.000. Es cierto, yo pudiera concentrarme en las 1.000 cosas que no puedo hacer, pero prefiero pensar en las 9.000 que todavía puedo hacer".

A pesar de su parálisis, Mitchell aprendió a volar de nuevo y fue elegido alcalde de Crested Butte, Colorado. El autor y presentador de programas de televisión se ha convertido en un exitoso hombre de negocios y en un líder del conservacionismo, así como en discursante reconocido que anima a sus audiencias a deshacerse de sus "sillas de ruedas mentales" y a tomar el toro por los cuernos. "La adversidad", dice él: "nos permite saber quiénes somos".

Enfrentando los problemas en la vida

¿Qué vamos a hacer si tenemos que enfrentar la adversidad, ese intruso que se aparece a veces en nuestra vida? Nuestra primera reacción es salir corriendo o quizás negar que existe un problema. Esto tal vez pueda resultar ser una salida rápida y fácil, pero, la verdad es que así no funcionan las cosas. Tampoco funcionan con la otra forma de escape: consumirnos en la amargura y en la auto compasión.

Como nos lo pudiera informar cualquier mariposa, la única opción real que tenemos frente a las dificultades, es enfrentarlas, como lo hizo W. Mitchell, y superarlas, paso a paso, sin irnos por la tangente.

A la edad de siete años, por ejemplo, Gertrude Ederle casi se ahoga en una piscina. En vez de desarrollar temor al agua, no solo aprendió a nadar, sino que en 1926 ella se convirtió en la primera mujer que nadó las 21 millas del Canal inglés. Su tiempo: 14 horas 31 minutos. Así batió el récord que habían puesto los hombres por casi dos horas.

O piense en Bernie Marcus y Arthur Blank. Ambos fueron despedidos del Handy Dan Home Improvement Center en 1978. Pero su revés, abrió una nueva agenda de oportunidades cuando crearon el Home Depot, un almacén de minucias que vende más de 58 billones de dólares al año.

O piense en Leonardo Da Vinci. Dada su condición de hijo ilegítimo, se le consideró inelegible para pertenecer a la Asociación de notarios, una asociación de contadores públicos a la cual pertenecía su padre. En consecuencia, fue enviado para que fuera aprendiz del maestro en pinturá y escultor Andrea del Verrocchio, y lo demás es historia conocida. Todos tenemos batallas por luchar y temores que enfrentar. La única manera de superarlos es enfrentándolos.

Aprenda de las tormentas de la vida

Cierta pareja joven necesitaba un alto en el camino de su vida apresurada en la ciudad. De modo que decidieron ir a pasar un fin de semana en una pequeña hospedería en las afueras de la ciudad. El lugar era tranquilo, ¡demasiado tranquilo! No había nada para hacer, y para completar, llovió durante todo el fin de semana. El domingo en la mañana, ¡la pareja estaba completamente desesperada!

Después de un largo desayuno, caminaron al lado de la baranda cubierta que había alrededor del lugar. Entonces se encontraron con un hombre de edad quien descansaba plácidamente en una silla mecedora. El hombre contemplaba la lluvia. Ellos le preguntaron: "¿Cómo es que usted puede estar tan sosegado?"

El hombre contestó: "No es muy difícil. Cuando la lluvia comienza, yo lo permito". Las lluvias se presentan en la vida de todas las personas. Algunas son peligrosas, otras son solo inconvenientes. Grandes o pequeñas afectan nuestras familias, nuestros amigos, nuestro cuerpo, nuestras finanzas y a casi todo aspecto de la vida. Y cuando parece que ya las hemos superado todas, entonces aparece una nueva.

De modo que, ¿qué vamos a hacer cuando venga la lluvia? Algunas personas intentan huirle, pero eso solo retrasa la agonía. Otros pretenden fingir que no está lloviendo. Pero eso no impide que la lluvia les afecte. Y algunos más se llenan de temor, de amargura o se derriten de nervios.

Hal Sperlich, ingeniero veterano de la Ford Motor Company pudiera haber sido perdonado en la Historia si se hubiera desanimado cuando presentó a Henry Ford II, su revolucionaria idea de crear una minivan, allá en 1976. Después de todo, Ford no solo rechazó la idea, sino que despidió a Sperlich. Sin descorazonarse, Sperlich se contactó con Lee Iacocca en Chrysler, donde la minivan cambió la historia del automóvil.

Emmitt Smith habla de la importancia de "sacudirse el polvo" y mantenerse en movimiento. Él lo sabe muy bien. Con 1.60m de estatura y un poco más de 100 kilos, se le dijo que era demasiado pequeño para correr en el campo de fútbol. Pero él no prestó atención a esas palabras. Fue reclutado por los Dallas Cowboys y posee el récord de correr más yardas, fue campeón con su equipo en tres temporadas y en 2002 superó a Walter Payton, al convertirse en el principal corredor de toda la historia de la Liga Nacional de Fútbol.

Entonces, ¿qué va a hacer usted cuando venga la tormenta? Primero que todo, tome su posición y afróntela. A continuación, descubra lo bueno que reside dentro de esos relámpagos. Oculto en cada tormenta viene un regalo, alguna nueva liberación, algún nuevo entendimiento, una nueva fortaleza. Pero si usted no mira con atención, es probable que no lo descubra, y habrá aguantado la tormenta en vano.

Las personas que no son exitosas reaccionan ante las crisis preguntándose, "¿Por qué me sucede esto a mí?" o "¿Quién me hizo esto?" No están dispuestos a considerar si fueron ellos mismos quienes ocasionaron el problema, ni tampoco están dispuestos a aceptar que a veces ocurren cosas inesperadas. Las personas exitosas por el contrario, se olvidan del juego de las culpas y más bien preguntan, "¿Cómo puedo superar esta situación? ¿Qué puedo aprender de esta experiencia?"

Jeffrey Gries, una de las personas que entrevisté para escribir este libro, creció en el Bronx escuchando a su padre decir que él no servía para nada.

Por lo tanto, Jeffrey se resolvió a demostrar que su padre estaba equivocado, de modo que progresó en su carrera y consiguió muchísimo dinero. Aunque en tres ocasiones se le despidió de su trabajo como representante de ventas, en cada una de esas ocasiones consiguió un trabajo con un mejor salario. Él dice: "Cuando uno es despedido eso hace que uno se pregunte varias cosas y que se confronte a sí mismo". En la actualidad, continúa ganando millones de dólares al año.

Cuando nos rehusamos a aceptar la responsabilidad de nuestras desgracias, lo único que logramos es garantizar que las cosas nunca cambien. Nos cerramos a las oportunidades de crecer, de ampliar nuestros horizontes y de llevar la vida a un nuevo nivel.

Los callejones sin salida... cómo enfrentarlos

A veces el éxito parece estar en escasez. A veces parece como si los mejores tiempos se hubieran ido y que lo que queda por delante es una lenta agonía hasta el fin de nuestros días.

Y eso puede ocurrir en cualquier edad: por ejemplo, le puede ocurrir a la porrista de la secundaria que se graduó y ya no es popular. Le puede ocurrir al deportista universitario de 22 años, que ya no genera las mismas ovaciones del público. También a la ama de casa que parece estar únicamente rodeada de pañales y trabajo penoso. Al ejecutivo brillante que de repente se queda sin empleo. Ese sentimiento de estar en un callejón sin salida nos puede sobrevenir a todos en cualquier momento de la vida.

Sin embargo, debemos recordar que a través de la vida, pero especialmente en esos momentos en que nos sentimos en un callejón sin salida, que si la puerta interna de nuestra mente y de nuestro corazón está abierta, y que si confiamos lo suficiente como para explorar nuevas rutas, entonces se van a presentar nuevos niveles de oportunidad inimaginados. Entonces, esos callejones sin salida se convertirán en pequeños giros. Son las tormentas las que nos ayudan a apreciar los días soleados. Aún hasta en medio de las tormentas más grandes que se desatan en el mar, es bueno recordar que bajo la superficie, el agua todavía permanece tranquila y calmada. Cuando atraviese tiempos turbulentos, trate de encontrar ese lugar tranquilo y apacible dentro de sí, y téngalo por seguro que no estará solo.

PALABRAS DE SABIDURÍA

"Si estas atravesando el infierno, no te detengas".
WINSTON CHURCHILL

INSPIRACIÓN PARA RECORDAR

W. Mitchell

PREGUNTA PARA CONSIDERAR

¿Cómo puede usted hallarle el significado a los problemas y
dificultades que enfrenta?

23

"Los tiempos difíciles no duran mucho, pero quienes saben resistir sí".
—*Dr. Robert H. Schuller*

CÓMO ENFRENTAR SUS TEMORES

El temor es un sentimiento que hasta el más poderoso de los hombres experimenta. Napoleón temía a los gatos negros. Julio César le temía a los sueños. Pedro el Grande, le temía a cruzar puentes. Sócrates le temía al mal de ojo. Pero, ¿qué es el temor? A mí me gusta pensar en el temor como la forma pobre de utilizar nuestra imaginación. Mark Twain dijo una vez: "He atravesado por cosas terribles en mi vida, algunas de las cuales, en efecto, ocurrieron". Como lo señaló Twain, el temor es irreal. No podemos verlo, tocarlo, enterrarlo ni quemarlo.

El temor nos roba el presente y nos arrebata el futuro

Por supuesto, muchas cosas malas ocurren todos los días y existen fuentes legítimas de preocupación. Para mencionar solo algunas están las guerras, las enfermedades, la pobreza, la codicia, el genocidio, el racismo y la ignorancia. Sufrimos la pérdida de la salud, de nuestros bienes, de nuestro aspecto físico que se va deteriorando, perdemos a nuestros seres queridos y a veces, hasta perdemos el juicio. Al final todos perdemos la vida. Y ninguna de estas cosas ocurre de forma ordenada o justa. De hecho, uno puede sentarse y pensar en todo esto y concluir que la vida es abrumadora.

No obstante, el doblegarnos ante el temor se puede convertir en un hábito. La preocupación obsesiva por la incertidumbre del futuro puede robarnos la única cosa que en realidad tenemos: el presente. Los falsos temores pueden robarnos mucha de nuestra vida. Y la mayoría de esos temores no son tan grandes como el temor a que ocurra un holocausto nuclear, sino miserables pequeñeces que lentamente consumen lo mejor de nuestra vida. El nuevo jefe me va a odiar. El auditorio se va a reír de mi discurso. Me voy a ver terrible con ese vestido. Mis amigos van a pensar que estoy gordo. No voy a obtener ese aumento de sueldo.

El temor también nos arrebata el futuro. Todos nosotros tenemos la enorme capacidad de crear la clase de futuro que deseamos. Pero el temor se apodera de nosotros, nos hace tímidos y con el tiempo reduce el tamaño de nuestros sueños.

La lucha contra el temor

El temor es bueno hasta el grado en que nos proteja de ponernos en peligro de recibir daño físico innecesario, como por ejemplo, jugar a la ruleta rusa o atreverse a cruzar una autopista altamente transitada. No obstante, en la mayoría de los casos el temor es negativo. Nos puede paralizar cuando necesitamos actuar. Nos puede llevar a salir corriendo cuando necesitamos permanecer, y nos puede llevar a atacar ciegamente, cuando lo que quizás necesitemos sea negociar objetivamente.

Todos sabemos que el temor y la preocupación nos pueden llevar a sitios donde no queremos ir. No obstante, con mucha frecuencia cedemos ante el temor porque los peligros de la vida parecen ser demasiado grandes y las heridas parecen ser demasiado difíciles de soportar, especialmente cuando ya estamos heridos o nos sentimos desgastados. Con esto no me estoy refiriendo a las cosas que debamos escapar, como por ejemplo, retirarnos si estamos ante la presencia de una serpiente, o ejercer precaución si estamos a una altura considerable. Más bien, estoy hablando de los temores que nos inhiben en la vida, que nos impiden, por ejemplo, renunciar a un empleo que odiamos porque la economía está mal para empezar el negocio que siempre hemos soñado, o retraernos de mudarnos a un lugar donde siempre hemos querido vivir, o volver a estudiar para aprender algo nuevo.

Muchos de nosotros nos aferramos ante nuestras preocupaciones y temores como si estos fueran nuestros mejores amigos, como si estos nos pudieran proteger del fracaso y de la decepción, pero por supuesto, tales temores no pueden hacer eso. Al contrario, el temor es esa voz persistente que susurra en nuestro oído: "No te envuelvas demasiado, puedes perder o salir herido. Ahorra tus esfuerzos para más adelante".

En cada bifurcación del camino, el temor nos dice que no es el momento de invertir, o que no debemos intentarlo con una persona, porque no hay garantía de obtener dividendos, no hay garantía de reembolso del dinero, no hay garantía de que nuestro cónyuge permanecerá fiel y que la inversión dará buenos frutos. Esa voz susurra a nuestro oído: "No hay garantía. Así que siéntate. Es mejor estar a salvo que lamentándose".

Todos nosotros tenemos un cometido importante para cumplir con nuestras vidas. La pregunta es: ¿Tendremos éxito en cumplir nuestra misión? Pero una cosa sí es segura, el esquivar nuestros temores no nos va a ayudar a alcanzar el éxito. Tenemos que enfrentarlos y superarlos.

BECK WEATHERS

"No puedes detenerte por naderías, me dije a mí mismo. Tienes que concentrarte en lo que se tiene que hacer, y hacerlo".

Beck Weathers, patólogo de Dallas, había escalado ocho de los picos más altos del mundo y anhelaba subir al más alto de todos, el Everest a 8.848m de altura.

De hecho, reconoció que estaba obsesionado con la idea de escalar. Descuidó a su esposa y a sus hijos utilizando el montañismo como una vía de escape a una depresión severa que lo había acosado durante décadas.

A la edad de 49 años, el mes de mayo de 1996, se convirtió para él en un mes fatídico para el montañismo. Weathers estaba empezando a escalar a la cima del mundo junto a otros nueve hombres. No obstante, una tormenta monstruosa, con fuertes vientos y temperaturas en descenso, se apoderó del Everest a medida que el grupo se aproximaba a la cima.

Hay una parte de la montaña por encima de los 8.200 metros de altura, conocida como "la zona de la muerte". Allí, los escaladores pueden morir a causa de la intensidad del frío debido a la falta de oxígeno.

A los 8,400 metros de altura, Weathers, como los demás de su grupo, se vio afectado por la tormenta, el frío y el poco oxígeno. Más aún, él estaba casi ciego por los efectos de la altura y por las secuelas que tenía debido a una cirugía que había tenido en sus ojos. De modo que él se detuvo, relativamente muy cerca de llegar a la cumbre, mientras que los demás fueron a la cima. Estando allí, Weathers prometió esperar a su guía, Rob Hall, un reconocido montañista de Nueva Zelanda, cuando de nuevo fuera descendiendo.

Weathers lo esperó durante todo el día, pero Hall y el resto del equipo nunca regresaron. A medida que se acercaba el anochecer, Weathers reconoció que se había quedado demasiado tiempo inmóvil y que se estaba empezando a congelar.

Alucinante y cansado empezó a descender en la compañía de otros escaladores pero pronto se vieron envueltos en una terrible borrasca que hacía que la temperatura descendiera aún más, reduciendo la visibilidad a casi cero. Un paso en falso podría hacerlos caer a una distancia de 2.000 metros.

Los escaladores más fuertes continuaron adelante en su descenso, pero Weathers y otro escalador que se había debilitado fueron dejados atrás con la esperanza que fueran rescatados una vez la tormenta cediera. Cuando el equipo de rescata volvió, encontró a Weathers en un coma hipotérmico, era seguro que moriría, y era igual de seguro que se arriesgarían más vidas si se intentaba llevarlo hacia abajo.

Entonces se tomó la decisión de dejarlo abandonado. El equipo de rescate anunció por radio la noticia al campamento base. A la familia de Weathers se le avisó que él había perecido.

Pero sucedió un milagro: luego de 22 horas de tormenta y estando solo, Weathers abrió los ojos. Tuvo como una visión donde su familia se le presentaba, dice: "En ese momento supe, con absoluta claridad, que si no me ponía de pie y empezaba a caminar, pasaría el resto de la eternidad enterrado en ese lugar". Había permanecido inconsciente y medio enterrado por la nieve un día entero. No había comido nada en tres días y no había bebido agua en dos días. Estaba perdido y casi completamente ciego.

Pero de alguna manera se las arregló para ponerse en marcha hacia el campamento. Desechó su hacha y su equipaje. Sabía que estaba a las puertas de la muerte. Se cayó muchas veces, pero logró continuar.

Aún así, pasó otra noche solo. Con todo, logró resistir y eventualmente fue rescatado por un helicóptero de la armada real nepalesa.

Una vez, de nuevo en casa, Weathers enfrentó doce cirugías. Perdió su nariz, su mano derecha y parte de su mano izquierda. Ahora, en una situación de pena, empezó a confrontarse a sí mismo, a su familia, a su pasado y a su incertidumbre hacia el futuro. Afortunadamente, su matrimonio y su profesión sobrevivieron (utiliza pedales y control de voz para compensar la pérdida de sus dedos), pero sus prioridades cambiaron.

Como Weathers lo recuerda en su libro *Left for Death*: "Recorrí el mundo intentando encontrar aquello que me hiciera sentir satisfecho, solo para descubrir que estaba en el patio de mi casa. Ese día en la montaña, intercambié mis manos por mi familia y por mi futuro. Y esa fue una opción que decidí aceptar".

Emprendiendo la acción a pesar del temor

Irónicamente, Weathers no temía a la montaña. Lo que él temía era su crisis de identidad que no había resuelto, la cual esperaba por él de regreso a casa.

Resulta muy interesante un estudio que hizo la Universidad de Michigan, en el que se estableció que el 60% de nuestros temores son completamente infundados, dado que lo que tememos nunca sucede. El 20% de los temores se concentran en el pasado, el cual está completamente fuera de nuestro control y el 10% se basa en cosas pequeñas e insignificantes que de todos modos no importan. Del 10% restante, solo entre el 4 y el 5% pueden considerase temores legítimos.

Ahora bien, si sabemos que la mayoría de nuestros temores no son reales, entonces ¿por qué optamos por concederle al temor el poder de controlarnos? La respuesta es que la mayoría de nosotros ni siquiera nos damos cuenta que nuestros temores nos están controlando. Los intentamos justificar diciendo: "Solo estoy actuando del lado seguro". O intentamos convencernos a nosotros mismos que al no emprender la acción y enfrentar nuestros temores, estamos actuando en el mejor de nuestros intereses. Hasta algunos de nosotros nos mentimos a nosotros mismos diciendo que somos felices con cierto trabajo, en nuestro matrimonio o en la vida, con el fin de evitar enfrentar uno de nuestros temores más grandes: la verdad.

¿Y cuál es la manera en que la gente exitosa maneja sus temores? Los enfrenta y los acoge. Siempre hacen el esfuerzo de salir de su zona de confort. Es natural que experimentemos temor cuando asumimos riesgos. Si nunca sentimos temor es porque posiblemente no estamos intentando nuevas oportunidades. El punto es que para crecer y evolucionar *tenemos* que asumir riesgos. Y en todo los lugares donde hay riesgo, el temor se está asomando a la vuelta de la esquina.

Aún a sus 60 recién cumplidos, Barbara Streisand todavía siente pavor al subirse al escenario. Sin embargo, lo sigue haciendo. Jim Carrey se sintió petrificado al actuar frente a personas que anteriormente se habían burlado de él. Sin embargo, lo hizo. Winston Churchill sintió temor de hablar en público, dado su marcado impedimento en el habla. Y sin embargo, lo hizo.

¿Puede usted imaginarse los muchos logros de la historia que pudieron haberse dejado de realizar si sus protagonistas no se hubieran resuelto a enfrentar sus temores? En un tiempo en el que los demás exploradores se aferraban a las costas por temor a deslizarse del planeta, Cristóbal Colón se hizo a la mar valientemente y partió hacia occidente. Si Lincoln se hubiera acobardado ante los temores de la secesión, ¿se nos llamaría los *Estados Unidos* de América?

El temor puede desaprenderse

De acuerdo a los científicos, los bebés recién nacidos tienen solo dos temores: el temor a los sonidos fuertes y el temor a caer. ¿Qué significa eso? Significa que todos los demás temores son aprendidos. Y si los temores son aprendidos también pueden ser *des*aprendidos. ¡Así de fácil! Las personas exitosas enfrentan los mismos temores que nosotros enfrentamos; solo que han aprendido a manejarlos mejor.

Si de alguna manera, vacilamos en dirigir nuestra vida hacia una nueva dirección en que nos gustaría es porque tenemos temor de fracasar. Si aprendemos a eliminar la palabra "fracaso" de nuestro léxico, ya hemos recorrido la mitad del camino de la victoria.

Recuerde esto: *está bien fracasar en tanto usted no considere que se ha convertido en un fracaso*. La única forma en la que nos podemos considerar un fracaso es cuando decidimos darnos por vencidos. Pero en tanto como mantengamos nuestra determinación y nuestra perseverancia, es imposible que nos convirtamos en un fracaso. Así que, ¡nunca se dé por vencido!

Controle las cosas que se pueden controlar. Este es uno de los lemas en mi vida. Esto significa básicamente que no debemos preocuparnos por controlar las cosas que *podemos* controlar, y la razón para ello es muy sencilla, son cosas que *podemos* controlar. Y en cuanto a esas cosas que se escapan de nuestro control, no debemos preocuparnos por estas tampoco, y la razón es que no hay nada que podamos hacer al respecto.

No se desarrolla el coraje si no existe el temor, sino que se desarrolla actuando frente a ese temor. Desarrollar el coraje se asemeja mucho a subir a una montaña. Al principio uno se siente un poco atemorizado. Pero una vez aprende a escalar, las montañas no parecen tan intimidantes. Después de numerosos intentos, numerosos reveses y numerosos éxitos, usted aprenderá que los temores se convierten en emociones y al final comprenderá que al otro lado del temor es donde se vive la vida de verdad.

···

PALABRAS DE SABIDURÍA
"El que le tiene temor a alguien, le confiere a ese alguien todo su poder".
PROVERBIO ÁRABE

INSPIRACIÓN PARA RECORDAR
Beck Weathers

PREGUNTA PARA CONSIDERAR
¿Qué temores le están robando su vida?

···

24

"Los hombres tienen éxito cuando se dan cuenta que sus fracasos son la preparación para sus victorias".
Ralph Waldo Emerson

EL FRACASO PUEDE CONDUCIR AL ÉXITO

El éxito se alcanza a través de los fracasos. Aunque pueda sonar extraño, es cierto. Se requiere que fracasemos primero, para poder dominar cualquier cosa en la vida. Como dijo Winston Churchill: "El éxito es ir de fracaso en fracaso sin perder el entusiasmo".

Cuando uno se detiene a pensarlo, casi nada -ya sea que se trate de un proyecto en el trabajo, una tarea para la escuela, la remodelación de nuestra casa, o incluso nuestros hijos- resulta exactamente como uno lo había imaginado. Entonces, ¿por qué nos desanimamos después de algunos errores? Las personas no son recordadas por la cantidad de veces que fracasan, sino por la frecuencia con la que tienen éxito.

¿Sabía usted que Miguel Ángel falló más de doscientas veces tratando de producir el esquema perfecto para el techo de la Capilla Sixtina? ¿O que la única razón por la cual Oprah Winfrey fue a trabajar en un show en vivo, fue porque ella no tuvo éxito como reportera de noticias? ¿O que Henry Ford fracasó con dos empresas y pasó por ocho modelos de vehículos antes de desarrollar el modelo T? ¿O que el profesor de música de Elvis Presley en secundaria le dio sólo una C en la clase? ¿O que Bill Cosby abandonó la escuela secundaria y trabajó como reparador de calzado y en una tienda de talabartería?

Cuando vemos a los famosos, a las superestrellas, o a empresarios exitosos, lo que observamos o conocemos, es el producto final.

Usualmente no vemos todos los ingredientes y prototipos fallidos por los que atravesaron en el perfeccionamiento del mismo.

El fracaso es tan solo un desvío hacia el éxito

Nos guste o no, todos hemos fallado alguna vez. Es parte de la vida. Si todo el mundo falla, entonces que es lo que separa a los ganadores de los perdedores? Todo se reduce a esto: los ganadores aprenden de sus errores y siguen intentándolo; los perdedores repiten los mismos errores una y otra vez hasta que finalmente se dan por vencidos. Como dijo Cicerón: "Cualquier hombre puede equivocarse, pero sólo un idiota persiste en su error".

Cuando entendemos que el fracaso es una consecuencia natural del crecimiento personal, empezamos a comprender cómo este puede ser utilizado para servirnos en lugar de hacernos daño. Sin embargo, es muy importante separar las ejecuciones del ejecutante. Sólo porque fracasamos -en un negocio, en una relación, o en un puesto de trabajo- eso no significa que debamos considerarnos a nosotros mismos un fracaso. La única persona que puede ser etiquetada como un fracaso, es aquella que trata de irse por lo seguro y no tiene éxito en nada.

Babe Ruth, con 714 jonrones, se mantuvo durante décadas como el rey jonronero del béisbol de todos los tiempos. Pero durante años él también mantuvo su carrera por fuera de los registros, intentándolo unas 1.330 veces. Él dijo: "Nunca permita que el miedo a quedar por fuera se interponga en su camino". La filosofía de Ruth en el béisbol es igualmente aplicable a la vida. En la única oportunidad en la que tenemos la garantía de permanecer en el refugio es cuando nos rehusamos a regresar por otro turno al bate.

Uno de los principales ingredientes de la receta secreta para el éxito es: aprende de tus errores y duplica tu tasa de fracasos. La mayoría de nosotros probablemente piensa en el fracaso como un enemigo, pero este no lo es en absoluto. Podemos elegir entre desanimarnos por el fracaso, o aprender de él y volver a intentarlo. "Así que siga adelante aunque cometa errores". El fundador de IBM Thomas J. Watson Sr. predicaba: "Haga todo lo que pueda porque es así como logrará encontrar el éxito".

Algunas veces lo que pareciera ser nuestro mayor fracaso se convierte a la larga en nuestro principal éxito. Por ejemplo, los "fracasos" de algunos de los exploradores más grandes de la historia fueron realmente enormes triunfos disfrazados.

En 1786, el primer intento de Thomas Jefferson por descubrir el paso noroccidental a través de América del norte terminó en fracaso, cuando el explorador que había escogido fue arrestado. Pero Jefferson no se dio por vencido. Quince años más tarde, lo intentó de nuevo y comisionó a Meriwether Lewis y a William Clark. Si bien no pudieron encontrar el pasaje noroeste, lo que lograron al final fue algo mucho más importante: elaborar la cartografía del inmenso y rico territorio al oeste del Mississippi.

Cristóbal Colón navegó hacia el oeste desde España con la esperanza de encontrar Asia. Él estaba seguro que la isla caribeña que descubrió en 1492 estaba en realidad frente a las costas de la India o China. Estaba equivocado, por supuesto, pero su descubrimiento del nuevo mundo fue mucho más significativo. En 1519, Fernando Magallanes y otros 270 hombres zarparon en cinco embarcaciones a la búsqueda de las islas de las especias por medio de un pasaje, el cual más tarde llevaría su nombre, a través de las Américas hasta las Indias orientales. Él no logró llegar a su destino, pero siempre será recordado como el primer hombre en circunnavegar el mundo.

De hecho, considerarnos a nosotros mismos como exploradores es una metáfora potentísima que puede guiarnos en nuestro propio viaje. Cuando nos decidamos a llevar a cabo nuestra marcha, debemos tener una estrategia, un plan de acción y algunos suministros.

Al igual que Lewis y Clark, Colón y Magallanes, nosotros nunca sabremos lo que vamos a descubrir a lo largo del camino. Pero mientras sigamos el viaje y no nos demos por vencidos, siempre encontraremos algo nuevo y emocionante.

ABRAHAM LINCOLN

> "Me incliné muchas veces sobre mis rodillas
> con la abrumadora convicción que
> no tenía ningún otro lugar a donde ir".

Cuando estuvimos en la escuela muchos de nosotros aprendimos la inspiradora historia de Abraham Lincoln, quien pasó de tener unos comienzos muy humildes a ser uno de los presidentes más importantes de los EE.UU.

Nació en 1809, sus padres eran agricultores pobres y vivían en una cabaña de una sola habitación en Kentucky. Lincoln tenía sólo nueve años cuando su madre murió. Dejó la escuela y fue a trabajar en una granja vecina para ayudar a mantener a su familia.

Pero a pesar que su educación formal terminó tan sólo un año después de haber iniciado la escuela, su autoformación apenas estaba comenzando. Demostró un empuje y energía enormes, caminaba kilómetros para tomar prestado un libro y trabajaba en sus lecciones a la luz de una chimenea. Leyó todo lo que pudo tener en sus manos, incluyendo libros de derecho y eventualmente, se educó a sí mismo como abogado.

Convencido que el gobierno debería ser una fuerza positiva en la vida de las personas, Lincoln tenía un intenso deseo de hacer la diferencia. Él anhelaba una posición influyente en el gobierno, posiblemente incluso como presidente. Con el tiempo, se postuló y ganó un lugar en la legislatura de Illinois, donde se ganó la reputación de ser un político muy capaz y honesto. Aunque desempeñó su mandato de cuatro años, experimentó numerosos reveses políticos y de negocios durante la siguiente década.

Pero Lincoln no permitió que esos fracasos lo disuadieran de continuar persiguiendo su sueño. Ganó las elecciones al Congreso en 1846 y tuvo una impopular postura en contra de la guerra de México. Permaneció los siguientes cinco años fuera de la arena política y centró sus energías en su práctica del derecho, donde de nuevo sufrió reveses y fracasos.

Como la batalla sobre la esclavitud volvió a encenderse, Lincoln regresó al escenario de la política, oponiéndose a la Ley de Kansas - Nebraska, la cual amenazaba con extender la esclavitud a otros estados. Fue derrotado en sus aspiraciones al Senado en 1855, fue derrotado en su postulación por la vicepresidencia el año siguiente, y nuevamente fue derrotado en sus aspiraciones para el Senado en 1858.

Finalmente, en 1860, fue elegido el decimosexto presidente cuando la Guerra Civil apenas estallaba. La Proclamación de la emancipación de Lincoln y la alocución de Gettysburg se encuentran entre los puntos más sobresalientes de su presidencia, la cual se truncó por su asesinato en 1865. Hoy en día su espíritu sigue vivo; sus ideales nos empujan hacia la autonomía, la independencia, la tolerancia y la humanidad. Esa es su biografía estándar y es todo cierto. Pero muchos desconocen que su llegada de Lincoln a la cúspide, no fue tan fácil como se pensaría.

Cuando Lincoln tenía unos veinte años, no era muy claro ni para él ni para los demás, qué carrera iba a escoger. Trabajaba por días, repartía carretes para cercas y ganaba algo de dinero al servicio de los jurados, y trabajando como dependiente en las elecciones. Para lograr obtener ingresos, fue incluso administrador de correos de una pequeña aldea. De hecho, ocupó prácticamente todo tipo de trabajo disponible en la frontera: barquero, carpintero, empleado de tienda, soldado, comerciante, herrero, medidor de tierras, abogado y político. Pero para cuando entró en sus treinta, ya prácticamente había decidido centrarse en los últimos dos.

Lincoln perdió ocho elecciones, fracasó varias veces en los negocios, sufrió una crisis nerviosa, y estuvo rodeado de muchas tragedias personales. Aún así, siguió adelante hasta que logró su objetivo.

Es difícil para nosotros comprender los problemas y tribulaciones de este hombre común que se convirtió a sí mismo en uno de los seres humanos más extraordinarios que hayan existido. La próxima vez que se enfrente a una adversidad temporal, o incluso a un fracaso, piense en el viejo Abe y su lista de fracasos; y recuerde: usted no puede fracasar a menos que deje de intentarlo.

Fracasó en los negocios. 1831
Derrotado para la legislatura de Illinois. 1832
Una vez más fracasó en los negocios 1833
Muerte de su esposa. 1835
Sufrió crisis nerviosa 1836
Derrotado para presidente de Cámara de Illinois 1838
Derrotado para ser elector 1840
Derrotado en su candidatura al Congreso. 1843
Perdió la denominación al Congreso 1848
Rechazado como oficial territorial 1849
Derrotado para el Senado norteamericano 1854
Derrotado a la nominación para la vicepresidencia. 1856
Derrotado para el senado norteamericano 1858
Elegido presidente de los Estados Unidos 1860

Es imposible fracasar si amas lo que haces

¿Alguna vez se ha dado cuenta que la mayoría de las veces fracasamos en cosas en las que en verdad, no hemos estado muy interesados desde el principio? Ya sea que se trate de un trabajo que detestamos, una relación que ya hemos dado por perdida, o un juego por el que no tenemos el menor interés, simplemente no nos sentimos comprometidos, no sentimos amor por lo que estamos haciendo. El hecho es que, la mayoría de nuestros "fracasos" se producen porque realmente nunca estuvimos comprometidos desde el principio.

Tomemos como ejemplo al célebre chef Emeril Lagasse. Sus primeros trabajos no lograron captar la atención del público. En 1993 el primer espectáculo de Lagasse, *"Cómo Hervir el Agua"*, fue lanzado con muy pocos bombos y platillos. ¿El resultado? Fracasó.

Pero Lagasse y el Food Network decidieron intentarlo de nuevo. La próxima temporada, fue lanzado su segundo espectáculo, *"Emeril y sus amigos"*. Este también fracasó. El guión lo hacía parecer rígido e incómodo. Los productores simplemente no lo lograron. No lograban darse cuenta que la esencia de Emeril no era su cocina, sino su espíritu y su capacidad de conectarse con la gente.

De nuevo, Emeril persuadió a la red para que le dieran una última oportunidad. Esta vez, él se hizo cargo. Escogió sus propias recetas, utilizó sus propias palabras, y esencialmente manejó su propio show. También grabó ante una audiencia en vivo. ¿El resultado? ¡Boom! Dos de los shows más populares en la televisión de hoy.

Las oportunidades vienen disfrazadas de fracasos

¿Alguna vez se ha sentido decepcionado por una adversidad o la pérdida de una oportunidad sólo para descubrir más tarde que en realidad fue una bendición disfrazada? Esto es igual a la canción de Garth Brooks: "Algunos de los mejores regalos de Dios son oraciones sin respuesta".

Examinemos la experiencia de Frank Epperson, el chico de once años que, en 1905, dejó un vaso de refresco con su sabor favorito en el porche trasero con un palo de remover dentro de este. Como la temperatura descendió por debajo del punto de congelación, ¡Eureka! una idea nueva en postres. Casi veinte años después comenzó a compartir su maravilla —a la que llamó Ep-Sicles. Hoy las conocemos como paletas.

En 1894, Dr. John Harvey Kellogg solicitó a su hermano menor que creara una comida saludable a base de granos con la que pudiera alimentar a sus pacientes. Un día Will Kellogg estaba mezclando una porción de masa fresca y decidió abandonar el laboratorio un poco más temprano. Cuando regresó a la mañana siguiente, encontró que la masa cocida había cambiado completamente la consistencia y se había vuelto quebradiza y frágil. Él había inventado sin darse cuenta lo que nosotros conocemos como Corn Flakes de Kellogg's.

En 1902, Willis Carrier estaba tratando de diseñar un dispositivo para eliminar la humedad del aire en las plantas de impresión. Poco tiempo después de poner a la venta su nueva invención al público, las órdenes comenzaron a llegar a raudales, -no para deshumidificar sino para refrescar el aire. Él no se había dado cuenta en aquel momento, pero había inventado el aire acondicionado.

Y, por supuesto, está Alexander Fleming, el bacteriólogo británico quien estaba analizando cómo los gérmenes staph interactuaban con la mucosidad. Fleming olvidó limpiar a fondo el laboratorio antes de salir de vacaciones. (Muy torpe, ¿no es así?) A su regreso, él encontró una sustancia en forma de molde de color amarillo en un plato de Peltre. El "error" de Fleming es lo que hoy conocemos como la penicilina, la cual ha salvado millones de vidas.

Cuando usted aprenda a buscar lo bueno de una mala experiencia, se sorprenderá de las nuevas oportunidades que descubrirá

Riesgo versus recompensa

Cada recompensa conlleva un riesgo; cada cosa valiosa que se hace tiene un premio. Si nosotros realmente deseamos ser quienes queremos ser, debemos estar dispuestos a aceptar el riesgo y pagar el precio, cualquiera que este sea. Ya sea abandonar una carrera con el fin de poner en marcha una empresa con la que ha soñado siempre o dejar atrás a su familia extendida y a sus amigos para mudarse a un paraíso que siempre ha imaginado. Usted tiene que salir de esa cajita cómoda en la que ha estado viviendo e ir tras ello.

Como dice el refrán: "Si no se arriesga un huevo no se tiene un pollo". Fue muy arriesgado para Amy Tan abandonar el programa de doctorado en Berkeley en contra de los deseos de su madre para perseguir su pasión por la escritura. Fue arriesgado para Howard Schultz renunciar a su prestigioso y lucrativo empleo como ejecutivo en ventas, vender su casa, y mudarse a unas tres mil millas al otro lado del país para unirse a una pequeña cadena de cafeterías que finalmente se convirtió en Starbucks. Fue muy arriesgado para la Madre Teresa desafiar a la Iglesia Católica y abandonar el convento, rompiendo su voto sagrado a fin de ayudar a los habitantes hambrientos de los barrios marginales de Calcuta. Fue muy arriesgado para Bill Gates abandonar Harvard con el fin de seguirle la pista a un programa de computación poco conocido llamado DOS.

¿De dónde obtenemos el valor para hacer frente a nuestros temores y tomar riesgos? La respuesta: en la esencia misma de nuestro ser. Una vez que descubrimos nuestro talento y dejamos al descubierto nuestro propósito, se produce un cambio de paradigma en nuestro pensamiento. Entonces y sólo entonces, empezamos a comprender que el mayor riesgo está en no tomar ninguno.

PALABRAS DE SABIDURÍA
"Si fracasa usted puede sentirse decepcionado, pero estará condenado si no lo intenta".
BEVERLY SILLS

INSPIRACIÓN PARA RECORDAR
Abraham Lincoln

PREGUNTA PARA CONSIDERAR
Si usted se compromete con cada fibra de su ser, se niega a rendirse, aprende de sus errores y continúa intentándolo una y otra vez, ¿cómo fracasar?

25

"Cuando llegue el momento de tomar una decisión, lo mejor que puede hacer es hacer lo correcto, la siguiente mejor cosa, es hacer lo incorrecto y lo peor que puede hacer es nada".
Theodore Roosevelt

RECUPERE LA ONDA

Allá en el siglo XVII, cuando el joven Isaac Newton vio caer una manzana de un árbol, comenzó a teorizar sobre el movimiento y la falta de movimiento. Al hacerlo, él creó lo que hoy conocemos como la ciencia de la Física. Sin darse cuenta, puede que él también nos haya enseñado algo acerca de la naturaleza humana.

La primera ley de Newton (la ley de la inercia) afirma que un objeto en movimiento tiende a permanecer en movimiento y un objeto en reposo tiende a permanecer en reposo. Todos los objetos se resisten a los cambios en su estado de movimiento. En pocas palabras, los objetos tienden a seguir haciendo lo que han estado haciendo.

Esto de algún modo se parece a nosotros los seres humanos, ¿no es así? Una persona apoltronada mantiene su trasero firmemente plantado en el sofá, mientras que el emprendedor está allá afuera haciendo que las cosas sucedan. Uno de los obstáculos más difíciles de superar en nuestro camino hacia el éxito es la inercia, es difícil obtener el impulso para comenzar y es muy fácil seguir haciendo la misma cosa que hemos venido haciendo. Pero una vez que finalmente nos ponemos en marcha, ¡es casi imposible parar!

Las puertas no estarán abiertas para siempre

En una de sus novelas, Franz Kafka narra la historia de un hombre que ha sido entrenado para entrar en un reino a través de una puerta específica. Él encuentra la puerta pero ve que hay un soldado custodiándola. Así que él se sienta y espera a que el guardia le dé instrucciones o le conceda la autorización para entrar. El guardia no hace nada ni dice nada, por lo que el hombre sigue sentado, simplemente esperando a que algo ocurra. Durante toda una vida él se sienta y espera. Finalmente el guardia cierra la puerta y le dice al hombre: "Esta puerta fue hecha para usted y solamente para usted. Sin embargo, debido a que usted decidió no entrar por ella, esta se ha cerrado para siempre".

Cada uno de nosotros tiene su propia puerta. Para algunos, esta puede conducir a una nueva profesión; para otros, puede conducir a una cintura más delgada; y aún para otros, puede conducir a una nueva relación, un nuevo lugar para vivir, un nuevo pasatiempo, o un nuevo sentido de la espiritualidad. A donde quiera que sea que nuestra puerta nos guíe, una cosa es cierta: si nosotros decidimos no entrar, nunca sabremos lo que se encontraba al otro lado.

No podemos esperar a que las circunstancias sean las ideales para dar el primer paso a través de nuestro umbral. El momento y las condiciones simplemente nunca serán los correctos. Aquellos que aplazan el tomar acción hasta que todo esté perfecto, muy probablemente nunca terminaran haciendo nada.

Si todo el mundo hubiese esperado hasta que todo estuviera perfecto y seguro antes de hacer un movimiento ¿qué habría pasado? Las familias nunca se habrían iniciado, las empresas nunca se hubiesen fundado, los edificios nunca se habrían construido, las carreras nunca se habrían corrido y la felicidad nunca se habría alcanzado. Se ha dicho que el posponer una cosa fácil, la vuelve difícil y el posponer una cosa difícil hace que esta se vuelva imposible. Todos tenemos excusas para aplazar las cosas, pero debemos comprender que nada va a suceder hasta que nosotros mismos propiciemos que esto ocurra.

BENJAMIN FRANKLIN

"Para que ustedes no sean olvidados, tan pronto como mueran y desaparezcan,o bien escriban cosas

que valga la pena leer, o hagan cosas
que valga la pena escribir".
ALMANAQUE DEL POBRE RICHARD

La imagen más común que nosotros hemos tenido a través de los siglos de Benjamín Franklin, es la de un hombre viejo, calvo con pantalones cortos y un largo abrigo, que luce un poco tonto volando una cometa durante una tormenta eléctrica. Probablemente somos vagamente conscientes de su importancia en la Ciencia y la Política. Pero tal vez somos menos conscientes aún de que él fue, como un historiador lo dijo: "el primer gran Americano". Un hombre que se formó a sí mismo, que cultivó una mente inquisitiva, curiosa y la pasión por hacer que las cosas sucedieran.

Franklin fue el décimo hijo de un fabricante de jabón. Tuvo la oportunidad de ir a la escuela tan solo por un año antes que tuviera que dejarla para ayudar a la familia y ganar dinero como aprendiz con su hermano, un impresor. El hermano comenzó más tarde un periódico en Boston y el adolescente Ben Franklin se convirtió en un éxito precoz al escribir secretamente comentarios sociales para el periódico bajo el seudónimo de "El silencioso hacedor del bien".

A la edad de diecisiete, el joven Franklin estaba dispuesto a aventurarse y reclamar su reivindicación en el mundo. En medio de la noche, él se deslizó furtivamente a bordo de un buque de carga con destino a Nueva York. Con el tiempo se estableció en Filadelfia, donde se convirtió en un impresor exitoso y almacenista. De hecho, con el tiempo, Franklin estableció imprentas en otras ciudades a cambio de una cuota de los ingresos. Por lo tanto, fue el pionero de una primera versión de la franquicia.

Franklin se sentía fascinado con todo y sentía deseos de compartir su fascinación con otros. Por lo tanto, fue responsable de un asombroso número de "primicias" en su larga vida como científico, inventor, diplomático, escritor, hombre de negocios y pensador político.

Como científico, ganó fama mundial por demostrar que un rayo era electricidad. Posteriormente, inventó el pararrayos para proteger a los buques y a los edificios. Él fue uno de los primeros meteorólogos o pronosticadores del tiempo y estudió todo, desde la Agricultura hasta la Poesía. Descubrió cómo hacer más seguros los buques mediante el uso de lámparas impermeables. Inventó la chimenea sin humo, el catéter urinario, el odómetro, las gafas bifocales, las aletas de natación, e incluso una herramienta en forma de gancho para agarrar los libros en el estante superior de una biblioteca.

Franklin era un gran creyente en el voluntariado y el activismo cívico; ayudó a establecer instituciones tan diversas como bibliotecas, hospitales, compañías de seguros, departamentos de bomberos, colegios agrícolas y grupos de hombres de negocios. Fue uno de los autores de la Declaración de Independencia y uno de los arquitectos de la Constitución. Como experto diplomático, negoció tratos con Gran Bretaña, Francia, Alemania, Suecia, y España.

Franklin, un autor prolífico, intercambió cartas con algunas de las mentes más brillantes del siglo XVIII y escribió revistas, ensayos, artículos, libros, baladas y una autobiografía célebre. Dirigió la primera caricatura política. Publicó el Almanaque del Pobre Richard, un popurrí anual de recetas, predicciones y aforismos, muchos de los cuales todavía se usan en la actualidad (por ejemplo, "Un centavo ahorrado es un centavo ganado" y "Del afán, solo queda el cansancio"). De hecho, *El pobre Richard* fue un sabio punto de partida que allanó el camino para toda una línea de humoristas de la casa desde Mark Twain hasta Garrison Keillor. Aficionado a la creación de credos personales, Franklin, trabajó arduamente para establecer normas pragmáticas para el éxito (por ejemplo, "No coma para la apatía; ni beba para la exaltación") ideó tantos esquemas para la automaestría, que se convirtió en lo que equivale al primer gurú del auto-mejoramiento personal. Como administrador colonial de correos, propuso el concepto de reparto de correspondencia a domicilio y la oficina de cartas no reclamadas; y como ferviente recaudador de fondos para los grupos cívicos desarrolló lo que más tarde llegó a ser conocido como la donación. Gran enemigo de elitismo y la intolerancia, Franklin abogó por los valores de clase media y al hacerlo, ayudó a dar forma al carácter americano. Uno de sus últimos actos públicos fue escribir un tratado contra la esclavitud, un año antes de su muerte en 1790, unos setenta y cinco años antes que la nación se encaminara a conseguir la abolición de la esclavitud. Aunque él simplemente nunca dejó de referirse a sí mismo como "B. Franklin, el impresor", fue quizás el americano más hábil y experto de su época y un testimonio de lo que se puede lograr con una mente curiosa y una tendencia a la acción.

Enfrente sus temores con decisión

A diferencia de Franklin, la mayoría de nosotros no hace las cosas que sabe que debería hacer, ya sea comer los alimentos adecuados o ahorrar la cantidad correcta de dinero. Pero, ¿por qué? Creo que la respuesta, en parte, tiene que ver con el miedo. Le tenemos miedo a algo. Tal vez tememos que nos vean como unos tontos, o a fracasar ante los ojos de nuestros seres queridos, o a perder cualquier signo de prestigio que tengamos. El miedo es como un veneno que mata nuestros sueños, ambiciones y capacidad de actuar. Una de las principales diferencias entre los éxitos y los fracasos de las personas es que la gente de éxito está dispuesta a actuar ante el miedo y la incertidumbre y la gente perdedora no. He descubierto que las personas exitosas asocian más dolor con el hecho de no hacer las cosas que con el hecho de sí haberlas hecho. Estando convencidos que el actuar les producirá más placer y que el no hacerlo sólo producirá más dolor, se sienten comprometidos a actuar.

Obviamente, no se trata de la actividad tras la cual vamos, sino del resultado. *A menos que sepamos con exactitud el resultado que perseguimos, nuestro desenlace, nuestro sueño, o meta, las posibilidades de lograrlo son muy escasas. Es muy difícil dar en un blanco que no podemos ver.*

Si usted no ha pensado en crear algo emocionante que en verdad lo apasione cómo recompensa por sus acciones, entonces simplemente no va a tener suficiente combustible que lo impulse a llegar a la meta. Ver el resultado detrás del cual usted va con una visión tan clara como un cristal es como poner combustible para cohetes en su tanque: ¡tan sólo es cuestión de tiempo antes que usted despegue tras ese sueño!

Desarrolle un plan

¿Ha notado cuán productivo se vuelve usted durante los días y semanas que preceden a unas grandes vacaciones? Tiene todo planeado: alguien que cuide la casa, alguien que riegue las plantas, alguien que recoja la correspondencia, alguien que alimente a las mascotas. Ya tiene su equipaje empacado y tiene organizadas todas sus prioridades en el trabajo. ¡Está tan preparado, que hasta tiene listas de verificación para sus listas de verificación!

Si la planificación de dos semanas de vacaciones lo puede volver tan productivo, imagínese lo que usted podría hacer si planificara el resto de su vida. ¿Tiene un plan estratégico para lo que usted quiere de la vida? ¿O está simplemente deambulando sin rumbo, reaccionando a todo lo que el mundo le lanza en su camino?

La mayoría de las personas tienen sueños, fantasías, e incluso metas, pero muy pocos logran dar el siguiente paso crucial que es desarrollar planes por escrito -como lo hizo Franklin- con medidas de acción y acontecimientos específicos. ¿Podría hacerse una imagen de lo que ocurriría si las empresas tuviesen un montón de grandes ideas, pero no las explicaran detalladamente en los planes de negocios? ¿O si el Congreso tuviese una multitud de cosas maravillosas que quisiera lograr, pero nadie las pusiese por escrito? Con los años he aprendido que si no se pone por escrito, simplemente no va a suceder.

Los ganadores han aprendido que la clave del éxito es la de no seguir las normas de los demás, sino hacer sus propias reglas. Ellos elaboran un plan de acción detallado para cada día, semana, mes y año. Diseñan y delinean minuciosamente cada hora de cada día como si fuera una pequeña obra maestra con un importante lugar en su mural de vida.

Veámoslo de este modo: si usted fuese a conducir desde Los Ángeles hasta Nueva York, probablemente no sólo comenzaría a manejar confusamente hacia el este, ¿verdad? No, por supuesto que no. Antes de partir, usted probablemente estudiaría un mapa, planificaría su estrategia, y pondría en relieve puntos o escalas intermedias.

Este tipo de planificación detallada, empezando con la meta en mente, hace que el viaje se vea real. Esto nos permite visualizar qué pasos son necesarios para llegar a nuestro destino deseado. E igual de importante, esto nos proporciona la confianza necesaria para creer que realmente podemos lograrlo.

Es interesante el hecho que la motivación tiene muy poco que ver con la probabilidad real de éxito; todo se reduce a si nosotros creemos o no que podemos realmente lograr nuestro objetivo. Independientemente de con qué intensidad deseemos algo, la capacidad de tomar medidas para lograr nuestro objetivo seguirá siendo débil, hasta que realmente creamos que podemos lograrlo. Al confeccionar un plan, creamos confianza, porque podemos ver los pasos lógicos necesarios para llegar allí. Esto nos impide llevar a cabo acciones esporádicas e incoherentes, que no lograrán nada y nos harán perder el impulso.

Pero, ¿qué sucede si usted toma el mapa equivocado? No importa cuánto lo intente o con cuánto anhelo desee algo, lo más probable es que usted no lo logre. Así que si su primer plan no funciona, cámbielo. Y si haciendo esto todavía no obtiene los resultados deseados, cámbielo una y otra vez y otra vez. Innumerables personas han fracasado porque renunciaron demasiado pronto -ellos no elaboraron nuevos planes cuando los anteriores demostraron ser inapropiados.

Sin un sistema coherente, repetible, estamos destinados al fracaso. Si no planificamos para el futuro, con toda seguridad seremos víctimas del pasado.

La coherencia crea el impulso

¿Qué hace si está montando una bicicleta y de repente la cadena se sale de los dientes de la rueda? Usted pedalea tan rápido como puede, pero no pasa nada. Sin embargo, si continúa presionando sobre los pedales, de repente, la cadena se engrana y la bicicleta arranca.

La vida funciona de la misma manera. Podemos girar nuestras ruedas por un tiempo antes de ver cualquier movimiento, pero mientras sigamos pedaleando, los resultados de seguro llegarán. Como nos enseñó Newton, el impulso lo es todo y la única forma de desarrollarlo es a través de acción coherente.

Mirando más profundamente en la "coherencia de las acciones", descubrimos que esto realmente no es más que un montón de pequeños pasos, uno tras otro. Una buena acción es algo agradable, pero esta probablemente no nos va a asegurar la entrada a las puertas del cielo. Un día en el gimnasio es mejor que nada, pero probablemente no se va a llevar las llantitas. Crear algo que valga la pena toma tiempo, energía, compromiso y esfuerzo y esto es especialmente cierto cuando se trata de poner nuestros dones en buen uso.

Hacer que los sueños se vuelvan realidad

Si realmente queremos llegar a nuestro máximo potencial en la vida, tenemos que ser honestos con nosotros mismos y reconocer que nuestra justificación para no actuar es en realidad un pretexto disfrazado. Tenemos que transformar nuestras acciones del simple hecho de decir: debería hacer o podría hacer a tengo que hacer. Las únicas cosas que parece que se logran hacer son aquellas que se tienen que hacer. Es por eso que hemos inventado plazos. Le animo a invertir el tiempo en examinar todas las razones que tuvo para crear su sueño o meta en primer lugar. Piense en todas las cosas increíbles que vendrán a su vida, si usted emprende la acción, y, por el contrario, todo el dolor que tendrá lugar si no lo hace.

Encuentre una manera de imprimirle urgencia a lo que usted desea lograr, porque cuando posponemos, las cosas empiezan a acumularse y la carga de la inactividad se torna cada vez más y más pesada hasta que nuestras esperanzas y sueños tienen que doblegarse y desisten bajo la presión. Si no tenemos cuidado, el postergar comienza a tomar el control sobre todas las facetas de nuestra vida -desde nuestra salud, hasta nuestra riqueza y nuestras relaciones.

Hay una maravillosa rima china que resume la importancia de este mensaje:

> "Uno hace una red,
> El otro se pone de pie y desea.
> ¿Le gustaría hacer una apuesta?
> ¿Cuál de los dos consigue los peces?"

....

PALABRAS DE SABIDURÍA
"Puede que la acción no siempre traiga la felicidad.
Pero no hay felicidad sin acción".
BENJAMÍN DISRAELI

INSPIRACIÓN PARA RECORDAR
Benjamín Franklin

PREGUNTA PARA CONSIDERAR
Si usted sabe lo que debe suceder para que pueda ser feliz,
¿por qué simplemente no lo hace?

....

"Aún si estás sentado en el camino correcto,
te atropellarán si simplemente te quedas allí sentado".
Will Rogers

UTILICE SU DON

Tal vez ya haya escuchado esta clásica historia contada por Russell H. Conwell, el fundador de la Universidad de Temple.

La historia trata acerca de un rico granjero del Medio Oriente que estaba completamente satisfecho con sus abundantes campos, exuberantes huertas y copiosos jardines. Un día un sacerdote budista le dijo al granjero que una inmensa fortuna habría de venir a aquellos que encontraran diamantes. Después que el granjero había aprendido cuán valiosos eran los diamantes, se fue a dormir siendo un hombre muy pobre. Él aún tenía sus campos, huertos, y jardines, pero no tenía diamantes. Así que vendió su granja, embolsilló el dinero, y partió en busca de los diamantes. Los buscó por años y años, viajando desde Palestina a España; hasta que un día, cuando ya se había gastado todo su dinero y estaba vestido con harapos, decidió no aguantar más su tristeza y se suicidó. Por otra parte, el hombre que había comprado la granja estaba paseando un día al lado del arroyo cuando notó un destello brillante y recogió una brillante piedra en el borde del agua. Sin pensarlo mucho, colocó la piedra en su bolsillo, y cuando volvió a casa la ubicó en el marco de la chimenea. Más tarde el mismo viejo sacerdote le visitó y quedó asombrado por lo que vio: ¡era un diamante!

Eufóricos, ambos, el dueño y el sacerdote salieron corriendo hasta pasar el jardín donde descubrieron que el arroyo entero estaba repleto de diamantes.

El mensaje, por supuesto, es que los diamantes no están escondidos muy lejos, sino que pueden estar escondidos en su patio trasero. Todo lo que debe hacer es cavar un poco para así encontrarlos.

¿Cree que los diamantes están en algún lugar "allá afuera"? ¿Está en la búsqueda constante de tesoros esquivos, ya sea un mejor trabajo, una casa más grande, un peldaño más alto en la escalera social, o una despampanante comisión? Muchos buscamos en todos lados menos en el único lugar donde las gemas de seguro deben ser halladas: dentro de nuestra cabeza y en nuestro corazón. Es allí donde encontraremos el regalo que, como un diamante en bruto, necesita ser excavado y pulido para revelar su resplandor.

OPRAH WINFREY

> "Mi meta es alcanzar el más alto nivel
> de humanidad que me sea posible".

Afortunadamente para nosotros, Oprah Winfrey descubrió su don a muy temprana edad y a los tres años estaba recitando sermones en una iglesia de Mississippi, y cada vez que la gente se acercaba a su casa, ella les recitaba versículos de la Biblia.

Para cuando tenía siete, sermoneaba el "Invictus," de William Ernest Henley. Ella cuenta que la gente decía: "¡Qué sorpresa! ¡Cómo habla esa niña! Los demás eran conocidos por cantar, pero yo era conocida por hablar".

Sus dones, hablar, escuchar con empatía, y una genuina amabilidad de corazón, le han traído su enorme fama, fortuna e influencia mundial. No obstante, el camino para hacer que sus dones ayudaran a millones estuvo lleno de vuelcos y giros. Nacida del concubinato y en la pobreza en el área rural de Mississippi, Winfrey fue criada al comienzo por su abuela en una granja, y luego por su madre sustituta en Milwaukee. Durante ese tiempo, ella sufrió el horror del abuso, tanto físico como emocional. Pronto se hallaba fugitiva, mintiendo, robándole dinero a su madre, y estando en promiscuidad con otros chicos más adultos. En su temprana adolescencia, experimentó con drogas, dio a luz a un bebé prematuro quien no sobrevivió, y fue salvada de irse a una prisión juvenil a la edad de trece años solo porque el lugar se encontraba sobre poblado.

Como último recurso, fue enviada a Nashville a vivir con su padre estricto quien "no aceptaba nada menos que lo que él pensaba que fuese lo mejor de mí". Floreció bajo la atención y la estructura que él le administró, convirtiéndola en una estudiante elogiada e incluso ganando un puesto como presentadora de noticias en radio a la edad de dieciséis.

Entonces entendió que sus más tempranas dificultades fueron producto de no valorarse y por preocuparse de lo que otros fueran a pensar de ella. Decidió entonces ser la arquitecta de su propia vida. Como al final dijo en una entrevista para Lerner Publications: "Yo no creo ser una pobre, desfavorecida niña del gueto que hizo algo bien. Yo me percibo como alguien quien desde muy temprana edad sabía que era la responsable de mí misma y por eso debía hacerlo bien" A la edad de diecinueve firmó con una estación de televisión en Nashville como reportera y presentadora y de allí se mudó a Baltimore. Se dio cuenta que no era buena para continuar como reportera de noticias y, de hecho, estaba a punto de ser despedida cuando la estación decidió darle una oportunidad en un show de charlas. Pronto se mudó a Chicago, donde empezó a ser la anfitriona de varios shows de charla locales y dónde procuró seguir su otra aspiración -convertirse en actriz. Fue incluso nominada a un Oscar por su actuación en el film de Steven Spielberg "El color púrpura".

A pesar que el show de Oprah desde 1986 fue un hit inmediato, le tomó tiempo para evolucionar al ahora formato familiar que a diario paraliza a veinte millones de televidentes. Algunos de los primeros shows de Winfrey eran mordaces y voyeristas. No obstante, se convirtió en la "Diva del discurso durante el día" al llevar su show a un nivel más adelante que el de sus colegas. Sus shows adoptan la dinámica del "toma y dame" mientras se enfoca en problemas como los niños que viven en la pobreza, el valor de la educación y el abuso sexual.

A la edad de treinta años, este negocio bien planificado producía un valor bruto de treinta millones de dólares anuales. Recientemente, la revista Forbes la llamó la primer mujer negra millonaria.

"Fui criada en una casucha sin servicio de agua corriente" dijo ella. "Nadie tenía ni idea que mi vida no podría haber sido otra cosa que trabajar en alguna fabrica o en un campo de algodón en Mississippi. Absolutamente nadie. Me siento muy fortalecida de saber que mi vida va a ser referenciada como un ejemplo para mostrarle a la gente lo que se puede hacer".

Winfrey hace que sus invitados se expresen abiertamente ante ella mientras ella hace lo mismo para con ellos y no le intimida revelar su filosofía personal: pro elección, anti bélica, y dura con madres negligentes, conductores ebrios, fumadores, abusadores del subsidio estatal, y cualesquier otros que no se hagan responsables por su propias vidas. Se toma el tiempo necesario para revelar sus luchas personales a otros anfitriones de la charla. Su audiencia ha triunfado o sufrido con ella, mientras ella ganaba o perdía cientos de libras y narraba los altos y bajos de sus relaciones.

Winfrey, se ha convertido en la amiga de Norte América, un modelo a seguir, y en terapista, ya que explica a toda su audiencia la importancia de la autodeterminación, la compasión, y por supuesto, la lectura de libros, lo cual ella llama "el más grande de los placeres que tengo". De hecho, ser seleccionado para su club de libros al aire prácticamente le garantiza al escritor que cualquier libro venderá un adicional de quinientas mil a setecientas mil copias.

Su impacto difícilmente puede ser exagerado. Citada por la revista *Time* como una de las cien personas con más influencia del siglo veinte, también fue en una ocasión seleccionada como la persona que los viajeros más desearían tener sentada al lado en un vuelo largo. "Ella es casi una religión", dijo un escritor. Conocida por todo el mundo solo por su primer nombre, también se dice que tiene más influencia en la cultura norteamericana que cualquier presidente universitario, político, o líder religioso con la excepción del Papa.

Tener el poder para cambiar la vida de la gente es algo que ella se toma muy en serio. "Es muy fácil que algo se malinterprete, así que mi intención es siempre, sin importar si el tema es la rivalidad entre hermanos o la violencia contra las esposas o los niños, que la gente vea entre cada show que es usted el responsable de su vida, que a pesar que tal vez haya una tragedia en su vida, siempre hay una posibilidad de triunfo. No importa quién sea usted, de dónde venga. La habilidad para triunfar siempre empieza en usted. ¡Siempre!"

Oprah Winfrey es muchísimo más que una inspiración. Ella es un modelo a seguir para Norte América y alguien que representa todo lo que hay bueno en la humanidad.

La ley de causa y efecto

Sin lugar a duda, Oprah entendió la ley de la causa y el efecto. De manera intuitiva se dio cuenta a una edad muy temprana que no se obtiene algo a cambio de nada. Ya sean bonos de muy bajo precio, una máquina paga-monedas, o un billete de lotería, aún la apuesta más segura simplemente no siempre es la más exitosa. ¿Por qué no? La respuesta recae quizás en una de las más profundas leyes de la vida: solo recibimos de aquello que damos. Solo sacamos de donde hemos puesto dentro. Solo cosechamos aquello que hemos plantado. Las recompensas que recibimos estarán siempre en proporción directa al servicio que brindemos. Simplemente no hay otra manera en que las cosas sucedan.

Este concepto aplica a todas las áreas de la vida. Usted no puede tener un cuerpo firme a menos que desarrolle los hábitos de una persona saludable. No va a tener un gran matrimonio a menos que desarrolle los hábitos de un conyugue amoroso. Y no se hará rico a menos que adopte los hábitos de la riqueza. Yo sinceramente espero que tome este mensaje de corazón y que adopte este principio en su vida aunque tengo algo que confesar: Yo no siempre viví bajo esta regla.

Hace algún número de años aprendí esta lección de la forma difícil. En ese entonces, me encontraba en la búsqueda constante de obtener dinero rápido. Me avergüenza decir que fui engañado por uno de esos esquemas de "enriquézcase rápido". Después de gastar más de treinta y dos mil dólares y un año de mi tiempo, me di cuenta que ¡el único que se estaba haciendo rico era el tipo que promocionaba el fraudulento programa! Y no fue sino hasta que me sumergí a estudiar los hábitos de algunas de las personas más ricas en el mundo que descubrí por qué había fallado: el dinero no puede ser obtenido de manera directa; más bien, es simplemente la cosecha de nuestra producción. No puede cosechar semillas que no ha plantado. Tomemos a Andrew Carnegie, Henry Ford, Sam Walton o Bill Gates. Cada uno de ellos se enfocó en entregar más valor, más servicio, y más beneficios al consumidor. Sea que uno sea un empleado o un empresario, la única manera de hacerse rico es realizar más servicio de aquel que le está pagando. Y solo hasta que empezamos a brindar mejor servicio, vendrá el momento de merecer un mejor pago. Es tan simple como eso.

Lo mismo va para ejecutivos y gerentes. No podemos esperar recibir esos huevos de oro si dejamos de alimentar la gallina. Henry Ford se dio cuenta de esto cuando implementó la semana laboral de cinco dólares al día, algo inédito, en el sistema de remuneración de ese entonces. Bill Gates y Paul Allen se dieron cuenta de esto cuando emitieron opciones de compra de acciones a los empleados de Microsoft. Howard Schultz se dio cuenta de esto cuando le extendió los beneficios a los empleados de medio tiempo de Starbucks. Si quiere convertirse en una persona exitosa y rica, empiece a hacer una lluvia de ideas en las cuales pueda acarrear más valor, mejor servicio y un mayor placer a sus clientes y colegas. La recompensa vendrá a cántaros.

Aprovecha el poder de los sesenta segundos

El tiempo es un regalo, pero también puede ser un ladrón. Cuando no lo estamos mirando, se roba nuestra juventud, nuestros sueños, nuestras oportunidades, y aquellos a quienes amamos. Y entonces se acaba, como la arena en el reloj. A veces andamos de forma acelerada con muchos puntos marcados en nuestra lista de cosas por hacer pero con una sensación de vacío en nuestro interior.

Si vamos a darle a nuestro regalo un buen uso, debemos convertirnos en mejores organizadores de nuestro tiempo. Debemos aprender a disfrutar cada minuto de cada día. Atesorarlo, invertirlo. Este es uno de los recursos más preciosos en la vida. La gente exitosa y feliz sabe cómo poner esos 1,440 minutos de cada día en buen uso. Ellos entienden que el tiempo, si bien es precioso, es ilusorio cuando se mide por un reloj. En cambio, ellos miden su tiempo y su vida por el número de increíbles experiencias que pueden recolectar. Cuando nos absorbemos totalmente haciendo algo que amamos por completo, sentimos como si nos transportaran fuera del tiempo y nos fuese dado un sentimiento de totalidad, plenitud, y paz más allá de toda imaginación.

Así que, ¿cómo puede manejar su tiempo? Puede monitorear constantemente sus metas, analizar su desempeño, y ver si sus actitudes y actividades están encaminadas hacia lo que quiere convertirse y en lo que quiere lograr en la vida. En otras palabras, ¡su prioridad número uno debería ser la de recordar su prioridad número uno!

La manera de controlar su tiempo es controlando su enfoque al hacerse preguntas como: ¿Qué quiero sacar de esta situación? ¿Me va a acercar esta actividad un poco más hacia la realización de mis metas? ¿Estoy colocando las cosas importantes en primer lugar? ¿Qué puedo hacer ahora para lograr un impacto mayor a largo plazo?

PALABRAS DE SABIDURÍA
"Entre más sabes, más te enteras que no sabes".
BRIAN SOUZA

INSPIRACIÓN PARA RECORDAR
Oprah Winfrey

PREGUNTA PARA CONSIDERAR
¿Qué puede hacer hoy que le ayude en el futuro a acercarse un paso más para convertir sus sueños en realidad?

27

"La fe es una guía más sólida que la razón. La razón puede ir sola muy lejos, pero la fe no tiene límites".
Blaise Pascal

SIGA SU BRÚJULA

Un día una anciana pidió algunos consejos al hombre sabio de la aldea.

"¡Oye! muchacho", dijo ella bruscamente, "voy a morir pronto y tengo una gran cantidad de dinero. Si eres tan inteligente, dime cómo puedo llevármelo conmigo". Mientras ella soltaba una pequeña carcajada codiciosa, el hombre sabio sólo la miraba.

"¿Entonces? ¿Dígame?" Le exigió. "¿Qué puedo llevarme a la otra vida?"

"Todo lo de valor", dijo el hombre sabio.

"¿Cómo?" Preguntó ella con emoción.

"En su memoria", él respondió.

"¡En la memoria!" dijo con desprecio. "La memoria no puede llevar la riqueza".

"Al contrario, eso es sólo porque se le ha olvidado lo que es realmente valioso", dijo el hombre.

Nuestra mente puede intentar engañarnos, pero en el fondo de nuestros corazones, sabemos lo que realmente es valioso. ¿Qué es lo que usted más valora en la vida? Si no ha pensado en esto últimamente, en verdad debería hacerlo. Esta es una de las preguntas más importantes que podemos hacernos.

Nuestros valores son la brújula con la que navegamos a lo largo de la vida. Ellos nos mantienen en el camino y fuera de peligro y nos ayudan a apuntar en la dirección correcta cuando estamos perdidos. Para usar una metáfora diferente, los valores son las raíces de nuestro árbol de la vida. Ellos nos mantienen con los pies bien puestos sobre la tierra. Al igual que nosotros, si un árbol tiene raíces poco profundas plantadas en un suelo pobre, este no crecerá fuerte y será fácilmente derribado. Pero si las raíces son profundas y están ancladas en buena tierra, el árbol seguirá creciendo y podrá soportar casi cualquier tormenta.

EL REVERENDO THEODORE M. HESBURGH

"Yo creo que la fe y los valores son la brújula
por medio de la cual navegamos a través
de la vida hacia la felicidad".

En 1958, el reverendo Theodore M. Hesburgh recorrió el sur, celebrando audiencias sobre las violaciones de los derechos al voto como miembro constitutivo de la nueva Comisión de Derechos Civiles de los Estados Unidos. Los comisionados encontraron condados completos, algunos con el 70 y el 80 por ciento de negros, donde ni a un solo afroamericano se le permitía inscribirse para votar.

En una oportunidad, un odontólogo negro de Luisiana, quien había servido como capitán del ejército en Europa durante la Segunda Guerra Mundial en el Pacífico, le dijo a la comisión que él había presentado sus credenciales al registrador local, diciendo: "Yo soy un ciudadano de los Estados Unidos tanto como lo es usted y tengo la intención de votar". Pero el secretario exigió que presentara dos votantes que respondieran por él, una trampa, debido a que sólo los negros estarían dispuestos a atestiguar por él y no se les permitía votar.

"Capitán, yo le creo", dijo Hesburgh, instando al dentista para que volviera a donde el registrador al día siguiente. "Si ellos no lo registran, yo quiero que usted me llame de inmediato y me lo haga saber, porque entonces voy a llamar al presidente de los Estados Unidos, que es el general de más alto rango en el ejército de este país, y le voy a decir que a uno de sus oficiales se le está impidiendo votar. Yo le puedo prometer que el presidente hará que las cosas se pongan tan calientes para todos, el gobernador, el alcalde, y el registrador, que ellos desearán nunca haber oído hablar de usted." Al día siguiente el odontólogo fue registrado para votar.

Eventos como este eran comunes para Hesburgh, un educador-activista quien por treinta y cinco años fue presidente de la Universidad de Notre Dame y sirvió en quince comisiones presidenciales que asumieron algunos de las cuestiones más candentes del país, entre ellas la energía atómica, los disturbios universitarios, el tratamiento a prófugos y desertores de Vietnam, el desarrollo del tercer mundo y la reforma de inmigración.

Cuando Hesburgh dejó el cargo de Notre Dame en 1987, era el presidente universitario con mayor antigüedad en el servicio en América.

Fue nombrado como presidente de esta universidad a la edad de treinta y cinco años, estando allí, duplicó el cuerpo estudiantil, triplicó su facultad e incremento su dotación ochenta y tres veces, elevando la escuela al estatus de una de las más grandes universidades católicas en el mundo. También supervisó la admisión de mujeres al programa de pregrado y la transferencia de la rectoría de la universidad de una comunidad religiosa fundadora a una Junta de Síndicos predominantemente laica.

Igualmente importante, señaló el rol de una universidad católica contemporánea como "un lugar donde todas las grandes preguntas son hechas, donde una conversación emocionante está continuamente en marcha, donde la mente crece constantemente a medida que los valores y las potestades de la inteligencia y la sabiduría son apreciados y se ejercen con plena libertad".

Así, luchó contra la censura y los esfuerzos para frenar la libertad académica y la disidencia del campus.

Pero él era -y aún sigue siendo- mucho más que tan solo un anciano estadista de la educación americana. Él es una especie de conciencia de la nación y de su iglesia.

Prestó servicio a seis presidentes de los Estados Unidos y a cuatro Papas, Hesburgh luchó contra el hambre en el tercer mundo, construyó puentes entre los científicos y los dirigentes religiosos, ayudó a reformar las leyes de inmigración y abogó por la paz mundial. Aventurándose a ir a donde pocos sacerdotes se atreverían a ir, él también presidió la Fundación Rockefeller, estuvo en el consejo del Chase Manhatan Bank y fue jefe de la junta de supervisores de la Universidad de Harvard.

"Mi principio básico", él dijo, "es que no se toman decisiones porque sean fáciles; no se toman porque sean baratas; no se toman porque sean populares; se toman porque son las correctas".

En su autobiografía, *"Dios, el país y Notre Dame"*, escribió de los valores del hogar que le fueron enseñados como hijo: "Es mejor ser honestos que deshonestos, es mejor ser generosos que crueles, es mejor ayudar que lastimar a alguien, es mejor ser patriota que no serlo... ¿Dónde están esos valores siendo enseñados hoy en nuestras escuelas?"

Ahora como presidente emérito jubilado de la universidad, continúa el trabajo en el desarrollo de varios institutos y centros de Notre Dame que él ayudó a fundar, como el Instituto Kroc para Estudios de la Paz Internacional, el Instituto Kellogg para Estudios Internacionales y el Centro para los Derechos Humanos y Civiles.

Cuando me senté con él en su oficina en la biblioteca de Notre Dame que lleva su nombre, le pregunté cuál creía él que era la mayor amenaza social que enfrentaba esta nación. Él respondió: "Yo creo que la mayor amenaza social que enfrentamos nosotros y las generaciones futuras es la pérdida de la fe, la cual abre para nosotros el camino cristiano que debería guiar todo en nuestras vidas. Sin fe, estamos desorientados. Resolvemos este problema cultivandola y orando al Señor cada día por una profundización de la fe y sus ideas".

A través de los años, el Reverendo Hesburgh -o Padre Ted, como prefiere ser llamado- ha sido un modelo de rol para mí. Y yo consideré un honor y un privilegio el sentarme con uno de los más grandes humanitarios y estadistas de nuestro tiempo.

Al comenzar a contemplar cual es la mejor forma de servir a otros, no olvidemos el ejemplo dado por el Reverendo Hesburgh. Si un solo hombre puede lograr tanto para la posteridad, imagínese el impacto en el mundo si cada uno de nosotros cultivara la misión de servir a los demás.

La fuente de los valores

Los valores del Reverendo Hesburgh provienen de su fe. Pero ¿de dónde vienen sus valores? La mayoría de los psicólogos dice que los niños aprenden sus valores básicos y creencias dentro de sus cinco o seis primeros años de vida. De hecho, la escuela conductista de Psicología considera que los niños entran en este mundo esencialmente como una "pizarra en blanco" y pueden ser formados en cualquier aspecto en función de lo que reciben de su entorno.

Pero más importante que lo que experimentamos es la forma en que elegimos definir esa experiencia. En verdad, incluso si nuestros padres tenían buenas intenciones, puede que ellos no nos hayan dado todos los suministros que necesitamos para el viaje de la vida. Tal vez no tuvimos el control sobre quien empacó nuestras maletas en ese entonces, pero sí lo tenemos ahora. Al hacer el inventario de nuestros valores nos tranquiliza saber que tenemos todas las herramientas que necesitamos.

¿Por qué está corriendo?

¿Se acuerda de la película Carros de fuego? Esta se centraba en dos personajes: Harold Abrahams, un temerario joven estudiante judío en Cambridge, y Eric Liddell, un misionero escocés. Ambos eran súper estrellas británicas de las pistas con sueños de ganar las medallas olímpicas de oro. Ambos hombres estaban increíblemente impulsados, pero una gran diferencia les separaba: sus razones para ganar.

Abrahams no corría por amor al arte. Él no corría ni por su equipo ni por su país- él corría por sí mismo. Corría para probar que los judíos eran tan buenos como todos los demás.

Liddell, por su parte, creía: "Dios me hizo con un propósito, pero también me hizo rápido. Y cuando corro yo siento Su placer". El no corría por sí mismo; él corría porque reconocía que correr era un regalo de Dios para él, y sentía una profunda obligación de utilizar este regalo al máximo.

Cuando se negó a inclinarse ante la solicitud del Príncipe de Gales para correr en sábado, Liddell dijo: "Dios hace a los países. Dios hace a los reyes y las normas por medio de las cuales ellos rigen. Y esas reglas dicen que el sábado es suyo. Y yo tengo toda la intención de mantenerlo de esa manera". Su fe y sus valores corrían más profundamente que su deseo de ganar el oro. Optó por cambiar el turno de las carreras con un compañero de equipo en lugar de correr en el día sábado.

Al final, ambos hombres ganaron medallas de oro. La cámara capturó el regreso de Abraham a casa, a una estación de tren vacía con sólo su novia esperándolo a él. Pero cuando Liddell regresó a Inglaterra, cientos de personas estaban apretujados en frente de la estación del tren, esperándolo para llevarlo sobre sus hombros.

¿Por qué la multitud de aficionados celebró con Liddell, pero ignoró a Abrahams? Porque Liddell corrió la carrera por las razones correctas y fue inquebrantable en su compromiso con su fe y sus valores. Él no fue un héroe porque ganó. Él ganó porque fue un héroe. Él no estaba corriendo por sí mismo y esa es la diferencia –eso fue lo que hizo de él un campeón.

Valores cambiantes en América

¿Qué sucede con la calidad de nuestra vida cuando valoramos el poder por encima del propósito; el conseguir por encima del dar; el materialismo por encima del humanitarismo? No hay una respuesta corta, pero si la hubiera, no sería agradable. Abandonar nuestros valores ha dado origen a una crisis de proporciones epidémicas.

La verdad es que muchos de nosotros hemos permitido que los valores materialistas tomen la escena central y empujen a los valores morales a la solitaria sección de la sala de espera. Hoy en día muchos niños están siendo criados sin un conjunto básico de valores. Por causas ajenas a su voluntad, probablemente ellos terminarán haciendo daño, en vez de contribuir al éxito de la sociedad. Y cuando esto suceda todos vamos a perder, porque sus talentos nunca habrán sido cosechados ni compartidos con otros.

Regresión progresiva

¿Cómo podemos resolver la epidemia de descontento, frustración, e infelicidad en América que es causada por personas extraviadas de sus valores? Propongo que intentemos lo que yo llamo la regresión progresiva.

Esto significa que prosperemos en el futuro regresando a la moral y los valores del pasado. Debemos volver a los tiempos en los que valorábamos a nuestra familia más que a nuestras finanzas, cuando nuestras contribuciones superaban nuestros derechos percibidos.

Hoy en día nos reímos entre los dientes del mundo idealista retratado en los antiguos programas de TV como en el *Show de Andy Griffith*, *Déjaselo a Beaver*, y *Yo amo a Lucy*.

Pero quizás en medio de lo tontos que esos shows a veces puedan parecer, nos están hablando acerca de algo que hemos perdido y que necesitamos recuperar desesperadamente.

Tal vez podamos aprender una o dos cosas de la vida en Mayberry.

PALABRAS DE SABIDURÍA
"Para el creyente, no hay duda, para el incrédulo,
no hay respuesta".
ANÓNIMO

INSPIRACIÓN PARA RECORDAR
El Reverendo Theodore M. Hesburgh

PREGUNTA PARA CONSIDERAR
¿Permite usted que su fe y sus valores actúen como una
brújula en su vida?

28

"Si alguno avanza con confianza en la dirección de
sus sueños, y se esfuerza por vivir la vida que ha
imaginado, se encontrará con el éxito en el momento
menos imaginado"
Henry David Thoreau.

LA ESENCIA DEL ÉXITO

¿Qué significa ser exitoso? Los
detalles podrán variar para cada uno de nosotros, sin embargo, el
patrón básico será probablemente el mismo. Las raíces del éxito
siempre empezarán en el mismo lugar: descubriendo y desarrollando nuestros dones; todos y cada uno de ellos.

Nuestra cultura nos bombardea con las imágenes del éxito en
Hollywood: gente súper atractiva conduciendo autos de lujo, hol-
gazaneando en bellas casas, y saliendo de excursión a destinos va-
cacionales exóticos. ¿Quién no querría una vida así? Es la imagen
perfecta. Pero por supuesto, tras cada colorida imagen yacen imperfecciones sin observar.

Un ejemplo perfecto de esta dicotomía es la vida de Elizabeth
Taylor. En los cincuentas y sesentas, esta bella y talentosa mujer de
cabello café oscuro era la personificación del éxito. Las mujeres querían ser como ella y los hombres querían estar con ella. Era hermosa,
elegante, rica y glamorosa. Su vida parecía ser la conglomeración de
hombres apuestos, pieles, yates, jets, autos Roll-Royce, diamantes y
adulación.

Más aquello que las fotografías del glamour fallaban en atrapar
era el drama interno: el abuso de alcohol, drogadicción, los desafíos a su peso y ocho matrimonios fallidos. Taylor batallaba contra
un número de enfermedades terribles, incluyendo cáncer cerebral,

y su vida parecía estar girando vertiginosamente fuera de control. "¿Cómo es que todo esta gente buena se sigue muriendo y yo sigo viva?" preguntó una vez. Había estado tan absorta consigo misma por tanto tiempo que había errado en darse cuenta que había estado buscando el amor en lugares equivocados.

No fue sino hasta que su buen amigo Rock Hudson muriera de SIDA que finalmente descubrió significado y propósito en su vida. Ella arrojó su pasión, su energía, y su estatus de celebridad para crear la Fundación Rock Hudson para el SIDA, la cual ha ayudado a aumentar la conciencia hacia esta enfermedad y ha salvado miles de vidas. Luego de décadas de buscar en botiquines de medicina y botellas de vodka, Taylor descubrió finalmente que el propósito de su vida no lo iba a encontrar en la autoindulgencia sino sirviendo a otros.

De forma similar, para muchos de nosotros, nos toma una vida entera darnos cuenta que el dinero puede comprarnos una casa gigante, pero no puede comprarnos un hogar. El dinero puede comprar un hermoso anillo de diamante, pero no puede comprar un buen matrimonio. El dinero puede comprar la mejor educación, pero no puede comprar la experiencia. El dinero puede comprar una cirugía facial, pero no puede comprar más tiempo. El dinero puede mejorar el exterior de la vida de uno, pero no puede comprar las cosas que realmente pueden hacer que la vida valga la pena.

ARNOLD SCHWARZENEGGER

"Sé que si puedes cambiar tu dieta y programa de ejercicio para darte un cuerpo distinto, puedes aplicar los mismos principios a cualquier otra cosa".

Creciendo en una pequeña villa en Austria, Arnold Schwarzenegger difícilmente parecía un candidato a convertirse en el físico culturista trece veces campeón del mundo, famosa estrella de cine, exitoso empresario y gobernador de California. De hecho, siendo niño a menudo se enfermaba y jugaba un papel secundario frente a su hermano mayor, Meinhard.

Su estricto padre, quien era el jefe de policía del pueblo, establecía disciplina y trabajo pesado para sus dos hijos. A pesar que Arnold era más débil que su hermano, los dos competían tanto en estudios como en deportes. Arnold trabajaba duro buscando el elogio de su padre. Como resultado, él se convirtió en un deportista exitoso, disfrutaba de deportes como la natación, el boxeo, además de correr en las pistas y practicar los deportes de campo.

En una ocasión cierto evento requería de mayor fortaleza por lo cual su entrenador de fútbol decidió que el equipo necesitaba entrenamiento en el gimnasio. Arnold se encontraba fascinado de los poderosos hombres que allí se ejercitaban. "Y allí estaba ante mi" dijo después, "la respuesta que había estado buscando". Se resolvió a convertirse en lo más grande y lo mejor que pudiera llegar a ser.

Se dedicó al levantamiento de pesas con la intensidad y el enfoque que más tarde lo convertirían en su marca registrada. Mientras otros físico-culturistas locales se ejercitaban dos o tres veces por semana, él se dedicaba a las pesas seis de siete días. Una vez incluso se metió a la fuerza al gimnasio cuando llegó y lo encontró cerrado.

A pesar que en ocasiones sintiera tanto dolor que al día siguiente no pudiese levantar sus brazos para peinarse, él tenía lo que llamaba su plan maestro: "Quiero ser el mejor físico-culturista del mundo", le dijo a sus padres. "Luego quiero ir a Norte América y aparecer en las películas".

Cuando tenía dieciocho, se enroló en el ejército. Aún estando en entrenamiento básico, recibió una invitación para competir en la división junior del concurso Sr. Europa en Alemania. Los nuevos reclutas no eran autorizados a estar fuera de la base, así que se escabulló por encima de una pared y se fue al AWOL. Aparte de ganar el concurso, también se ganó siete días en el calabozo.

En 1966 buscó su primer gran título -Sr. Universo- y lo perdió. Aumentó su régimen de entrenamiento y ganó el año siguiente. "Yo tenía una visión ganando el concurso de Sr. Universo", dijo después, "era una cosa muy espiritual, en un modo, puesto que tenía tal fe que mi mente jamás cuestionó si yo podía hacerlo".

El título, el cual ganó el año siguiente también, lo puso en la portada de revistas europeas y en la televisión. Pero él ya había puestos a sus aspiraciones un corte más alto: él quería ir a los Estados Unidos y competir contra los más grandes y los mejores del mundo.

Los físico-culturistas son los auténticos hombres auto-hechos, serios estudiantes de la maximización de las fortalezas y el mejoramiento sobre sus debilidades. Ellos aprenden a trazarse metas y a empujarse a sí mismos más allá de los umbrales normales del dolor.

Sus amigos cuentan cómo Schwarzenegger estudiaba uno de sus antebrazos flexionados en un espejo, decidiendo en qué lugar este necesitaba ser más grueso, determinando con exactitud qué necesitaba hacer para poner ese músculo adicional, y luego trabajando por semanas para esculpir ese punto exacto. Él le aplicaba igual intensidad a la vida fuera del gimnasio.

La oportunidad de viajar al otro lado del mundo y perseguir el sueño americano le llegó cuando el gurú del buen estado físico Joe Wieder lo invitó a California. El físico-culturismo no era aún un deporte de alto perfil. Más Schwarzenegger casi que con una mano levantó su imagen al continuar ganando tres títulos más como Sr. Universo y siete concursos de Sr. Olympia y al convertirse en Sr. Mundo. Su record de trece grandes victorias internacionales permanece aún inigualado.

Al comenzar a ganar dinero del físico-culturismo, él invirtió en bienes inmuebles- edificios de apartamentos, oficinas, y restaurantes. Para 1975, tenía suficiente dinero como para retirarse. Pero eso no hacía parte de su plan maestro. Él quería cumplir su otro sueño -el estrellato en el cine.

Había estado en un par de películas, incluso había ganado un premio Golden Globe como "Recién llegado más prometedor" por su papel como un físico-culturista Europeo en "Stay Hungry" (*Quédate con hambre*). Su búsqueda por otro Sr. Olympia también había sido sujeto de un exitoso documental llamado "Pumping Iron" ("*Bombeando hierro*").

Pero los poderosos en Hollywood dudaban que Schwarzenegger se pudiera convertir en una estrella debido a su nombre étnico y marcado acento. Para demostrar lo contrario, empezó a tomar lecciones de actuación y vocalización y llegó a la cumbre con el film Conan el Bárbaro en 1981. Luego de una serie de sucesos en películas de acción violentas, empezó a hacer papeles cómicos también.

Volteando otra página en su vida, Schwarzenegger se vio envuelto en el servicio público. Después de trabajar en programas de sectores degradados, el Special Olimpics y el presidente del Consejo para el buen estado físico y los deportes, se hizo autor de una exitosa iniciativa para reforzar los programas de después del colegio en California. Luego, en 2003, fue elegido por una victoria arrolladora como gobernador de California.

Si hay una lección que aprender del Sr. Schwarzenegger es esta: el camino más seguro para lograr un éxito duradero es enfocarse en fortalecer el carácter. La persistencia, la paciencia, la fe, el deseo, la determinación, la disciplina, el valor, y una actitud positiva son todos atributos que, una vez integrados al tejido de nuestro carácter, nos conducirán al éxito en cualquier esfuerzo que hagamos.

Establezca las reglas

Así como tenemos reglas que gobiernan nuestra felicidad, también tenemos reglas que gobiernan a quienes vemos como un éxito. Independientemente de cuáles sean nuestras reglas particulares, todos probablemente estaríamos de acuerdo en que Arnold Schwarzenegger ejemplifica no solo el éxito sino también el más alto escalón en el sueño americano.

Pero desafortunadamente, nosotros nos reservamos algunas de las reglas más estrictas para nosotros mismos. Por ejemplo, yo conozco un hombre de negocios que gana más de seis millones de dólares anuales pero siente que "no lo habrá logrado" hasta que tenga diez. Y un compañero al que entrevisté ganaba uno punto dos millones de dólares anuales, tenía una familia cariñosa y estaba en la mejor forma de su vida –aun así, el no se sentía exitoso.

¿Cómo puede alguna gente lograr realizaciones tan increíbles, y aún sentirse sin éxito? Probablemente tenga algo que ver con el hecho que sus reglas para juzgar el éxito son en exceso severas. Si el propósito de la vida es experimentar la felicidad, entonces ¿por qué no creamos reglas en las que estemos garantizados para ganar hoy? El éxito no debería ser medido estrictamente por sus resultados; debería también ser medido por la contribución, la cantidad de esfuerzo que ponemos sucesivamente. Mi recomendación es que usted adopte la creencia de que siempre que haga un progreso para mejorar en la vida, se considere a sí mismo exitoso. Porque las oportunidades siempre están allí; siempre que trabaje para el éxito, va a encontrarlo.

Si el éxito es su meta, entonces el primer paso es saber qué es lo más importante para usted: sus valores. Pero mantenga en mente que el "éxito" tiene más de una dimensión. No es exitoso si su negocio se encuentra creciendo, mientras su matrimonio, salud, o vida espiritual mueren. Su mayor logro debería ser el de convertirte en una persona exitosa y bien equilibrada en todos los aspectos importantes de su vida. Creo que todos podríamos aprender una cosa o dos de la definición de Ralph Waldo Emerson acerca del éxito:

"Reír a menudo y bastante; ganar el respeto de gente inteligente y el afecto de los niños; ganar el aprecio de críticos honestos y resistir la traición de los amigos falsos; apreciar la belleza; encontrar lo mejor en los demás; dejar el mundo un poco mejor, sea con un hijo saludable, un jardín arreglado, o una condición social redimida; saber que incluso una vida ha respirado más fácilmente porque tu viviste. Esto es haber tenido éxito".

El poder de una cosa pequeña.

¿Ha observado que inventamos, creamos y nos construimos cada día una decisión a la vez? Como la diminuta decisión que toma un joven que tiene prometedores prospectos para la universidad pero que opta por "desperdiciar" cuatro años en una educación a cambio de generar grandes dividendos trabajando con el mínimo esfuerzo. O la decisión de los padres quienes sienten que sus carreras son más importantes que sus hijos y pierden la oportunidad de moldearlos para algo especial. Nuestras vidas son un mosaico de pequeños fragmentos de decisiones que consciente o inconscientemente realizamos día tras día.

La gente sin éxito hace lo que es más fácil en periodos constantes en vez de hacer lo que es debido en tiempos variables. Son controlados por humores, no por valores. Buscan excusas en lugar de soluciones. Cuando son retados, son más aptos para renunciar que para perseverar. Ellos yacen en la motivación externa, no en la interna. Y cuando hablan, sus acciones frecuentemente difieren de sus palabras.

¿Cómo toma usted sus decisiones? ¿Se basan en sus valores y metas de toda tu vida? ¿O más o menos son improvisadas, permitiendo que la gente y las circunstancias momentáneas dicten el destino?

Aristóteles hizo la reflexión: "¿Cuál es la meta esencial de la vida humana? Y decidió que la felicidad es la meta esencial, y la felicidad solo puede ser lograda por la "persona virtuosa". Él clasificó la felicidad de manera muy similar en la que clasificaríamos los buenos hábitos hoy, una capacidad aprendida para hacer bien ciertas cosas. Según Aristóteles, las virtudes son habilidades que pueden ser aprendidas y mejoradas con la práctica.

Como dijera Emerson: "La naturaleza mágicamente acomoda un hombre a sus fortunas al convertirlas en el fruto de su carácter".

Cuando entendemos que el triunfo o fracaso en la vida depende de nuestro carácter más que de cualquier otra cosa, empezamos a entender lo que Aristóteles intentaba decirnos: para convertirnos en personas exitosas, debemos aprender las características de una persona exitosa y practicar los hábitos de una persona virtuosa.

¿Qué es el carácter?

El desarrollo del carácter es el fundamento de un éxito para toda la vida. El carácter es la misma esencia de la cual estamos hechos. Desarrollarlo es parecidísimo a cocinar un guiso: agregas varios ingredientes crudos y luego los dejas cocer a fuego lento hasta que se mezclen obteniendo un sabroso caldo.

¿Cuáles son los ingredientes centrales? Las posibilidades son muchas, pero he condensado la lista a los trece cruciales: integridad, fe, persistencia, valor, paciencia, gratitud, actitud, ambición, deseo, compasión, conocimiento, disciplina y pasión.

Para ser exitosos debemos enfocar nuestros esfuerzos en ser, más que en hacer. Podemos pensar en ello como nuestro ser interno creando espacio para que el ser externo se pueda desarrollar. Continuamente debemos hacer inventario de las áreas en las cuales podríamos utilizar alguna mejora.

El proceso de convertirse en una persona "completa" jamás termina. La vida es trabajo constante en progreso. Nuestro don, o nuestro talento es solo el punto de partida. Debemos tomar las riendas nosotros mismos para sobreponernos a las deficiencias en nuestro carácter para que podamos darle un buen uso a nuestro don.

La gente tiende a pensar que el éxito puede ser adquirido de manera pasiva. Aún así, un hombre de veintisiete años lo reconoció. Luego de inventariar sus activos y responsabilidades, agarró su diario y listó trece "virtudes" o características que quería desarrollar. "Cada vez que viole cualquiera de estas virtudes", decía, "pondré un punto negro al lado de ese valor para ese día. Mi meta es la de no tener puntos negros en mi tabla. Entonces sabré que realmente estoy viviendo estas virtudes".

Esta simple estrategia de desarrollo personal convirtió a un hombre joven del común en una de las personas más extraordinarias que el mundo haya conocido. Si invertir el tiempo para mejorar su carácter fue suficiente para Benjamín Franklin, ¿no crees que será lo suficientemente bueno para ti?

PALABRAS DE SABIDURÍA

"Todo hombre tiene alguna medida de entusiasmo. Un hombre manifiesta entusiasmo por treinta minutos, otro lo tiene por treinta días. Pero es quien lo tiene durante treinta años quien hace de su vida un éxito".
EDWARD B. BUTLER

INSPIRACIÓN PARA RECORDAR

Arnold Schwarzenegger

PREGUNTA PARA CONSIDERAR

¿Cómo establecería sus reglas para el éxito de manera que se sienta diariamente como un ganador?

29

"Siempre estamos preparándonos para vivir, pero nunca vivimos".

Ralph Waldo Emerson

EL SECRETO DE LA FELICIDAD, EL GOZO Y LA PAZ MENTAL

¿Cómo definimos felicidad, gozo y paz mental? ¿Se asemeja eso a cómo nos sentimos cuando nuestras reservas aumentan, nuestros impuestos bajan, o el resultado de nuestros hijos en el SAT es alto, o cuando vuestro viaje en el transporte público es calmado? Todas esas cosas son grandiosas, pero ellas no nos traen, profundos y duraderos sentimientos de serenidad verdadera – lo que probablemente son buenas nuevas porque las posibilidades que ellas ocurran al mismo tiempo son muy remotas.

La verdadera felicidad viene cuando recordamos el pasado, miramos hacia el futuro – pero apreciamos y vivimos el presente. Mucha gente se siente muy atascada en los problemas del pasado y en las incertidumbres del futuro de tal manera que éstas los absorben del presente.

Recuerdo mi visita a Lester Tenney, el antiguo prisionero de guerra destacado en este libro. Inmediatamente me quedé afectado por su contagiosa actitud positiva y su perspectiva optimista de la vida dadas sus trágicas experiencias en el pasado. Cuando le pregunté su secreto para la felicidad, él saltó de su silla, me pidió que lo siguiera a su estudio, cogió un pedazo de papel y empezó a leerme este maravilloso poema:

El Chico en el Espejo

Cuando obtienes lo que quieres en tu lucha por riquezas,
Y el mundo te hace rey por un día,
Entonces ve al espejo y mírate a ti mismo,
Y mira lo que el chico quiere decir.
Porque no es tu padre o tu madre o tu esposa,
De quienes el juicio tú tienes que pasar.
La persona de la cual el veredicto debe contar más en tu vida
Es la persona que se refleja en el espejo.
Es la persona a complacer, no importa el resto,
Porque él está contigo hasta el final,
Y has pasado tu más peligrosa, difícil prueba
Si el hombre en el espejo es tu amigo.
Tú puedes ser como Jack Horner y cortar un ciruelo,
Y pensar que tú eres un chico maravilloso,
Pero el hombre en el espejo dice que eres solo un bueno para nada
Si no puedes mirarlo directo a los ojos.
Tú puedes engañar a todo el mundo en años,
Y obtener palmaditas en la espalda al pasar,
Pero tu premio final será dolores en el corazón y lágrimas
Si le has mentido al chico en el espejo.

Escrito por DALE WIMBROW, © 1934

Devolverse en el futuro

Las almas infelices parecen pensar en uno de dos lugares: el pasado o el futuro. Ellos evitan el presente porque es demasiado y críticamente doloroso: malos matrimonios, familias infelices, el trabajo incorrecto, el no tener trabajo, el estar solo y viejo, o descontento con la vida. Para ellos, el escapar a las duras realidades del presente es como tomarse un trago de whiskey para un alcohólico.

Para aquellos que se esconden en el futuro, el mañana no será un nuevo día sino tan solo la repetición del hoy. Y el próximo año no será mejor, ni lo será el año siguiente, no importa qué tan fuerte se desee. El futuro nunca será tal como lo habíamos deseado al menos que reparemos el presente.

La situación espeluznante es que vivir en el presente tampoco es siempre fácil. La mejor manera de hacerlo más fácil es admitir la verdad, aún si la verdad es que su matrimonio esté en problemas, que sus hijos se hayan metido en dificultades, que esté al borde de la bancarrota, que esté un poco pasado de peso, que odia su trabajo o está fuera del curso y completamente perdido.

Así como los médicos no pueden prescribir tratamientos para enfermedades que no pueden diagnosticar, usted no podrá encontrar la solución si no puede claramente definir su problema. Una vez que el problema sea claramente definido y entendido, entonces –sí, solo entonces– es posible encontrar la solución correcta.

Sin arrepentimientos ni preocupaciones

He decidido que realmente no hay magia para la creación de la felicidad. Es encontrada al disfrutar lo que se hace, al pasar tiempo con aquellos que usted ama, al perseguir su pasión, al vivir de acuerdo con sus valores, y usando los regalos recibidos por Dios para lograr su misión en la vida. Cuando haya llegado a ello, es así de sencillo.

Sin embargo, he descubierto una directa y aún poderosa estrategia que uso para guiarme a través de las decisiones diarias de la vida. La llamo "no arrepentimientos". Veo toda decisión que tomo -no importa que tan pequeña o trivial parezca– dentro del contexto de con quién yo quiero estar y adónde quiero ir. Es como prever una película comenzando por el final y trabajar de vuelta hacia el comienzo. Muchos de nosotros tomamos decisiones a corto plazo sin mirar las repercusiones a largo plazo. Solo aspiraré una vez y eso es todo, me sentiré mejor. Solo tomaré otro trago; no lastimará a nadie. Bueno, he estado bien toda la semana, entonces si tomo una hamburguesa y la frito no me matará.

Al analizar cada decisión de cerca y tomando una elección consciente acerca de cuál camino creemos nos llevará a una felicidad a largo plazo, mejoraremos las posibilidades de lograrlo. Si piensa que en algún punto del futuro se arrepentirá de una decisión en la que ha estado pensando tomar, tome un curso diferente. Encontrará que esta estrategia es también de ayuda para romper la mentalidad de hacer solo lo que es más fácil a corto plazo hoy a despensas del mañana. Cuando uno empieza con el final en la mente, está mejorando las posibilidades de llegar a donde quiere llegar.

RICHARD BRANSON

> "No pienso en el trabajo como trabajo
> y en el juego como juego. Todo es vivir".

El reto siempre ha provisto el combustible para el fuego de Richard Branson. Cuando él tenía cuatro años, por ejemplo, su madre detuvo el carro algunas millas de su casa en Inglaterra e hizo que él encontrara el camino a casa a través del campo.

Ya como adulto, Branson ha encontrado sus retos de otra manera – volando globos de aire caliente, cruzando el Atlántico y el Pacífico (él ha sido rescatado cuatro veces en helicóptero), ha realizado carreras en bote, se ha lanzado en paracaídas haciendo piruetas, ha volado llevando cientos de invitados a su isla en el Caribe para fiestas y ha estado dirigiendo (con fervor religioso) los siete billones de dólares en el imperio del negocio de *Virgin* que empezó de cero cuando era un adolescente.

"Me encanta experimentar en la vida tanto como pueda", dice Branson, cuya creación más grande, tal vez, es su propio estilo de vida. Él mezcla trabajo y juego tan eficazmente que algunas veces es difícil decir cuándo terminan las tereas y cuándo empiezan las fiestas. ¿Qué otro jefe ejecutivo vestiría un traje de bodas para promover una compañía de aparejos? ¿Qué otra persona dejaría portafolios en una bolsa para gimnasio? ¿Qué otra persona evitaría una computadora y a cambio escribiría en el dorso de la mano? ¿O manejaría un tanque de guerra en el Times Square para conducir una campaña publicitaria contra el parpadeante aviso de su competencia, Coca-Cola?

Así como Bill Gates, P. T. Branson claramente disfruta viviendo su propia vida en sus propios términos. Su oficina favorita es una hamaca y su atuendo preferido son un par de pantalones de baño. Él a menudo tiene que prestar de sus amigos dinero sencillo y una vez fue fotografiado usando zapatos diferentes en cada pie.

"Él no se conduce como otras personas", dice uno de sus socios. "Él se resuelve a hacer las cosas".

Sir Richard (hecho caballero en el año 2000; disfruta la fama de las estrellas del rock en Gran Bretaña) era de clase media, muchacho de vista corta con dislexia quien casi se retira de una escuela, fue expulsado de otra y no logró graduarse de bachillerato. Un director predijo: "Usted bien irá a prisión o llegará a ser millonario".

A la edad de dieciséis años, lleno de ideas y aburrido de los diferentes sitios, Branson comenzó con una revista para jóvenes con la que esperaba unir a los estudiantes en contra de las reglas y regulaciones rígidas de las escuelas.

Para fundarla, empezó una compañía de discos por correo llamada Virgin Records. Cuando una huelga hizo que el negocio quebrara, la reinventó como una venta barata en tiendas que se convirtió en una cadena de tiendas de discos. Eso lo llevó a tener un estudio de grabaciones y eventualmente al sello Virgin Records, la cual vendió más de cinco millones de copias en su primera grabación. Llegó a firmar contratos de grabación con Sex Pistols, Phil Collins, Janet Jackson, y los Rolling Stones, entre otros.

Después de eso, la curiosidad de Branson y el apetito de lo inesperado lo llevó a una jornada zig- zagueante que lo llevó a la creación de una de las mejores marcas del mundo, su grupo Virgin Group, Ltd., el cual ahora incluye unas 224 compañías, desde aerolíneas hasta firmas que proveen comidas y servicios, desde compañías de celulares hasta compañías de trenes. Entre sus destacados está su aerolínea internacional, Virgin Atlantic; la cadena de música al detal, Virgin Mega Stores; y la firma de teléfonos celulares, Virgin Mobile Telephones. Pero también ha habido fallas. Por ejemplo, Virgin Cola, Virgin Vodka y Virgin Cosmetics, fueron creadas, pero desaparecieron.

Y Branson no ha terminado aún—en su larga lista de cosas por hacer está crear una aerolínea de bajo-costo, un sistema de tren de alta-velocidad en Florida, y una película basada en su autobiografía (*"Perdiendo mi virginidad"*), por la cual recibirá un porcentaje de los boletos vendidos.

"El secreto del éxito de Virgin, es la diversión", dice. Nunca intentó hacerse rico o ni siquiera tener un negocio. Depende más del sentir interno que del análisis fiscal cuando valora su próxima iniciativa. No tiene una oficina corporativa ni celebra grandes reuniones de trabajo. En vez de eso, prefiere mantener cada empresa relativamente pequeña y esperar por un toque mágico que le dé impulso a las ideas de otros así como a las propias. Por ejemplo, en cierta ocasión, una auxiliar de vuelo se le acercó y le habló de su visión de un negocio de bodas, él dio la autorización y le donó un vestido de novia para que lanzara la publicidad.

Pocos empresarios han sido tan exitosos en hacer de la diversión el principio fundamental de sus planes de negocio. Pero Branson parece regirse por el credo de su abuela. A la edad de noventa y nueve, le dijo que sus últimos diez años fueron los mejores. "Tú tienes una oportunidad en la vida, haz lo máximo de ella", le aconsejó.

Los momentos son como las olas

Ciertamente podemos aprender una o dos cosas de Sir Richard. Vivir un momento a la vez suena fácil. Pero a muchos de nosotros se nos dificulta hacer eso porque los momentos han estado ahí todo el tiempo, repitiéndose, uno después del otro, como las olas a la orilla del mar. Las damos por sentado y las tratamos como prescindibles —hacemos muy poco de ellas. Como cuando un conversador rudo nos habla y distraídamente miramos a alguien más interesante; regularmente miramos superficialmente el presente pero dedicamos nuestra atención al pasado o al futuro.

La felicidad es el resultado del estado mental de una persona, no de lo que está sucediendo en el mundo a su alrededor. No sorprende que las encuestas revelen, que la gente feliz tiende a experimentar más experiencias positivas que la gente que no es feliz. Pero lo sorprendentes es, que juzgando objetivamente, las vidas de la gente feliz e infeliz en realidad no parecen muy diferentes las unas de las otras —la gente feliz experimenta el mismo tipo de sucesos que las personas infelices. La diferencia real está en lo que ellos definen como positivo y negativo. La gente feliz tiene un umbral más bajo de lo que consideran un evento positivo —es decir están más prestos a ver lo positivo de las cosas en contraste con las personas que no son tan felices, quienes se concentran más en los aspectos negativos.

Alcanzando la paz mental

Cierto niño estaba haciendo caras a las niñas en el patio de la escuela. Su maestra, quién quería que eso dejara de ocurrir le dijo sonriente: "Billy, cuando yo era niña, mi madre me dijo que si seguía haciendo caras feas, mi cara se congelaría y yo quedaría así para siempre".

Billy miró a la maestra con detenimiento y le contestó: "Bien, Sra. Smith, no puede decir que no se lo advirtieron!". Nosotros también hemos recibido la advertencia. Nuestros rostros también reflejan las preocupaciones, el estrés, el miedo y el descontento. Por qué? Porque quizás, no hemos escuchado, visto o disfrutado, las increíbles cosas que nos rodean. Hoy el sol ascenderá y se ocultará, los pájaros cantarán las hojas cambiarán de color, las flores florecerán, los bebés reirán —pero, ¿estaremos prestando atención?

Muchos de nosotros no logramos captar la esencia y el punto central de la vida. A media que esta nos lleva en direcciones diferentes, solo damos una parte de lo mejor de nosotros en cada momento. A veces no logramos ver algunas de las cosas más bellas alrededor nuestro y no logramos escuchar los maravillosos sonidos de la vida para hacer que nuestra alma cante.

Hace algún tiempo tuve una conversación con el propietario de una exitosa compañía de préstamos para vivienda fuera de Boston. Aparentemente él parecía ser el hombre más feliz del mundo. Pero cuando le pregunté qué tipo de aficiones o intereses disfruta fuera de su trabajo, él se quedó paralizado. Dando un profundo suspiro, dijo: "Realmente amo esquiar en Vermont". Cuando le pregunté qué tan a menudo iba a esquiar, dijo que no lo había hecho por más de siete años. ¿Siete años? ¿Su excusa? "Estoy demasiado ocupado".

Muy a menudo nos negamos a nosotros mismos la felicidad en el presente con la esperanza que en alguna parte más adelante en el camino la encontremos. Pensamos: "Seré feliz una vez tenga ese nuevo trabajo", o "Seré feliz una vez pueda comprar esa casa nueva". Amigos, por si acaso no se han dado cuenta de eso: ¡el momento de ser felices es ahora!

Si le interesa experimentar un poco más de felicidad en su vida, aquí están algunas ideas que le ayudarán a alegrar su día:

Permítase a usted mismo estar "aburrido" de vez en cuando. Apague el teléfono celular, apague la computadora y deshágase del control remoto. Refresque su mente maravillosa. Salga a la naturaleza y tome algún tiempo para pensar y reflexionar. Pregúntese: ¿cómo puedo experimentar más alegría y felicidad? ¿Cómo puedo incorporar la pasión en mi profesión? Una vez hecho esto, usted regresará más fuerte, más enfocado y más lleno de energías.

Enfóquese en complacerse usted mismo, no a otros. Cuanto más se complazca a sí mismo, más fácil le será sentirse en paz interior. Todo el mundo puede beneficiarse de hacer esto. Una madre feliz es sinónimo de hijos felices. Un profesor feliz representa estudiantes más productivos. Una vida en pareja feliz es sinónimo de mejores padres. Uno no puede dar felicidad a los demás si no ha encontrado la suya propia. ¿Donde está la gente feliz? Probablemente estén trabajando en el jardín, merodeando en el garaje, enseñándole a un hijo a montar en bicicleta o tal vez pescando en Montana. No los encontrará buscando la felicidad de la misma manera en que alguien busca las llaves perdidas de su auto. La felicidad no puede ser tratada como una meta y no es algo que se pueda buscar directamente. Es un resultado que puede conseguirse únicamente de forma indirecta —se consigue por ejemplo a través de hacer lo que se disfruta, al estar con alguien a quien ama o logrando algo que desee profundamente.

PALABRAS DE SABIDURÍA
"Disfrute de la cosas pequeñas porque un día mirará hacia atrás y se dará cuenta que esas eran las grandes cosas".
ROBERT BRAULT

INSPIRACIÓN PARA RECORDAR
Richard Branson

PREGUNTA PARA CONSIDERAR
¿Qué tendría que cambiar para que experimente más felicidad y gozo en la vida?

"Nos ganamos la vida a través de lo que conseguimos,
pero vivimos la vida a través de lo que damos".
Winston Churchill

¿ESTAMOS AQUÍ PARA SER SERVIDOS O PARA SERVIR?

En una zona muy apartada, un niño estaba gravemente enfermo con una misteriosa enfermedad que lo estaba consumiendo rápidamente. Su doctor, sintiéndose impotente, llamó a un especialista a la ciudad más cercana y le rogó que viniera de inmediato.

"Voy en camino", dijo el especialista, quien subió a su automóvil y emprendió el viaje. Pero cuando se detuvo en un semáforo, un hombre con un sombrero gris y una chaqueta de cuero café tiró de la puerta abriéndola y deslizó un arma apuntando a la cara del doctor. "¡Salga del automóvil!", gritó el pistolero. El médico suplicó. "Tengo que..."

El hombre del arma le interrumpió. "No me importa que tenga que hacer. ¡Salga o lo mato!"

El doctor salió, vio al asaltante huir y luego corrió por las calles frenéticamente en busca de un teléfono. Finalmente, encontró uno, llamó un taxi y se dirigió a su destino. Llegó dos horas tarde.

El médico local se reunió con él en la puerta y le dijo: "Estoy muy agradecido que haya venido, pero el niño murió hace veinte minutos. Si no hubiera tenido ese retardo, es posible que el niño se hubiera salvado. Pero, por favor venga y ayúdeme a dar consuelo a sus padres."

El especialista fue a la alcoba y se reunió con el padre del niño, un hombre vistiendo un sombrero gris y una chaqueta de cuero café.

Sí, en su afán de llegar a casa, el padre había tomado el carro del hombre que podría haber salvado a su hijo.

La vida a veces nos lleva a tomar decisiones de una forma o de otra. ¿Cómo podemos decidir cuál elección tomar?

Podemos comenzar por preguntarnos si realmente estamos haciendo la diferencia con nuestras esposas, nuestros hijos, nuestros padres, nuestros colegas o nuestros vecinos. ¿Son ellos más felices o más completos porque somos parte de sus vidas? ¿Somos bondadosos y les ayudamos cuando están débiles? ¿Les ayudamos a encontrar el camino cuando se sienten perdidos? ¿Les facilitamos la vida en vez de complicársela? Tal vez una respuesta sincera es que a veces hacemos de las dos partes.

LA MADRE TERESA

> "La vida no vale la pena a menos que
> se viva a favor de los demás".

Cierto día de 1922, Agnes Gonxha Bojaxhiu de doce años de edad estaba orando a los pies de una estatua en su pequeño pueblo en Macedonia cuando sintió un llamado de Dios para que "me dedicara a Él y a Su servicio. . . y al servicio de mis semejantes". Ella se dio cuenta que su trabajo era servir a los pobres, sin embargo aún no sabía cómo o dónde llevaría a cabo la voluntad de Dios.

Eventualmente esta pequeña mujer, quien vestía una simple túnica y que tenía una inolvidable sonrisa, sería "una santa viviente" y aún más, "la mujer más poderosa del mundo".

Después de algunos años de haber recibido el llamamiento de parte de Dios, la joven Agnes viajó a Irlanda y comenzó su entrenamiento para hacerse monja. A través de sus estudios aprendió que la pobreza extrema y las enfermedades se habían apoderado de la India.

Cuando se fue para Calcuta, la hermana Teresa (como fue conocida al principio) enseñó Historia y Geografía en las escuelas de un convento. Pero poco a poco empezó a hacer incursiones en los barrios pobres de la ciudad, a pesar de la desaprobación de los superiores de la iglesia. Allí vio de primera mano las muchedumbres en medio de la basura y los desechos humanos. A pesar que la viruela, y la tuberculosis eran rampantes en el lugar, ella sabía que este era en donde su don era más necesitado.

Más tarde, en 1948, recibió aprobación para trabajar haciendo una cruzada en solitario fuera del convento. Abrió una escuela para los pobres mientras y escogió vivir en la pobreza. Al principio, carecía de dinero para tener un salón de clase. No obstante, le enseñó a sus alumnos, utilizando el polvo como su tablero y los palillos como tiza. A medida que consiguió dinero, fue capaz de construir salones de clase y obtener los medicamentos más necesarios.

Pronto su creciente reputación atrajo seguidores. Ya en 1950, el Papa aprobó su solicitud de fundar su propia orden religiosa, las Misioneras de la Caridad. El grupo tomó los votos usuales de pobreza, castidad y obediencia a los que ella sumó a cuatro —"Servicio gratuito y de todo corazón para los más necesitados".

No obstante ella agregaba un voto adicional. Decía: "Se positivo. Un dador alegre es un gran dador".

A medida que su orden creció, abrió casas para los huérfanos y para los agonizantes imprimiendo sobre sus seguidores principios de amor y compasión incondicionales. Mientras otros corrían de huida de los tres millones de víctimas contagiosas y desfiguradas por la lepra, la Madre Teresa corría hacia ellos con sus brazos abiertos y un corazón abierto. "La más grande enfermedad de hoy", dijo, "no es la lepra o el cáncer o la tuberculosis sino la sensación de sentirse rechazado, abandonado y desatendido por todos".

Su filosofía fue: "Si realmente queremos conocer a los pobres, debemos saber qué es la pobreza". Ella estuvo sin, por ejemplo, aire acondicionado o una estufa y le dio todo lo que tenía a los pobres. Cuando el Papa le dio un Lincoln Continental blanco, ella lo rifó por cinco veces su precio, y obtuvo la suma de cien mil dólares para dedicarlos a los cuidados de los leprosos.

Más tarde, el Papa le concedió permiso a las Misioneras de la Caridad para que operaran fuera de la India. Finalmente, la orden creció a más de cuatro mil quinientas monjas operando seiscientas instalaciones en más de 130 países.

Entonces, durante la década de los años 60, la madre Teresa fue reconocida internacionalmente, y su orden se convirtió en —una organización de un billón de dólares dedicada a ayudar a los pobres. Ella estuvo descalza, y fue a cuidar a los hambrientos en Etiopía, Sur África, Gaza, en el Líbano donde había guerra, y donde quiera que fuera llamada, siempre predicó la necesidad de actuar a pesar de las circunstancias. "Si no puedes alimentar a cien personas", aconsejaba, "entonces alimenta solo a una".

En 1979, la Madre Tereza recibió el Premio Nobel de la Paz. Convenció al comité de cancelar la comida en su honor y usó el dinero a cambio de "alimentar a cuatrocientos niños pobres por un año en la India".

A pesar del agotador trabajo físico y emocional, la madre Teresa rehusó bajar el ritmo. "Nunca le he dicho no a Jesús, y no voy a empezar a hacer eso ahora", explicaba. A pesar de lo frágil y encorvada, y los numerosos achaques que la aquejaban, ella se despertaba a las cuatro y media cada mañana para comenzar su día con una plegaria, y trabajaba hasta avanzada la noche, a menudo escribiendo cartas a aquellos a quienes podrían ayudarla en su causa. Al momento de tener ochenta y cinco, sufrió de tres serios ataques al corazón.

La Madre Teresa murió en 1997. Así, se convirtió en un ícono de fe y amor. Había caminado con presidentes, primeros ministros, reyes y reinas para enfocar la atención en las necesidades de los pobres. Pero nunca dejó que su fama la disuadiera de la urgencia de su tarea. "La caridad empieza hoy. Hoy alguien está sufriendo, hoy alguien está en la calle, hoy alguien está hambriento... No esperes para mañana".

¿Qué le está diciendo el corazón?

Es evidente que la voz de la madre Teresa le animó a servir. Pero, ¿qué dice su propia voz interior acerca del tiempo? ¿Seguir adelante? ¿Tener su parte? ¿Obtener el primer puesto? Tenerlos "a ellos" antes de que ellos me tengan a mí? ¿Está esa voz interna enfocada principalmente en mí? ¿He creado un mundo rodeado de extraños, competidores y enemigos potenciales? Si es así, la paz la y felicidad serán muy difíciles de encontrar.

Estamos llenos de muchas cosas que mantienen nuestra vida pequeña y reducida por dentro. Lo más perjudicial son las paredes altas y las puertas aseguradas que empequeñecen nuestro corazón y nos hacen pensar y hablar de "nosotros" en vez de hablar de "ellos". ¿A quiénes estamos dejando por fuera? ¿Miramos con ojos estrechos a aquellos quienes difieren de nosotros, cuyas ideas, actitudes o formas de proceder no coinciden con los nuestros?

¿Es sin nuestros corazones que realmente vemos al mundo? Si nuestros corazones son amargos, crueles o pequeños, proyectarán esa imagen en el mundo. Encontraremos exactamente lo que esperamos encontrar: nada bueno. Convertiremos amigos en enemigos y oportunidades en problemas. Y en el proceso, nuestros corazones por sí mismos se encogerán y rehusarán la amistad y el amor que otros ofrecen.

Muchos de nosotros podemos aprender una lección de la pequeña Alexandra Scott de Pensilvana. Ella tenía solo un año de edad cuando los médicos encontraron un gran tumor entre su espina dorsal y el riñón. Fue diagnosticada con neuroblastoma, cáncer del sistema nervioso. Más tarde, cuando estaba en primero de primaria mostró el gran corazón que tenía haciendo una limonada y donando toda su recaudación (a 50 centavos el vaso) para la investigación y tratamiento del cáncer.

Se le preguntó que por qué no recolectaba dinero para más investigación para el cáncer de ella, Alexandra dijo que la razón era porque deseaba que el tumor desapareciera en todas las personas, no solo en ella. Su compasión inspiró a otros niños a ayudar. Poco a poco, su ejemplo se difundió y otros empezaron a hacer limonada y a contribuir sus ganancias a la fundación de Alexandra. Hoy hay miles de puestos de limonada operando a traves del pais. En diciembre de 2005, su campaña nacional recolectó más de cinco millones para la investigación del cáncer pediátrico.

El poder del perdón

Un hombre muy enfermo, después de esperar varios días, fue al médico y este le dijo: "Lo siento, señor, usted tiene rabia, y como esperó demasiado tiempo, no hay nada que se pueda hacer y usted morirá en unos días".

El hombre se quedó atónito, entonces el doctor se retiró para darle tiempo de asimilar la noticia. Cuando el médico regresó, el hombre estaba escribiendo furiosamente. "Está escribiendo un testamento?" le preguntó.

"¡No!" dijo el hombre , "¡Estoy haciendo la lista de todas las personas a las que voy a morder!"

Ah, ¡la tentación de revancha! Bandadas de pensamientos inundan nuestra cabeza y nuestros corazones: miedos paralizantes que nos congelan; viejos odios y agravios que pegamos como si fueran tesoros; muerte, ideas encogidas que nos enceguecen a las riquezas de la vida; caminos de respuesta a la vida que son tan gratuitos como un "¡no!" de un pequeño de dos años a cualquier solicitud; relaciones venenosas a las que nos apegamos para despreciar todo lo que el sentido común nos dice.

El perdón empieza identificando esos sentimientos y luego decide que no los necesitamos más. Cuando estamos enojados desperdiciamos mucha vida. ¡Qué desperdicio! Dele un nombre a su herida, a su dolor, a su pena, a su resentimiento, a lo que sea que se necesite nombrar y empiece la búsqueda de la paz. Una cosa es cierta: nunca la encontrará a menos que empiece a buscarla y la logre identificar.

No podemos hacerlo solos

Algunos de nosotros habitualmente estamos tan enojados y disgustados que dejamos que nuestros agravios moldeen nuestros días. Algunos de nosotros estamos tan absortos en nuestros propios planes y esquemas que raramente pensamos en otros. Algunos de nosotros estamos poseídos por nuestros miedos y vivimos solos detrás de paredes gruesas. Y algunos de nosotros también, nos hemos plantado solo a matar el tiempo y esperar el final.

Todos sabemos cómo se siente llegar a un callejón sin salida. Todos sabemos cómo se siente intentar dar lo mejor de nosotros mismos y no lograr el objetivo. Sabemos la frustración de estar atascados en los viejos hábitos o en patrones de vida que nos sostienen fuertemente y no nos dejan seguir. Conocemos la fatiga de trabajar solos y sabemos lo triste que es escuchar la palabra *imposible*. Todos esos sentimientos hacen parte de la condición humana, pero nuestra historia no tiene que terminar ahí.

La vida nos dice que necesitamos a alguien o algo más grande que nosotros mismos para anclar nuestras vidas. No estamos hechos para andar solos. Todos sabemos eso. Aunque mucho de nuestro tiempo andemos solos, en la oscuridad, oprimidos por muchas cargas, no porque Dios nos haya dado la espalda pero sí porque no le hemos permitido a Él entrar en nuestras vidas —al menos no totalmente.

¿A qué nos hemos estado aferrando que no dejamos ni un pequeño espacio para aquellos quienes nos aman tanto? Qué enojos, qué miedos, qué maneras de pensar, qué maneras de ser nos tienen como rehenes que no nos permiten vivir la vida para la cual fuimos hechos?

Los dones con los que hemos sido bendecidos nos dan inmensos poderes, sin embargo, raramente notamos cómo nuestro poder influencia a los que están a nuestro alrededor. Podemos hacer que la gente se llene de amor o lo pierda. Podemos liberar a la gente y llenarla de energías, o podemos manipularlos, controlarlos y usarlos, y luego descartarlos como si fueran pañuelos de papel. Podemos ayudarles a prosperar o podemos hacer que ellos se marchiten y mueran.

Lo que hagamos con nuestro poder es una gran decisión que debemos tomar y que debe proyectarse de forma continua. A donde quiera que nuestra decisión nos lleve, no estaremos yendo solos.

Compasión

Una madre joven estaba teniendo uno de los peores días de su vida. Su esposo perdió el empleo, el calentador de agua se averió, el cartero trajo un montón de recibos que ella no podía pagar, su cabello era un desastre y se sentía pasada de kilos y fea. Estaba casi a punto de decfallecer al momento en que alzó a su hijo pequeño en la silla alta y colocó su cabeza sobre la baranda. Empezó a llorar y sin murmurar, su pequeño tomó el chupete y se lo sacó de su boca y con delicadeza se lo colocó en la de ella. Eso es compasión: él no sabía hablar, pero su corazón sabía de la necesidad de ella.

Minuto a minuto, construimos el mundo en el que vivimos. Y la mayor parte del tiempo no tenemos idea de cuán grande es nuestro poder para propagar gozo, pena, sanación o lesión. Con levantar una ceja o una mirada, podemos agriar el día de alguien y aún ni siquiera notarlo. Con una simple palabra, podemos cerrar una puerta o matar una esperanza y aún así ignorar lo que hemos hecho. Cuando no escuchamos o nos mantenemos diciendo "ahora no" o cuando no agradecemos o criticamos, podemos marchitar corazones y robarle a la gente el gozo que podría y debería pertenecerle a ellos.

¿Cómo podemos ser más atentos? Podemos empezar observando de cerca qué hacen nuestras palabras y nuestras acciones. ¿Le estamos aumentando la vida a los demás o se la estamos disminuyendo? ¿Estamos enriqueciéndolos o estamos empobreciéndolos?

De seguro, no lo sabremos hasta cuando entremos en la cabeza y los corazones de los demás para ver lo que ellos ven, para escuchar lo que ellos escuchan y sentir lo que ellos sienten. Necesitamos exaltar su gozo y sufrir con su dolor. Necesitamos ver a los demás con el mismo cuidado con el que nos consideramos a nosotros mismos. Esa es la única forma en que desarrollaremos el entendimiento de los corazones —la única forma en que aprenderemos a amar a nuestros semejantes.

PALABRAS DE SABIDURÍA
"He hallado que dentro de sus muchos beneficios,
el dar libera al alma del dador".
MAYA ANGELOU

INSPIRACIÓN PARA RECORDAR
La Madre Teresa

PREGUNTA PARA CONSIDERAR
¿Cómo puede usar su don —hoy— para hacer una diferencia positiva en la vida de alguien?

"El único don consiste en una porción de ti mismo".
Ralph Waldo Emerson

COMPARTE TU DON

El hombre más rico del pueblo era también el más tacaño. Entonces cuando llegó el tiempo anual de la caridad en el pueblo, el encargado se acercó a él personalmente. "Señor", le dijo, "nuestros registros indican que a pesar de sus considerables medios, no parece que haya dado algo a la caridad local".

"Oh, ¿en serio?" Contestó irritado el hombre rico. "Bien, ¿muestran sus registros que yo tengo una madre vieja quien fue dejada sin un centavo cuando mi padre murió? ¿Muestran sus registros que yo tengo un hermano enfermo que no puede trabajar? Muestran sus registros que yo tengo una hermana viuda que tiene tres hijos pequeños que escasamente logran sobrevivir? ¿Muestran sus registros algo de eso?"

"No, señor", tartamudeó el apenado voluntario. "No sabíamos nada de eso".

"Bien, si yo no les doy nada a ellos, ¿por qué debo darle algo a ustedes?"

A este hombre definitivamente le estaba haciendo falta algo —tanto en su cabeza como en su corazón.

Eso nos pasa a veces a la mayoría de nosotros. Tenemos en la mente un pequeño lugar consumido por el miedo. Estos miedos vienen en muchas formas y tamaños. Uno de los miedos más peligrosos, uno de los que a menudo causa gran daño a nuestra vida, es el miedo a la escasez —le tememos a no tener suficiente.

Ése veneno mata nuestra compasión por otros, crea una ilusión de que si damos, no tendremos nada que quede para nosotros mismos. Tememos que si donamos aún la más pequeña cantidad de dinero a otros, no tendremos suficiente para comprar lo que necesitamos. Tememos hacer voluntariados porque entonces no alcanzaremos a hacer lo que queremos hacer. Sin embargo, aún dentro de nuestro corazón sabemos que si damos a otros de nosotros mismos, llegaremos a ser más, no menos. Aunque parezca paradójico, esta también es una de las grandes verdades de la vida.

¿Dónde invierte su corazón?

Cierto hombre entró a un bar y vio un viejo amigo acariciando una copa y mostrándose muy desanimado. "Te ves terrible", le dijo.

"Sí, me siento terrible", respondió el amigo. "Mi madre murió en abril —y me dejó cincuenta mil dólares. Luego, mi padre murió en mayo. Me dejó cien mil dólares".

"Hombre lo siento, eso es difícil, perder a los dos padres en solo dos meses".

"Bien, para colmo de males, mi tía favorita murió el mes pasado y me dejó otros cincuenta mil dólares".

"En verdad siento escuchar eso", replicó el hombre. "Puedo entender el porqué estas tan triste".

Entonces el hombre prosiguió: "¿Apuesta a que estoy triste? Hasta el momento en este mes, nada!"

"Donde tu tesoro está, allí también estará tu corazón", recomienda un viejo dicho. Y en estos días, parece que un montón de personas colocan sus corazones en algunos lugares realmente estúpidos. ¿Dónde está nuestro tesoro? ¿Sabemos realmente dónde invertimos nuestros corazones? Esta es una pregunta crucial, porque nuestra felicidad y nuestra verdadera vida dependen de que invirtamos nuestros corazones en los lugares apropiados.

El hombre rico, en la historia del comienzo de este capítulo nunca vio que la mejor parte de la vida al tener algo es poder compartirlo y disfrutarlo con otros. Demasiado tarde descubrió que el infierno está vacío y mirando atrás a la vida desperdiciada que tuvo y que lo dejó con las manos vacías y un corazón vacío por toda la eternidad.

La satisfacción y la felicidad comienzan con el descubrimiento de nuestros dones. Tal vez uno de sus dones sea el de hacer música. O tal vez sea el de reír, alimentar, sanar, construir; el don de ser fuerte, cargando cosas pesadas, el don de resistir; el don de ver, el don de ser sabio, de hablar fuerte, de ser silencioso; y, sin importar qué otros dones tenga, tiene el don más importante de todos; el don del amor. Demasiados dones, todos necesitados por otros y todos necesitados de ser dados. Haga una lista de sus dones y dé gracias por ellos. Compártalos sin contarlos y, sin duda su corazón será feliz.

MAHATMA GANDHI

> "La mayor manera de encontrarse
> a sí mismo es perdiéndose a sí mismo
> en el servicio a los demás".

Un estudiante indiferente, tímido y poco atlético. Mohandas Gandhi no mostró tempranos signos de grandeza o, dicho de otra forma, espiritualidad. Cuando todavía era niño, empezó a fumar y aún robaba para comprar cigarrillos. Casado, de acuerdo a la tradición Hindú, a los trece años, era un esposo celoso y dominante. En cierta ocasión permitió que sus amigos lo llevaran a un burdel (aunque una vez allí, se abstuvo). Pensó sobre suicidio, y a la edad de dieciséis años, sufrió una humillación aplastante. Mientras cuidaba de su padre enfermo, se deslizó en un retiró un rato para tener un momento romántico con su esposa, solo para descubrir que su padre había muerto mientras él estaba fuera.

Devastado, se fue a Londres para estudiar leyes y así poder ayudar a su familia. Una vez allí, vivió la vida de un caballero Inglés. Compraba la ropa de Bond Street; usaba sombrero de pipa, poseía un reloj de cadena de oro; y asistía a lecciones de baile, recibía clases de francés, de violín y de alocución. En aquella época nadie imaginaría que este hombre se convertiría en uno de los líderes políticos y espirituales más respetados del siglo veinte.

Después de volver a la India, aceptó un contrato de un año para hacer el trabajo de abogado en África del Sur. Su vida cambió abruptamente cuando los británicos, quienes controlaban ese país, lo tiraron en un tren —a pesar de su tiquete de primera clase— debido a su piel oscura. Se rehusó a irse en ese compartimiento abarrotado y sucio destinado para "los relegados obreros de color".

No dispuesto a aceptar esa situación, prometió pelear por los derechos de los hindúes en África del Sur. Intentó cambiar la mentes y el corazón de sus opresores. Fue entonces cuando desarrolló su creencia de la resistencia pacífica conocida como *satyagraha*, o reemplazo de la violencia con la verdad. "Primero te ignoran, luego se ríen de ti, luego te atacan," dijo, "pero al final tú ganas".

Considerar este ejemplo puede convertirse en una gran fuente de inspiración. Gandhi ahora empezó a vivir una vida ascética, se rasuró la cabeza y vistió taparrabo, así como un par de lentes baratos. "Conviértete en el cambio que quieres ver en el mundo", decía a menudo. Con frecuencia ayunaba, oraba, y era común verlo encarcelado por su activismo.

Ghandi decía: "El sacrificio es la ley de la vida. No podemos hacer u obtener nada si no se paga un precio por ello". Así, caminaba con sus manifestantes cuando podía haber utilizado un vehículo y rehusó utilizar especias en sus comidas debido a que muchos de sus seguidores no podían obtenerlas. A menudo, durmió fuera a la intemperie, justo como lo hacen los que no tienen casa. Su persistencia y claridad moral le atrajo enemigos.

Por más de veinte años luchó por la justicia en África del Sur. Después que su trabajo se completó allí, regresó a la India en 1915 para liderar su lucha por la independencia de los británicos. Primero, se concentró en un impuesto Inglés a la sal y atacó a su sistema de monopolio de producción. A la edad de sesenta y un años salió con una banda de seguidores en una marcha de 240 millas hacia la costa para recoger sal yendo en contra de la ley británica.

Después organizó una marcha para exigir que se otorgaran trabajos en el procesamiento de la sal y le dijo a los oficiales británicos que haría un llamado para revocar el impuesto de la sal. Gandhi de nuevo fue puesto en prisión, pero su rebelión disparó la imaginación de sus seguidores, quienes se vertieron en las calles. Pronto todas las celdas de las prisiones se llenaron, con sesenta mil *satyagrahis*.

El encarcelamiento

Inspirando a millones, Gandhi llegó a ser conocido como "Mahatma", un nombre honorífico que significa "gran alma". Su compromiso de no violencia y su creencia de que el cambio personal debe preceder al cambio social nunca debe vacilar. Cuando los hindúes o musulmanes cometían violencia fuera en contra de los Ingleses u otros, Gandhi ayunaba hasta que la lucha terminara. Finalmente, cuando la independencia de India llegó en 1947, no fue una victoria militar sino más bien el triunfo del deseo humano que dirigió el camino.

Pero el éxito no fue completo. Los británicos dividieron a la India en dos estados separados, India (hindú) e India (musulmana) —un golpe a la tolerancia religiosa de Gandhi. Los disturbios entre hindúes y musulmanes continuaron, de modo que Gandhi empezó a ayunar con el propósito que cesaran los derramamientos de sangre. Después de cinco días, los líderes opositores trabajaron en las diferencias y Gandhi terminó de ayunar.

No obstante, doce días después, cuando Ghandi caminaba por un jardín, un hindú, disgustado por la tolerancia de Gandhi hacia los musulmanes, se arrodilló frente a él, sacó un arma y disparó. Gandhi murió.

Gandhi dirigió a más de una quinta parte del mundo hacia la libertad derrotando al poderoso imperio británico. Personificó su creencia que la gente, sin importar si no cuenta con el poder, puede forjarse su destino y su entorno. O, como el mismo lo dijo en algunas ocasiones, "de una manera delicada puedes sacudir el mundo".

Compasión

Huce algunas décadas, un profesor de la Universidad de Baltimore envió a sus estudiantes a los barrios pobres para recopilar las historias de doscientos chicos. Instruyó a sus estudiantes para que escribieran una valoración sobre el futuro de cada muchacho. En cada caso, escribieron cosas similares a la siguiente declaración: "Éste chico no tiene ninguna posibilidad".

Veinticinco años más tarde otro profesor descubrió ese viejo estudio y decidió hacerle un seguimiento. De los doscientos chicos, veinte habían muerto o se habían ido sin dejar rastro. Pero de los restantes ciento ochenta, todos menos cuatro habían logrado éxito extraordinario. Atónito, el profesor le hizo a cada hombre otra pregunta: "¿Cómo explica su éxito en contra de tales pronósticos?"

En cada caso, los hombres respondieron con el corazón lleno de júbilo: "Ahí estaba esta profesora..."

Se dio cuenta que todos habían estudiado con la misma profesora y que ella aún estaba viva. Entonces el profesor la buscó y le preguntó qué fórmula mágica había usado para proyectar a esos chicos para encaminarlos al éxito en el que estaban.

"La respuesta es muy simple", dijo suavemente. "Amaba a esos chicos. Simplemente los amaba".

La maestra cargo su lámpara en medio del lodazal y la dejó brillar. Su compasión y creencia en esos chicos los protegió de que se echaran a perder en medio de las dificultades de la vida. Ella les dio esperanza, los aconsejó y les habló de la posibilidad de construir una vida mejor.

¿Qué hay si ella no hubiera estado ahí? ¿Qué si ella hubiera dejado que la lámpara resplandeciera con poco brillo? Qué habría ocurrido con esos muchachos? Lo más probable es que las valoraciones originales de los estudiantes de la universidad hubieran sido correctas: ellos no habrían tenido oportunidad.

Y así es con todos nosotros. En este preciso instante somos los designados a dar luz a las diferentes personas que se encuentran a nuestro alrededor. De maneras que quizás ni imaginemos, podemos cambiar vidas y aún hasta salvarlas.

Haga de cada día un día de fiesta

Es posible que en éste momento haya empezado a darse cuenta: El que mora en las altura nos habla a través de nuestros dones. Cuando miramos lo suficientemente cerca empezamos a entender que nuestros dones nos dan algunas pistas muy claras de lo que necesitamos hacer con nuestra vida. En otras palabras, tenemos que mirar a nuestro alrededor y ver quién necesita lo que nosotros tenemos.

Los dones son siempre puestos en nuestras manos para darlos, no para que los guardemos y los retengamos para nosotros mismos. Los mejores dones—como el amor, la risa, buenas ideas y grandiosas visiones—nunca se pierden cuando se dan. Permanecen por siempre.

Pero mucha gente se enfoca solamente en ellos mismos y en lo que los hace personalmente felices. Y aunque existen diferentes grados de gozo y de felicidad, el más alto nivel viene cuando traemos gozo y felicidad a nosotros mismos dando a otros.

Explore sus dones. Por ejemplo, escoja un día y trate de no hacer nada excepto buscar maneras de hacerle el día mejor a otra persona. ¡Solo inténtelo! Tenemos una abundancia de oportunidades para hacer el bien. Ahí está ese taxista que trata de sobrepasarte para poder adelantar en la vía —solo déjelo pasar al frente. Luego puede ser su esposa o compañera, ¿cuándo fue la última vez que le dejó a él o ella una pequeña nota de amor?

Imagine que cada día es día de fiesta. Pero en vez de regalos, da una amistosa sonrisa a alguien que pasa, le da el derecho a la vía a una persona en la señal de parada, le da un cumplido a un extraño, le da comida a una persona que no tiene hogar, se regocija con el éxito de alguien. No se requiere de grandes cosas para hacer brillar el día de alguien. Todo lo que da le será retornado —y muchas veces con creces.

Comparta sus dones y otros dones le serán añadidos

Deseo concluir con un poderoso pasaje de la Biblia, el cual está compuesto de varias frases sencillas, no obstante, contiene uno de los secretos más profundos sobre la felicidad jamás escritos. Cuando leí este pasaje por primera vez ya había invertido miles de horas de investigación—leyendo cientos de libros, reuniéndome con docenas de expertos, asistiendo a un seminario tras otro —todo con la esperanza de aprender el secreto de una vida exitosa. Me considero una persona espiritual y voy regularmente a la iglesia, pero ciertamente no me considero como un "orador elocuente de la Biblia". Es por eso que fue muy sorprendente que después de escuchar a los citados expertos y después de leer todos esos libros, que descubrí el secreto en el más grandioso libro que jamás se haya escrito.

Éste pasaje forma la verdadera base del sistema que he desarrollado y mi filosofía de vivir una vida exitosa. Si usted no está de acuerdo con algo más de lo que he escrito en este libro hasta este punto, mi ego estará un poco lastimado, pero mi corazón no lo estará, siempre que abra el suyo y permita que este mensaje llene su alma:

"No juzguéis, y no seréis juzgados; no condenéis, y no seréis condenados; perdonad, y seréis perdonados.

Dad, y se os dará; medida buena, apretada, remecida y rebosando darán en vuestro regazo; porque con la misma medida con que medís, os volverán a medir".

LUCAS 6:37–38

Herramientas para Triunfadores

El Factor X

Dr. Camilo Cruz

ISBN: 1-607380-00-5

240 páginas

Imagínate poder eliminar la multitud de trivialidades que congestionan tu día, y poder dedicar tu tiempo a lo verdaderamente importante. ¿Qué sucedería si antes de tomar cualquier decisión o salir tras cualquier meta, pudieras identificar, sin temor a equivocarte, el camino que debes seguir; aquel que te permitirá disfrutar niveles de éxito, felicidad y prosperidad, que nunca has imaginado?

Esa habilidad para determinar la actividad adecuada, el sueño ideal o el camino indicado a seguir, de entre todas las opciones que podamos tener a nuestra disposición, es lo que el Dr. Camilo Cruz llama: El Factor X. Este descubrimiento extraordinario nos ayuda a dirigir nuestras acciones, de manera que tengamos siempre la certeza de estar trabajando en aquello que es realmente importante en nuestra vida.

En este nuevo libro, el Dr. Camilo Cruz, autor de más de veinte obras, entre las que se encuentran: La Vaca y La Ley de la Atracción, nos revela el asombroso poder de la acción enfocada. Descubre tu Factor X y comienza a vivir hoy la vida que siempre soñaste vivir.

Herramientas para Triunfadores

Descubriendo Triunfadores

Alan Loy McGinnis

ISBN: 1-931059-23-3

216 páginas

En el proceso de escribir este libro, Alan Loy McGinnis estudio distintas temáticas. Estudio los grandes líderes de la historia y aquellas características especiales en ellos, estudio varias organizaciones y empresas que se caracterizaban por ser las más efectivas y estudio las teorías motivacionales de algunos de los más importantes psicólogos de la actualidad.

Utilizando casos de estudio y anécdotas fascinantes, el autor nos explica cómo podemos cada uno de nosotros poner en práctica doce principios en cada una de las áreas de nuestra vida, y obtener de esta manera, la satisfacción que viene de desarrollar el potencial en aquellos que están a nuestro alrededor.

El Dr. Alan Loy McGinnis es un autor de libros bestseller, terapista familiar, consultor de negocios y conferencista internacional. Es co-director de Valley Counseling Center en Glendale, California, y es el autor de más de 50 artículos y varios libros, incluyendo: El Factor Amistad (The Friendship Factor) y Confianza (Confidence)